Seitsemän
Kirkkoa

"Minä olin hengessä Herran päivänä,
ja kuulin takaani suuren äänen, ikäänkuin pasunan äänen,
joka sanoi: 'Kirjoita kirjaan, mitä näet, ja lähetä niille seitsemälle
seurakunnalle, Efesoon ja Smyrnaan ja Pergamoon ja Tyatiraan ja Sardeeseen
ja Filadelfiaan ja Laodikeaan.' Ja minä käännyin katsomaan, mikä ääni minulle
puhui; ja kääntyessäni minä näin seitsemän kultaista lampunjalkaa,
ja lampunjalkain keskellä Ihmisen Pojan muotoisen,
pitkäliepeiseen viittaan puetun ja rinnan
kohdalta kultaisella vyöllä vyötetyn."

(Ilmestyskirja 1:10-13)

Dr. Jaerock Lee

Seitsemän
Kirkkoa

Seitsemän Kirkkoa Englanninkielinen alkuteos Seven Churches by Dr. Jaerock Lee
Julkaisija Urim Books (Edustaja: Kyungtae Noh)
73, Yeouidaebang-ro 22-gil, Dongjak-gu, Seoul, Korea
www.urimbooks.com

Kaikki oikeudet pidätetään. Tätä kirjaa tai mitään sen osaa ei saa kopioida missään muodossa, ilman kustantajan kirjallista lupaa.

A menos que lo indique, el texto Bíblico ha sido tomado de la versión Reina-Valera © 1960 Sociedades Bíblicas en América Latina; © renovado 1988 Sociedades Bíblicas Unidas. Utilizado con permiso. Reina-Valera 1960™ es una marca registrada de la American Bible Society, y puede ser usada solamente bajo licencia. Usado con permiso.

Copyright © 2016 by Dr. Jaerock Lee
ISBN: 979-11-263-0098-3   03230
Suomenkielisen laitoksen Copyright © 2010 by Dr. Esther K Chung.
Käytetty luvalla.

Julkaistu aikaisemmin koreaksi 2007, Urim Books, Seoul, Korea

Ensimmäinen painos Huhtikuu 2016

Toimittanut: Geumsun Vin
Suunnittelu: Editorial Bureau of Urim Books
Lisätietoja varten ota yhteyttä: urimbook@hotmail.com

Alkusanat

Minä annan kaiken kiitoksen Isä Jumalalle siitä hyvästä että hän antoi meidän julkaista tämän *Seitsemän Kirkkoa*-teoksen. Tämä kirja pitää sisällään Jumalan rakkauden ja viimeisten päivien salaisuuden.

Minä kärsin monista sairauksista seitsemän vuoden ajan eläen tilassa josta ei ollut mitään tietä pois. Jumalan armosta minä kuitenkin parannuin kaikista sairauksistani ja minä aloin elää kristillistä elämää. Tuohon aikaan minulla oli unelma. Minä halusin että minusta tulisi hyvä vanhin kirkolleni auttaen köyhiä ja muita tarpeessa olevia sekä tekemällä lähetystyötä maksaakseni takaisin Jumalalta saamani armon. Jumala kuitenkin kutsui minua pastoriksi ja antoi minulle tehtäväkseni saarnata evankeliumia kaikille kansolle.

Minä avasin kirkkoni vuonna 1982 ja minä seurasin

apostolien Herran kuolleista nousemisen ja taivaaseen astumisen jälkeen perustamien alkukirkkojen esimerkkiä. Minä keskityin rukoilemiseen ja evankelioimiseen. Tämän johdosta kirkollani on yli 120 000 jäsentä sen ympäri maailmaa olevissa 10000 haarakirkoissa, jotka ovat yhdessä osa tätä kirkkoamme ja jotka puolestaan saarnaavat evankeliumia maailman joka kolkassa. Alkukirkkojen opetuslasten ja uskovien joukossa oli monia jotka olivat todistaneet ihmeellisiä merkkejä ja ihmeitä, mukaanlukien jopa Herran kuolleista nousemisen ja taivaaseen astumisen. He täyttyivät armolla, totuudella ja Hengellä ja omasivat paljon uskoa. Heistä tuli maailmanlaajuisen lähetyksen kulmakivi jopa ankarien vainojen alla. Lopulla kristinuskosta tuli Rooman valtakunnan pääuskonto. Israelista alkanut evankeliumi levisi ympäri koko maailman ja on nyt matkalla takaisin Israeliin.

Nykyään jopa uskovien joukossa on monia jotka ovat menettäneet ensirakkautensa. Heidän hengellisen uskonsa kasvu on pysähtynyt ja heidän uskonsa on haaleaa. On myös monia jotka eivät usko kaikkivaltiaaseen Jumalaan. He eivät tunnusta Jeesuksen olevan Kristus ja he kieltävät Pyhän Hengen työt. Ajan kuluessa yhä useammat kirkot luopuvat yhteen kerääntymisestä ja he tekevät maailman kanssa kompromisseja.

Apostoli Johannes saarnasi evankeliumia omasta elämästään piittaamatta vaikka Rooman valtakunta vainosikin häntä ankarasti. Hänet ajettiin maanpakoon Patmoksen saarelle ja täällä hän sai Herralta ilmestyksiä.

"Kirjoita siis, mitä olet nähnyt ja mikä nyt on ja mitä tämän jälkeen on tapahtuva. Niiden seitsemän tähden salaisuus, jotka näit minun oikeassa kädessäni, ja niiden seitsemän kultaisen lampunjalan salaisuus on tämä: ne seitsemän tähteä ovat niiden seitsemän seurakunnan enkelit, ja ne seitsemän lampunjalkaa ovat ne seitsemän seurakuntaa" (Ilmestyskirja 1:19-20).

Raamatussa numero seitsemän on täydellisyyden numero. Joten tässä seitsemän kirkkoa eivät viittaa vain Efeson, Smyrnan, Pergamon, Tyatiran, Sardeen, Filadelfian ja Laodikean kirkkoihin. Ne viittaavat kaikki Pyhän Hengen nimessä perustettuihin kirkkoihin.

Ilmestyskirjassa oleva Herran kirje on tarkoitettu kaikille tähän saakka olemassa olleille kirkoille. Se on niille kuin merkkiviitta ja kaikkien Vanhassa ja Uudessa testamentissa olevien sanojen yhteenveto.

Se pitää sisällään myös tärkeää tietoa siitä kuinka kirkot voivat olla Herran silmissä mieluisia ja minä uskon että tämä sanoma tulee taas herättämään monia kirkkoja.

Minä kiitän Geumsun Viniä, käännöstoimiston johtajaa, sekä kaikkia työntekijöitä jotka ovat tehneet tämän teoksen julkaisun mahdolliseksi. Minä rukoilen Herran nimessä, että kaikki lukijat kaipaisivat pian palaavaa Herraa ja koristelisivat itsensä Hänen morsiaminaan.

Jaerock Lee

OVEN AVAAMINEN
SEITSEMÄÄN KIRKKOON

Patmoksen saari sijaitsee kirkaassa ja sinisessä Aegean meressä. Sen sininen meri ja valkoiset talot luovat kauniin maiseman. Tänne apostoli Johannes karkotettiin ja täällä hän sai monia viimeisiä päiviä koskevia ilmestyksiä joihin myös seitsemälle kirkolle osoitetut viestit kuuluvat.

Apostoli Johannes oli yksi Jeesuksen kahdestatoista opetuslapsesta. Hän saarnasi evankeliumia Pergamon ja Smyrnan kaltaisissa paikoissa. Keisari Domitianus pidätti hänet ja tuomitsi hänet kuolemaan. Hänet heitettiin padalliseen kiehuvaa öljyä mutta hän ei kuitenkaan kuollut tähän, sillä Jumala oli hänen kanssaan. Jumalan suunnitelman mukaisesti hänet karkotettiin Patmoksen saarelle.

Tuohon aikaan Patmosta käytettiin karkotuspaikkana varsinkin poliittisista syistä rangaistuille vangeille. Se oli yksinäinen ja hiljainen paikka. Patmos oli hyvä paikka rukoilla Jumalaa ja kommunikoida Hänen kanssaan syvällisesti. Johannes keskittyi rukoilemaan saaren eräässä nurkassa olevassa luolassa missä hän kirjasi ylös Jumalalta saamansa ilmestykset.

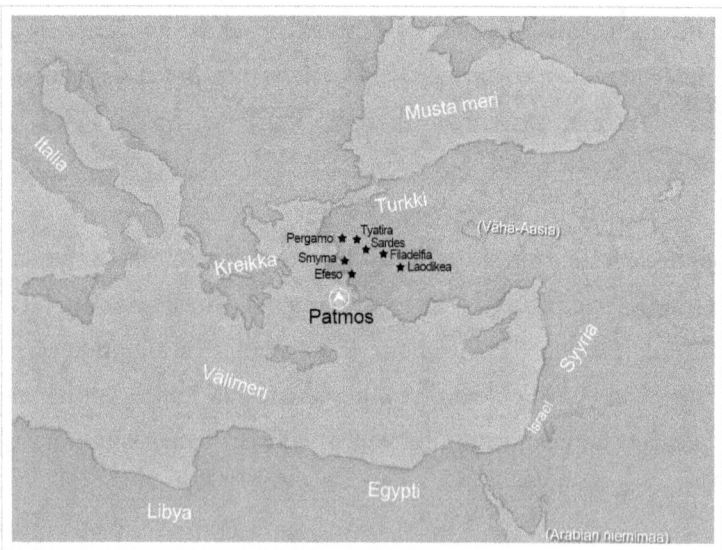

Jotta henkilö voi saada tämänkaltaisia ilmestyksiä hänen hengellisten silmiensä täytyy olla avattuja Pyhän Hengen toimesta, ja hänen täytyy olla enkeleiden ohjaama. Joten Jumala oli aikaisemmin jalostanut Johanneksesta hengen miehen, täydellisen pyhittyneen totuuden miehen. Johannesta kutsuttiin kerran "Ukkosen pojaksi" mutta Jumalan jalostuksen kautta hän muuttui ja häntä jopa kutsuttiin rakkauden apostoliksi. Hän rukoili niin paljon että hänen otsanahkansa oli känsien kovettama.

Viestit seitsemälle kirkolle ovat kirjeiden muodossa. Ne toimivat hyvänä opetuksena myös nykyajan kirkoille ja uskoville. Me voimme nähdä niistä minkälainen Jumalan ylistämä ideaalinen kirkko on. Tämä johtuu siitä että Efeson, Smyrnan, Pergamon, Thatiran, Sardeen, Filadelfian ja Laodikean kirkot edustavat kaikkia tämän maailman kirkkoja.

Seitsemän kirkon opetus ei ole vain yksi historiallinen tarina. Kyseessä on vilpitön viesti Herralta joka tahtoo herättää kaikki kirkot kautta kaikkien aikojen. Nämä saattavat tunnustaa rakastavansa Herraa suuresti mutta on silti useita kirkkoja joiden tulisi tutkiskella itseään nähdäkseen ovatko he sellaisella polulla joka ei ole Herralle mieluinen.

Useimmissa urheilulajeissa on sekä yksilö- että joukkuekilpailuja. Sama koskee uskoa. Tuomionpäivänä tuomitaan jokaisen yksilön lisäksi jokainen kirkko. Tuolloin jokaisen kirkon saaman tuomion mukaan niille annetaan joko palkkioita tai sitten päinvastaisia tuomioita.

Myös pastori, kirkon pää, saa tuomionsa sekä oman yksilöllisen uskonsa mukaan että myös paimenena. Hänet tuomitaan tarkasti sen mukaan kuinka hän on ohjastanut kirkkoaan ja hänelle uskottua laumaa Herran nimessä. Pastorien tulisi tietenkin seurata Herran tahtoa ohjatessaan kirkkoa ja laumaansa Jeesuksen Kristuksen nimessä perustetun kirkon päänä. Muutoin tuomion kestäminen olisi hyvin vaikeaa.

Jaak. 3:1 sanoo: *"Veljeni, älkööt aivan monet teistä pyrkikö opettajiksi, sillä te tiedätte, että me saamme sitä kovemman tuomion."* Jos pastori taas johdattaa laumansa vihreille laitumille ja hiljaisille vesille ja opastaa heidät hyville taivaan kuningaskunnan asuinsijoille, hän saa taivaassa vertaansa vailla olevia palkkioita ja kunnianosoituksia.

Joten seitsemälle kirkolle osoitettu sanoma on Herran vilpitön kehoitus kaikille maailman kirkkojen papeille ja uskoville. Kirkkojen täytyy seistä vakaasti jotta Jumalan lapset voivat seistä vakaasti. Tämän tähden Herra lähetti vilpittömän kehoituksensa lukuisille kirkoille ja työntekijöilleen.

"Jolla on korva, se kuulkoon, mitä Henki seurakunnille sanoo."

Sisältö

Alkusanat

Oven avaaminen *Seitsemään kirkkoon*

Luku 1 — EFESON KIRKKO — 1
Toruttiin ensirakkauden unohtamisen tähden

Luku 2 — SMYRNAN KIRKKO — 47
Uskon koettelemusten voittaminen

Luku 3 — PERGAMON KIRKKO — 91
Haalea ja harhaoppisuuden tahraama

Luku 4 — TYATIRAN KIRKKO — 133
Kompromissien tekeminen maailman kanssa
ja epäjumalille uhratun ruuan syöminen

Luku 5   SARDEEN KIRKKO   179

Pieni kirkko jolla oli nimi, joka sanoi että
se oli elävä mutta joka oli kuollut

Luku 6   FILADELFIAN KIRKKO   213

Pelkkiä kehuja uskossa toimimisen tähden

Luku 7   LAODIKEAN KIRKKO   247

Kirkko joka ei ollut kylmä eikä palava

Loppusanat

LUKU 1

EFESON KIRKKO
- Toruttiin ensirakkauden unohtamisen tähden

Epäjumalanpalvelus oli hyväksyttyä ja yleistä toimintaa Efesossa. Herra ylisti Efeson uskovia siitä että he olivat pitkämielisiä ja siitä että he eivät hyväksyneet pahoja ihmisiä. Efeson kirkko koetteli miehiä jotka väittivät olevansa apostoleita vaikkeivat oikeasti olleet ja havaitsi heidät vääriksi. Hän ylisti heitä siitä että he olivat kestäneet Herran nimen tähden eivätkä olleet väsyneet. Herra kuitenkin torui heitä sen tähden että he olivat hylänneet ensirakkauden ja Hän kehotti heitä katumaan jotta he voisivat kääntyä takaisin alkuperäisiin tekoihinsa.

Nykyään on monia kirkkoja jotka aloittavat palavasti vilpittömin ja intohimoisin rukouksin. Kasvaessaan näistä kirkoista tulee kuitenkin ylpeitä ja niiden rakkaus ja palo laantuvat. Tämä Efeson kirkon viesti on tarkoitettu tämänkaltaisille kirkoille.

Ilmestyskirja 2:1

"Efeson seurakunnan enkelille kirjoita: 'Näin sanoo hän, joka pitää niitä seitsemää tähteä oikeassa kädessään, hän, joka käyskelee niiden seitsemän kultaisen lampunjalan keskellä: Minä tiedän sinun tekosi ja vaivannäkösi ja kärsivällisyytesi, ja ettet voi pahoja sietää; sinä olet koetellut niitä, jotka sanovat itseänsä apostoleiksi, eivätkä ole, ja olet havainnut heidät valhettelijoiksi; ja sinulla on kärsivällisyyttä, ja paljon sinä olet saanut kantaa minun nimeni tähden, etkä ole uupunut.

Mutta se minulla on sinua vastaan, että olet hyljännyt ensimmäisen rakkautesi. Muista siis, mistä olet langennut, ja tee parannus, ja tee niitä ensimmäisiä tekoja; mutta jos et, niin minä tulen sinun tykösi ja työnnän sinun lampunjalkasi pois paikaltaan, ellet tee parannusta.

Mutta se sinulla on, että sinä vihaat nikolaiittain tekoja, joita myös minä vihaan. Jolla on korva, se kuulkoon, mitä Henki seurakunnille sanoo. Sen, joka voittaa, minä annan syödä elämän puusta, joka on Jumalan paratiisissa.'"

HERRAN KIRJE EFESON KIRKOLLE

Efeson seurakunnan enkelille kirjoita: 'Näin sanoo hän, joka pitää niitä seitsemää tähteä oikeassa kädessään, hän, joka käyskelee niiden seitsemän kultaisen lampunjalan keskellä' (Ilmestyskirja 2:1).

Efesossa vietettiin joka vuoden toukokuussa Artemisjumalattaren, vaurauden jumalattaren, kunniaksi järjestettyä festivaalia. Efesos sijaitsee nykypäivän Turkin länsirannikolla. Siellä oli monia rakennuksia kauppamiehiä sekä Syyriasta, Intiasta, Arabiasta ja Egyptistä tulevia ihmisiä varten. Se oli hyvin vauras kaupunki ja samalla Idän suurin taloudellinen keskuks.

Evankeliumi istutettiin Efesoon apostoli Paavalin lähetysretkien kautta. Jeesuksen Kristuksen evankeliumi oli tunnettu uskovien joukossa ja se oli myös leviävä Artemista palvovien joukkoon.

Pyhän Hengen palavat teot näyttäytyivät Efeson kirkossa

Eräänä päivänä apostoli Paavali meni Efesoon ollessaan Aasiassa evankeliumia saarnaamassa. Hän tapasi täällä eräitä uskovia ja kysyi heiltä: *"'Saitteko Pyhän Hengen silloin, kun te tulitte uskoon?' Niin he sanoivat hänelle: 'Emme ole edes kuulleet, että Pyhää Henkeä on olemassakaan'"* (Ap. t. 19:2). Apostoli Paavali esitti toisen kysymyksen: *"'Millä kasteella te sitten olette kastetut?' He vastasivat: 'Johanneksen kasteella'"* (Ap.t. 19:3). Sitten Apostoli Paavali saarnasi rohkeasti ihmisille jotka eivät tunteneet Jeesusta Kristusta kunnolla. *"Johannes kastoi parannuksen kasteella, kehoittaen kansaa uskomaan häneen, joka oli tuleva hänen jälkeensä, se on, Jeesukseen"* (Ap.t. 19:4).

Lopulta he ottivat Jeesuksen Kristuksen vastaan apostoli Paavalin kautta ja tulivat toistamiseen kastetuiksi. Pyhän Hengen ihmeelliset teot laskeutuivat heidän päälleen niin kuin aikaisissa kirkoissa. He saivat Pyhän Hengen ja puhuivat kielillä sekä profetoivat.

Apostoli Paavali saarnasi evankeliumia efesolaisessa

synagoogassa kolmen kuukauden ajan. Jotkut kritisoivat häntä kovin ja periksiantamattomin mielin, ja niin hän lähti tästä paikasta ja saarnasi evankeliumia kahden vuoden ajan Tyrannuksessa olevassa koulussa.

Paavalin saarnatessa evankeliumia Jumala teki hänen käsiensä kautta ihmeellisiä tekoja. Sairaudet parantuivat ja demonit lähtivät ihmisistä kun Paavalia koskettaneet nenäliinat tai liinat vietiin sairaiden luokse. Uutinen tästä levisi koko Efesoon ja monet juutalaiset ja kreikkalaiset alkoivat uskoa Jeesukseen Kristukseen.

Sitten jumalattaren pyhättöjä tekevät Efeson hopeasepät ja taiteilijat alkoivat tuntea elinkeinonsa uhatuiksi ja he uhkasivat ja jopa yrittivät tappaa Paavalia. He pelkäsivät että ihmiset kääntyisivät Jeesuksen Kristuksen puoleen eivätkä enää palvoisi Artemista.

"Mutta nyt te näette ja kuulette, että tuo Paavali on, ei ainoastaan Efesossa, vaan melkein koko Aasiassa, uskotellut ja vietellyt paljon kansaa, sanoen, etteivät ne ole jumalia, jotka käsillä tehdään. Ja nyt uhkaa se vaara, että ei ainoastaan tämä meidän elinkeinomme joudu halveksituksi, vaan myöskin, että suuren Artemis jumalattaren temppeliä ei pidetä minäkään ja että hän menettää mahtavuutensa, hän, jota koko Aasia ja koko maanpiiri palvelee" (Ap.t. 19:26-27).

Kiihottaessaan samanlaisissa ammateissa toimivia ihmisiä

nämä hopeasepät olivat niin täynnä vihaa että he saivat koko kaupungin sekaisin. He yrittivät ottaa Paavalin ja hänen kanssaan evankeliumia saarnanneet kiinni. Mutta näistä vainoista huolimatta Efesoon perustettiin Paavalin lähetysmatkan ansiosta kirkko.

Seitsemän tähdeä oikeassa kädessään pitävä Herra

Herra kirjoittaa Efeson kirkolle. Kirjeen alussa ilmoitetaan sen kirjoittaja ja vastaanottaja. Se lähetettiin Efeson kirkon enkelille seitsemän tähteä oikeassa kädessään pitävän toimesta.

Tässä 'enkeli' viittaa sanansaattajaan tai isäntänsä tahdon täyttävään henkilöön. Tämä viittaa Efeson kirkkoa paimentavaan pastoriin. Seitsemän tähteä oikeassa kädessään pitävä on Jeesus Kristus.

Jeesus saapui tähän maailmaan syntisen ihmiskunnan pelastukseksi. Hän tuli vuodattamaan kaiken vetensä ja verensä väkivaltaisen ristiinnaulitsemisen aikana. Hän nousi kuolleista, avasi oven pelastukseen ja nousi Taivaaseen. Nyt Hän valmistaa asuinsijoja taivaallisessa kuningaskunnassa Jumalan lapsille aina siihen saakka että ihmisten kasvatuksen suunnitelma on täytetty.

Tämän Jumalan määrittämän hetken koittaessa Herra tulee palaamaan ilman halki viedäkseen Hänen taivaalliset kansalaisensa mukanaan. Hän saapuu maahan myös Tuomarina.

Miksi kohta sitten viittaa meidän Herraamme seuraavasti: "Hän, joka pitää niitä seitsemää tähteä oikeassa kädessään?" Useimmille ihmisille oikea käsi on vasenta paljon vahvempi. Oikea käsi symboloi vahvuutta ja voimaa, ja tähdet edustavat ihmisiä. Ilmestyskirjan 1:20 jälkimmäinen toinen osa sanoo: *"Ne seitsemän tähteä ovat niiden seitsemän seurakunnan enkelit."* Joten seitsemän tähteä viittaavat seitsemän kirkon pastoreihin.

Oikeassa kädessään seitsemää tähteä pitävä Herra tarkoittaa sitä, että Jumala pitää voimallaan pastoreita ja Hänen valitsemiaan palvelijoitaan. Jumalaa kirkastetaan heidän kauttaan näyttämällä taivaallisia parannuksia sekä elävästä Jumalasta todistavia ihmetekoja, ja antamalla Hänen ajan ja paikan rajat ylittäviä siunauksia (Mark. 16:17-20; Ap.t. 19:11-12).

Matteuksen jakeessa 16:18 Jeesus sanoi Pietarille näin: *"Sinä olet Pietari, ja tälle kalliolle minä rakennan seurakuntani, ja tuonelan portit eivät sitä voita."* Paholainen tai kukaan muu ei siis voi tuhota Jumalan valitsemia ja perustamia pastoreita tai kirkkoja.

Joten jos joku tuomitsee tai arvostelee Herran oikeassa kädessä pitämää kirkkoa tai pastoria, tämä tarkoittaa että tämä henkilö tuomitsee itsensä Herran työtä.

Herra käy seitsemän kultaisen lampunjalan keskellä

Kohta sanoo että Herra käy seitsemän kultaisen lampunjalan keskellä. Kulta symboloi hengellisesti muuttumatonta uskoa, ja lampunjalat symboloivat kirkkoa. Kultaiset lampunjalat viittaavat kirkkoihin jotka on perustettu Herraan uskomalla, eli kirkkoihin jotka on ostettu Herran verellä ja ovat osa Kristusta. Numero seitsemän tarkoittaa täydellisyyttä. 'Seitsemän kultaista lampunjalkaa' viittaa Herran nimessä perustettuihin kirkkoihin.

Lampunjalkojen kynttilät viittaavat uskoviin. Kynttilät valaisevat pimeyttä kun ne sytytetään ja samalla tavalla kirkot, uskovien kokoontumiset, loistavat kirkkautta kun ne täyttyvät Hengellä ja elävät totuudessa. Me elämme kirkkaudessa Jumalan sanan mukaan jos me omaamme uskoa. Tämänkaltaisia uskovia omaavien kirkkojen kautta monet ihmiset tulevat pimeydestä ulos kirkkauteen ja saavuttavat pelastuksen.

Lampunjalkojen keskellä käyvä Herra tarkoittaa sitä että Hän liikkuu kaikkien Jumalan perustamien kirkkojen joukossa ja tarkkailee niitä palavin silmin.

"Hän, joka pitää niitä seitsemää tähteä oikeassa kädessään, hän, joka käyskelee niiden seitsemän kultaisen lampunjalan keskellä" tarkoittaa että Herran nimessä perustetut kirkot ja Herran voimallaan pitämät pastorit tulevat olemaan myöhemmän tuomion mittapuu.

Nykyään on monia kirkkoja ja pastoreita jotka saarnaavat Jumalan sanaa. Kaikki heidän opetuksensa eivät ole kuitenkaan totta. Vain Jumalan tunnustamat ja takaamat uskolliset palvelijat voivat saarnata tarkkaa ja todellista Jumalan tahtoa ja tuomion mittapuuta. Kaikki kirkot eivät myöskään täytä velvollisuuttaan pelastuksen arkkina. Lopun päivinä vain Herran pitämät kirkot voivat täyttää velvollisuutensa. Ulospäin voi näyttää että kirkko on perustettu Herran nimessä, mutta monien kirkkojen kohdalla on mahdollista että Häntä ei kuitenkaan löydy niiden sisältä.

Viimeisellä tuomiolla henkilön mittapuuna käytetään sekä sitä kuinka hän on elänyt kristillistä elämää maan päällä että hänen kuulumaansa kirkkoa. Tämä on siis hyvin tärkeä seikka. Pelastus riippuu tietenkin henkilön omasta suhteesta Jumalaan. Kirkko, jonka mukana he elävät kristillistä elämää ja heidän palvelemansa pastorit omaavat paljon vaikutusvaltaa kyseiseen henkilöön.

Erään kirkon pastori voi esimerkiksi tuomita ja arvostella virheellisesti toisen kirkon pastoria. Tällöin tämän ensimmäisen pastorin kirkkoon kuuluvat jäsenet voivat myös arvostella tätä pastoria samalla tavalla. He eivät kenties ole tehnyt tätä pahoin aikein, mutta tämänkaltaisia tapauksia ei voida jättää huomiotta viimeisellä tuomiolla.

Meidän tulee siis ymmärtää kuinka tärkeä meidän kirkkomme sekä meitä opettava pastorimme on.

9

Rangaistus tulee olemaan suuri jos kirkon pää johdattaa sieluja kuoleman tielle. Hän saa kuitenkin suuria palkkioita ja kunnianosoituksia jos hän johdattaa hänelle uskotun lauman vihreille niityille ja hiljaisille vesille, opastaen heidät parempiin asuinsijoihin taivaallisessa kuningaskunnassa.

Seitsemän tähteä oikeassa kädessään pitävä ja seitsemän kultaisen lampunjalan keskellä käyvä Herra seuraa jokaista kirkkoa ja niiden tekoja palavin silmin.

Nykyajan kirkot jotka Efeson kirkon kaltaisia

Seitsemän kirkon sanoma pätee yleismaailmallisesti kaikkiin maailman kirkkoihin ajasta ja paikasta riippumatta, ja niin me voimme löytää esimerkkejä jokaisesta näistä seitsemästä kirkosta jopa nykyajan kirkkojen joukosta.

Herra on antanut sanansa Efeson kirkon kaltaisille kirkoille. Monet kirkot luulevat avustaneensa suuresti Jumalan valtakuntaa mutta yllättävän suuri määrä kirkkoja on sekä menettänyt ensirakkautensa että ollut kykenemätön saamaan sitä takaisin.

Jumala on itse asiassa antanut sanansa tietyn kirkon suhteen. Siitä lähtien kun kirkko aukaisi ovensa sen jäsenet yrittivät elää totuudessa ja he sietivät kaikenlaista ja jopa vainoakin Herran nimessä. Heissä oli ensirakkauden paloa ja he rukolivat yhdessä jopa vainojen keskellä, yrittäen täyttää Jumalan tahdon parhaansa mukaan.

He yrittivät saavuttaa hengen syvempiä tasoja ja he saarnasivat Jumalan totuuden sanaa. He yrittivät laajentaa Jumalan valtakuntaa tunnollisesti ja Hän oli heihin hyvin tyytyväinen ja siunasi heitä. Kirkko kasvoi päivittäin. Kirkon jäsenet saivat siunauksia ja jopa parannuksen teot kävivät toteen.

Kirkko alkoi kuitenkin muuttua sen tullessa vakaammaksi ja muiden kirkkojen huomioimaksi. Tämä muutos oli sangen suuri. He olisivat voineet löytää uudelleen ensirakkautensa jos he olisivat kääntyneet heti kun he hylkäsivät sen ja alkoivat muuttua. He olivat kuitenkin ehtineet jo ylpistyä kaiken tekemänsä johdosta. Lopulta tämä ylpeys muuttui röyhkeydeksi ja itse Jumala huomasi tämän.

He saavuttivat tason jossa he jopa tuomitsivat, arvostelivat ja kritisoivat muita kirkkoja. He olivat ylpeitä siitä että muut kirkot olivat tunnustaneet heidät ja tämän ylpeyden tähden he tuomitsevat toisia kirkkoja ja niiden pastoreita harhaoppiseksi.

Jumalan sana sanoo että meidän ei pidä koskaan tuomita toista. Meidän tulee siis pystyä erottamaan Jumalan sanan avulla hyvä pahasta mutta meidän ei pidä kantaa ylpeyttä joka voi peittää meidän silmämme ja tehdä meistä sokeita. Herran oikeassa kädessä Jumalan voimallisten tekojen kautta pitämiä Jumalan palvelijoita tai pastoreita ei pitäisi arvostella henkilökohtaisten tai yksilöllisten standardien mukaan jotka eivät ole aina edes oikein.

Tämän kirkon jäsenet eivät halunneet enää uhrata itseään tai sietää vaikeuksia totuuden tähden. He rukoilivat yhä vähemmän ja sen sijaan että he olisivat seuranneet Jumalan tahtoa he tahtoivat nauttia siitä mitä he olivat jo saavuttaneet. Ulospäin näytti siltä että kirkko oli yhä kasvamassa mutta sen sisällä heidän aikaisemmin omaamansa uskollisuuden palo ja innostus katosivat.

Sama koskee yksilöiden uskoa. Otettuaan Herran vastaan henkilö ei jätä väliin yhtäkään rukouskokousta tai evankelioimiskampanjaa ja hän suorittaa mielellään monia kirkon tehtäviä niin kauan kuin hän pitää kiinni ensirakkauden palostaan. Ajan kuluessa hänen innostuksensa saattaa kuitenkin laantua näitä velvollisuuksia kohtaan. Hän ei kenties halua enää hoitaa velvollisuuksiaan. Hän saattaa jopa muuttaa velvollisuuksiaan omin päin tai sitten jopa lopettaa kokonaan.

Tietenkin henkilöllä voi olla liian monia velvollisuuksia ja hän voi yrittää saada niitä hallintaansa. Tämä on kuitenkin eri asia kuin niiden muuttaminen, sillä jälkimmäisessä tapauksessa hän ei tahdo suorittaa niitä enää. Uskonsa tähden hän silti ottaa osaa palveluksiin ja rukoustapahtumiin mutta hänen aikaisempi palonsa on kuitenkin kadonnut eikä hänen henkilökohtainen uskonsa kasvaa enää.

Perimmäinen syy Efeson kirkon kaltaiseksi muuttumiseen

Ihmiset ovat levottomia kun he alkavat menettää ensirakkauttaan siitä huolimatta että he näyttävät yrittävän pitää siitä kiinni. Heistä tuntuu että heidän pitäisi tehdä jotakin sen suhteen, mutta ajan kuluesssa heidän sydämensä turtuu tälle tunteelle. Lopulta he menettävät tuntonsa tälle tunteelle kokonaan. Perimmäinen syy sekä kirkkojen että yksilöiden kohdalla Efeson kirkon kaltaiseksi muuttumiselle on se että he eivät ole juurtuneita uskoon.

Sellaisia puita joiden juuret ulottuat syvälle ei voida ravistaa helposti. Samalla tavalla mekään emme horju missään tilanteessa jos meillä on syvät uskon juuret Jumalan sanassa ja rukouksessa. Me löydämme päivittäin itsestämme vikoja Jumalan sanan avulla ja muutamme sydäntämme rukouksin, ja niin meillä ei ole mitään syytä menettää Hengen täyteyttä. Hengen täyteydessä mikään ei myöskään herätä sydämessämme levottomuutta.

Henkilö saattaa vaikuttaa siltä että hän uskoo Jumalaan. Hän saarnaa evankeliumia ja rukoilee mutta hän ei kuitenkaan omaa herätyksen hedelmää sillä hänellä ei ole syviä uskon juuria. Hänellä ei myöskään ole todisteita siitä että Jumala rakastaa häntä. Hänen mielensä muuttuu tämän johdosta hyvin helposti. Nyt hän haluaa vain tehdä kompromissin nykytilanteen kanssa. Hänen uskonsa ei edisty vaan sen sijaan liukuu taaksepäin.

Meidän tulee siis tutkiskella uskomme tilaa tarkasti ja katua ja kääntyä pois synneistämme. Muutoin Jumala sanoo että Hän poistaa lampunjalan paikaltaan (Ilmestyskirja 2:5). Tällöin Jumalan armo ja Pyhä Henki muuttavat toiseen kirkkoon jonka uskovat täyttävät Jumalan tahtoa ja suunnitelmaa.

Joten Efeson kirkolle annetun sanoman kautta myös meidän tulisi pystyä tarkistelemaan sekä omaa etä kirkossa olevien ryhmien uskoa. Näin me voimme erottaa mikä on ylistettävää ja mikä on Herran silmissä toruttavaa.

EFESON KIRKOLLE ANNETTU YLISTYS

Minä tiedän sinun tekosi ja vaivannäkösi ja kärsivällisyytesi, ja ettet voi pahoja sietää; sinä olet koetellut niitä, jotka sanovat itseänsä apostoleiksi, eivätkä ole, ja olet havainnut heidät valhettelijoiksi; ja sinulla on kärsivällisyyttä, ja paljon sinä olet saanut kantaa minun nimeni tähden, etkä ole uupunut (Ilmestyskirja 2:2-3).

Seitsemän kirkon kirjeet näyttävät meille että Herra käsittelee jokaista kirkkoa eri tavalla. Kirkon mukaan Hän antaa joillekin sekä toruja että ylistystä, kun taas toiset saavat ainoastaan toruja tai ylistystä tai sitten pelkkiä neuvoja ilman toruja tai ylistystä.

Me voimme neuvoa muita positiivisella tavalla jos me otamme

15

mallia siitä kuinka Herra lähestyy eri kirkkoja. Ennen kuin Herra torui Efeson kirkkoa Hän ensin ylisti sen hyviä puolia ja vasta sitten torui sen vikoja.

Henkilön sydän sulkeutuu toruja kuunnellessaan jos me yritämme saada hänet ymmärtämään vikojaan ensin torumalla ja sitten ylistämällä häntä. Tämä ei siis ole tehokasta. Ylistämällä hyviä puolia ensin me saamme hänen sydämensä avautumaan ja sitten hän hyväksyy neuvomme positiivisella asenteella kun me näytämme hänelle tämän jälkeen muutettavia asioita.

Joten on parempi olla torumatta sellaista henkilöä jossa ei ole mitään ylistettävää sillä muuten hän menettään rohkeutensa ja vetäytyy kuoreensa. Tämänkaltaisessa tilanteessa on parempi neuvoa rakkaudella ilman kritiikkiä. Tarkistelkaamme seuraavaksi Herran Efeson kirkolle antamaa ylistystä.

Efeson kirkko oli kärsivällinen toimiakseen totuuden mukaan

Ensiksi Herra ylisti heitä siitä että olivat kärsivällisiä ja näkivät vaivaa toimiakseen totuuden mukaan. Efeson kirkon pastori ja uskovat yrittivät elää Jumalan sanan mukaan heittäen totuuden mukaisesti pois yksitellen kaikki asiat mitkä eivät olleet oikein.

Jumalan sana pitää sisällään neljä yleistä käskyä: tee, älä tee, pidä, sekä heitä pois tietyt asiat. Näihin käskyihin kuuluu esimerkiksi 'Rakasta', 'Anna anteeksi', 'Älä ole kateellinen', 'Pyhitä lepopäivä', 'Heitä pois kaikki paha', jne. Me tarvitsemme kärsivällisyyttä voidaksemme harjoittaa kaikkia näitä totuuden sanoja.

Jumalan sana käskee meitä esimerkiksi muistamaan lepopäivän ja pyhittämään sen. Joten sunnuntaisin meidän pitää mennä kirkkoon ja palvoa Jumalaa hengessä ja totuudessa. Maailmalliset asiat, ostaminen ja myyminen sekä liiketoiminnan harjoittaminen on kiellettyä. Meidän täytyy rukoilla tunnollisesti täyttääksemme sanan joka käskee meitä rukoilemaan jatkuvasti.

Mutta kuinka moni kirkko ansaitsee nykyään ylistystä siitä että ne pitävät Jumalan sanan? Heprealaiskirje 10:25 sanoo: *"Älkäämme jättäkö omaa seurakunnankokoustamme, niinkuin muutamien on tapana, vaan kehoittakaamme toisiamme, sitä enemmän, kuta enemmän näette tuon päivän lähestyvän."* Mutta halu elää mukavampaa kristillistä elämää on johtanut siihen että tämänkaltaiset kokoukset ovat katoamassa monesta kirkosta

Heprealaiskirje 12:4 sanoo *"Ja valvokaamme toinen toistamme rohkaisuksi toisillemme rakkauteen ja hyviin tekoihin;"* Tämä kehottaa meitä kamppailemaan syntiä vastaan aina veren vuodattamiseen saakka. 1. Korinttolaiskirje 4:2 sanoo: *"Sitä tässä huoneenhaltijoilta ennen muuta vaaditaan, että heidät havaitaan uskollisiksi."* Ilmestyskirja 2:10 sanoo: *"Ole uskollinen kuolemaan asti."*

Heittääksemme pois synnin ja pahuuden sydämestämme meidän täytyy kamppailla veren vuodattamiseen saakka. Meidän täytyy olla kärsivällisiä ja nähdä vaivaa voidaksemme olla uskollisia kuolemaan saakka. Me voimme itse kuvitella olevamme uskollisia ja kamppailevamme tunnollisesti syntia vastaan, mutta tästä huolimatta meidän ei pidä olla tyytyväisiä itseemme ajatellen: "Minä olen saavuttanut näin paljon."

2 Korinttolaiskirje 10:18 sanoo: "*Sillä ei se ole koetuksen kestävä, joka itse itseään suosittelee, vaan se, jota Herra suosittelee.*" Meidän täytyy olla Herran tunnustamia. Tämä ei tarkoita sitä että meidän täytyy heittää synnit pois ja olla uskollinen saadaksemme vain ylistystä. Meidän tulee voida tunnustaa että me olemme tehneet vain sen mitä meidän on pitänytkin tehdä vaikka me olisimme sitten tehneet parhaamme. Meidän täytyy omata ansaitsemattoman palvelijan sydän.

Vasta sitten meistä voi tulla sellainen kirkko tai uskova jota Herra voi ylistää. Herra ylisti Efeson kirkkoa sanoilla "Minä tiedän sinun tekosi ja vaivannäkösi ja kärsivällisyytesi" sen tähden että kirkko yritti parhaansa elääkseen totuuden mukaisesti.

Efeson kirkko ei sietänyt pahoja ihmisiä

Herra ylisti Efeson kirkon jäseniä siitä että he eivät sietäneet pahoja ihmisiä. Jotkut voivat käsittää Jumalan sanat väärin ja sanoa: "Kirkon kuuluu rakastaa kaikkia, joten meidän täytyy hyväksyä myös ne jotka tekevät syntiä."

Meidän täytyy tietenkin antaa anteeksi seitsemänkymmentä

kertaa seitsemän Herrassamme ja meidän täytyy olla muiden kanssa pitkämielisiä siihen asti että he muuttuvat. Tämä ei kuitenkaan tarkoita sitä että meidän täytyy jättää jopa kuolemaan syntiensä tähden lankeamassa olevat huomiotta.

Jos vanhemmat rakastavat lastaan he eivät anna lapselleen anteeksi jos tämä tekee jatkuvasti jotakin väärää. Heidän ei tule säästää vitsaa ja pilata lapsensa vaan ohjata lasta aina tarpeen mukaan. Sama pätee Herraan. Jumalassa ei ole lainkaan pimeyttä ja Hän on Pyhä. Hän ei hyväksy mitään pahuutta.

1. Korinttolaiskirje 5:11-13 sanoo: *"Vaan minä kirjoitin teille, että jos joku, jota kutsutaan veljeksi, on huorintekijä tai ahne tai epäjumalanpalvelija tai pilkkaaja tai juomari tai anastaja, te ette seurustelisi ettekä söisikään semmoisen kanssa. Sillä onko minun asiani tuomita niitä, jotka ovat ulkopuolella? Ettekö tekin tuomitse vain niitä, jotka ovat sisäpuolella? Mutta ulkopuolella olevat tuomitsee Jumala. 'Poistakaa keskuudestanne se, joka on paha.'"*

Meidän ei tule käsittää näitä sanoja väärin. Tämä ei tarkoita sitä että meidän täytyy pysytellä erossa ei-uskovista tai eristää juuri uskoon tulleet tuoreet uskovat. Meidän ei tule kuitenkaan olla sellaisten diakonien tai kirkon vanhempien seurassa joiden pitäisi omata uskoa mutta jotka ovat tehneet mainitun kaltaista syntiä. Tämän sijaan meidän on poistettava heidät kirkosta.

Jeesus sanoi että meidän on annettava anteeksi seitsemänkymmentä kertaa seitsemän kertaa (Matteus 18:22).

19

Miksi Hän ei sitten sano että meidän pitää antaa näille ihmisille anteeksi vaan käskee meitä poistamaan heidät keskuudestamme? Herra on täynnä rakkautta. Herra armahtaa henkilöä joka on tehnyt syntiä ja antaa tälle anteeksi jos tämä vain katuu ja kääntyy synnistään pois.

Henkilön sydän on kuitenkin hyvin kovettunut jos hän ei käänny pois vaikka hän tietää tekevänsä syntiä. Hän kohtaa lisää Saatanan töitä ja hän tekee enemmän ja enemmän pahuutta. Lopulta hän tulee aiheuttamaan kirkollekin paljon tuhoa.

Kirkko on paikka sielujen pelastamista ja Jumalan valtakunnan laajentamista varten Hänen tahtonsa mukaisesti. Jumalan valtakunta kuitenkin kärsii näiden ihmisten tähden. Jos me jätämme nämä ihmiset toimimaan tahtonsa mukaan tämä kaikki leviää ja alkaa vaikuttamaan myös muihin ihmisiin kuin taikinassa oleva hiiva. Tämän tähden Herra käskee meitä poistamaan nämä ihmiset keskuudestamme. Tämä ei kuitenkaan tarkoita sitä että meidän pitää poistaa heidät heti kun he tekevät syntiä.

Kuinka opastaa syntiä tehnyttä veljeä

Matteus 18:15-17 sanoo meille: *"Mutta jos veljesi rikkoo sinua vastaan, niin mene ja nuhtele häntä kahdenkesken; jos hän sinua kuulee, niin olet voittanut veljesi. Mutta jos hän ei sinua kuule, niin ota vielä yksi tai kaksi kanssasi, 'että jokainen asia vahvistettaisiin kahden tai kolmen todistajan sanalla.' Mutta jos hän ei kuule heitä, niin ilmoita seurakunnalle. Mutta jos hän ei seurakuntaakaan kuule, niin olkoon hän sinulle, niinkuin olisi pakana ja publikaani."*

Meidän ei pidä levittää uutista jos joku uskonveljemme on tehnyt jotakin väärin vaan meidän tulee neuvoa häntä rakkaudella. Hän ei mene kuoleman tielle jos hän kääntyy ympäri tässä vaiheessa, ja niin hän voi pelastua. Jos hän ei kuitenkaan kuuntele meitä meidän täytyy kertoa asiasta muutamalle meitä kirkossa korkeammalla olevalle muulle ihmisille jotta he voivat neuvoa häntä.

Meidän täytyy ilmoittaa asiasta kirkossa korkeammalla oleville pastoreille jos hän ei vieläkään kuuntele. He neuvovat tätä veljeä Jumalan sanalla, tai jos on tarpeellista, he toruvat häntä jotta hän voi kääntyä synnistään. Jumala sanoo että jos hän ei vieläkään kuuntele, meidän täytyy pitää häntä pakanana tai publikaanina. Hän saa muut kirkon jäsenet tekemään syntiä jos hän saa jatkaa toimintaansa, ja tämä tulee aiheuttamaan suuria vaikeuksia kirkolle.

Jumala ei sano että meidän ei tule sietää pahuutta tekeviä ihmisiä kirkossa sen tähden että Hän ei muka rakastaisi. Hän sanoo näin sielujen enemmistön tähden ja pitääkseen kirkon pyhänä. Kirkko ostettiin Herran verellä ja kirkko on Kristuksen ruumis.

Meidän täytyy muistaa tässä että meidän uskonveljellemme

antamat neuvot ovat merkityksettömiä jos me emme itse elä totuudessa. Jos me emme itse elä totuudessa mutta neuvomme veljeämme sanoen, "Veli, Jumala vihaa syntiä. Iloitse aina, rukoile jatkuvasti ja anna kiitosta", niin me saatamme itse asiassa tehdä enemmän tuhoa.

Jeesus sanoi Matteuksen jakeissa 7:3-5 seuraavasti: *"Kuinka näet rikan, joka on veljesi silmässä, mutta et huomaa malkaa omassa silmässäsi? Taikka kuinka saatat sanoa veljellesi: 'Annas, minä otan rikan silmästäsi', ja katso, malka on omassa silmässäsi? Sinä ulkokullattu, ota ensin malka omasta silmästäsi, ja sitten sinä näet ottaa rikan veljesi silmästä."*

Meidän täytyy ensin heittää pois oma pahuutemme ja olla vapaa epätotuuden tunteista ennen kuin me voimme antaa toisille neuvoja. Vasta sitten me voimme neuvoa muita ihmisiä.

Täyttäessämme nämä ehdot me voimme antaa ohjastusta tavalla mikä ei loukkaa tätä toista henkilöä, ja niin me vältymme väärinkäsityksiltä. Ohjastukset tulisi ottaa ilolla vastaan.

Jakeessa 1. Piet. 1:16 Jumala käski meitä olemaan pyhiä sillä Hän on itse pyhä. Meillä on selvä syy olla pyhä. Jumala antoi ainoan Poikansa, Jeesuksen Kristuksen, sovitusuhriksi lunastaakseen meidän syntimme. Hän antoi myös Pyhän Hengen uskoville jotta he voisivat heittää syntinsä pois ja elää kirkkaudessa. Kuinka Jumala voi sitten sallia pahuutta kirkossa, joka on Kristuksen ruumis?

Nykyään on kuitenkin useita kirkkoja jotka eivät toru tai hillitse kirkossa tapahtuvia pahoja asioita. He vain joko sietävät tai sitten eivät välitä niistä. Kirkon ihmiset ovat huolissaan siitä että sen jäsenet voivat jättää kirkon jos heitä neuvotaan tai torutaan syntien tähden. Jotkut tuntevat lihallista kiintymystä tai sympatiaa pahoja ihmisiä kohtaan. Toiset taas tekevät kompromisseja vaurauden ja vallan kanssa ja sietävät tämän tähden pahoja ihmisiä kirkossaan.

Mikä kirkon rooli sitten on? Sen tehtävä on opettaa Jumalan lapsille kuinka elää totuudessa ja johdattaa mahdollisimman useita sieluja taivaan kuningaskuntaan. Pastorin ja johtajien tulisi varoittaa selvästi Jumalan edessä syntisistä asioista jotka johtavat uskovia kuolemaan niin että he voivat kääntyä synneistään pois. Heidän tulisi rohkaista ja neuvoa kirkon jäseniä rakkaudella jotta nämä voisivat heittää syntinsä pois ja elää pyhää elämää.

Efeson kirkko koetteli ja paljasti väärät apostolit

Efeson kirkon jäseniä ylistettiin siitä että he olivat koetelleet itseään väärin apostoleiksi kutsuneita ja havainneet heidän olevan valehtelijoita. Tässä 'apostoleilla' ei viitata Jeesuksen kahteentoista opetuslapseen tai apostoli Paavaliin. Se on yleistermi joka viittaa kaikkiin joilla on kirkossa jokin asema tai tehtävä.

Nykyajan kirkossa on monia asemia ja titteleitä. On pappeja, vanhempia, vanhempia diakoneja ja diakoneja. Osa heistä on saanut asemansa kirkolta sen ansiosta että he ovat käyneet kirkossa jonkin aikaa heidän uskontilastaan huolimatta. Meidän korkeat asemamme tai tehtävämme eivät merkitse mitään jos Jumala ei itse tunnusta meitä.

Me olemme pelkästään itseämme valheellisesti apostoleita kutsuvia jos me olemme saaneet jonkin aseman kirkossa siellä käymämme ajan pituuden tai ulkoisen olemuksemme tähden olematta kuitenkaan Jumalan tunnustamia. Mitä sitten tarkoittaa se, että Efeson kirkko koetteli vääriä apostoleita ja havaitsi heidät valheellisiksi?

Kuvittele esimerkiksi että pastori opettaa kirkon jäsenille että heidän on heitettävä synti ja pahuus pois ja elettävä Jumalan sanan mukaan. Uskoa omaavat jäsenet ottavat tämän vastaan sanomalla 'Aamen' ja hyväksyvät ja noudattavat sanomaa. Heprealaiskirje 4:12 kuitenkin sanoo että Jumalan sana on elävä ja aktiivinen ja kaksiteräistä miekkaa terävämpi. Se lävistää sielun ja hengen sekä nivelet ja luuytimen, ja niin nämä uskovat voivat löytää mikä on totuuden mukaan väärin ja he voivat katua ja kääntyä siitä pois.

Kovettuneen sydämen omaavat eivät kuitenkaan käänny pois edes Jumalan sanaa kuultuaan. Sen sijaan he pettävät muita kirkon jäseniä jos heistä tuntuu että heidän pahuutensa voi tulla esiin ja he puhuvat negatiivisia asioita kirkosta ja pastorista ja lopulta sitten jättävät kirkon. Itseään väärin apostoleiksi kutsuvien pahuus tulee siis paljastumaan.

Jopa pastorien joukossa on sellaisia jotka kutsuvat itseään väärin apostoleiksi. Pastoreina he tuomitsevat ja arvostelevat muita kirkkoja tai pastoreita Jumalan sanaa käyttämällä. Heistä on itsestään tullut sokeita jotka johdattavat laumaansa väärään suuntaan. Näin oli myös ylipappien, fariseusten ja kirjanoppineiden kohdalla.

Matteuksen luvussa 23 Jeesus kutsui heitä 'sokeiksi taluttajiksi' ja torui heitä sanoen: *"Samoin tekin ulkoa kyllä näytätte ihmisten silmissä hurskailta, mutta sisältä te olette täynnä ulkokultaisuutta ja laittomuutta."*

Joskus Jumala sallii kirkolle koettelemuksia paljastaakseen tämänkaltaisia vääryyksiä. Näiden koettelemusten aikana kirkko saattaa kohdata paljon vainoa ja monia hankaluuksia.

Esimerkiksi Stefanus kivitettiin kuoliaaksi kun hän osoitti pahojen ihmisten syntejä ja pahuuksia. Samalla tavalla pahat ihmiset paljastavat heissä olevan pahuutensa kun heidän syntinsä tuodaan esiin tai heidän henkilöllisyytensä paljastetaan. Joten kun Jumala sallii koettelemusten paljastaa itseään väärin apostoleiksi kutsuvat myös heikon uskon omaavat voivat menettää pahuutensa kokonaan.

Aidon uskon omaavia ei voida kuitenkaan horjuttaa missään

olosuhteissa. Maa kovettuu sateen jälkeen ja samalla tavalla hekin saavat vakaamman uskon ja suurempaa hyvyyttä näiden koettelemusten kautta. Läpäistyään nämä koettelemukset sekä yksittäiset henkilöt että koko kirkko saa osakseen Jumalan siunauksia.

Efeson kirkko ei uupunut kantaessaan paljon ja ollessaan kärsivällinen Herran nimen tähden

Herra myös ylisti Efeson kirkkoa siitä että se oli kärsivällinen eikä uupunut Herran nimen tähden. Jos me löydämme syntimme sanoman kautta kun me kuuntelemme Jumalan sanaa, meidän täytyy katua, yrittää kääntyä synneistämme ja elää Jumalan sanan mukaan.

Joskus ihmiset kuitenkin muuttuvat puolustelevaksi ja aiheuttavat koettelemuksia jos heidän syntinsä tuodaan esiin heidän kuunnellessaan Jumalan sanaa. Todelliset paimenet kuitenkin sietävät myös tämänkaltaisia ihmisiä. He rukoilevat kyynelsilmin ja syleillen heitä rakkaudella he jatkavat rakkauden sanan opettamista niin että nämä ihmiset eivät lankeaisi kuoleman tielle.

Mooses kiipesi vuorelle yksin paastoten 40 päivän ajan saadakseen Jumalalta Kymmenen käskyä. Samaan aikaan Israelin kansa teki epäjumalan ja alkoi palvoa sitä. Tämä oli suuri synti. Jumala suuttui ja aikoi tuhota israelilaiset kokonaan. Mooses kuitenkin rukoili kyynelsilmin heidän puolestaan (Exodus

32:31-32).

Apostoli Paavali vangittiin ja häntä pahoinpideltiin kun hän saarnasi evankeliumia. Hän oli kärsinyt suuresti mutta hän sieti kaiken ja kesti Jeesuksen Kristuksen nimen tähden. Myös Efeson kirkon pastori kesti Herra nimessä eikä uupunut, ja niin Herra ylisti häntä.

Pastori ei rukoile jos hän uupuu ja laiskistuu. Tällöin hän ei voi suojella laumaansa hengellisessä taistelussa paholaista vastaan. Hän ei voi tuoda eksyneitä lampaitaan takaisin. Pastori voi huolehtia laumastaan ja täyttää velvollisuutensa vain jos hän on tunnollinen. Kirkkojen ja pastoreiden täytyy toimia tällä tavoin myös nykyaikana jos he haluavat ansaita Herran ylistystä.

Erityisesti näinä lopun ajan päivinä jolloin maailma on täynnä syntiä lauman johdattamiseen taivaalliseen kuningaskuntaan tarvitaan paljon kärsivällisyyttä ja sietokykyä. Me opetamme totuutta ja näytämme todisteita joiden avulla uskoa, mutta tästä huolimatta me saatamme nähdä sieluja jotka ystävystyvät maailman kanssa ja asuvat pimeydessä. Tästä huolimatta meidän täytyy rukoilla heidän puolestaan murheessa kyynelehtien. Meidän täytyy olla aina valmiina huolehtimaan sieluista. Meidän täytyy pitää sieluista huolta rakkaudella ja uupumatta tai laiskistumatta.

Jopa uskovien joukossa on nykyään ihmisiä jotka vääristävät totuutta. Ymmärryksen ja harmonian avulla he tekevät kompromisseja tämän maailman trendien kanssa. Joten on paljon asioita joita meidän täytyy kestää Herran nimen tähden. Jos meillä on aitoa uskoa Herraan me tulemme kestämään ilolla ja kiitoksessa kaikenlaiset koettelemukset ja vaikeudet. Me emme uuvu vaan rukoilemme tunnollisesti ja täytämme kaikki velvollisuutemme.

Herra toruu Efeson kirkkoa

Mutta se minulla on sinua vastaan, että olet hyljännyt ensimmäisen rakkautesi. Muista siis, mistä olet langennut, ja tee parannus, ja tee niitä ensimmäisiä tekoja; mutta jos et, niin minä tulen sinun tykösi ja työnnän sinun lampunjalkasi pois paikaltaan, ellet tee parannusta (Ilmestyskirja 2:4-5).

Efeson kirkkoa ylistettiin siitä että se oli tehnyt työtä ja ollut kärsivällinen totuuden eteen ja siitä ettei se ollut sietänyt pahoja ihmisiä. Se oli paljastanut vääriä apostoleita ja sietänyt paljon Herran nimen tähden tästä uupumatta. Efeson kirkkoa kuitenkin myös toruttiin eräiden muiden asioiden tähden.

Efeson kirkko hylkäsi ensirakkautensa

Herra kehui Efesoa mutta myöhemmin sitä varoitettiin ankarasti että Herra tulisi työntämään lampunjalan pois paikaltaan. Miksi Efeson kirkkoa toruttiin tällä tavalla?

Joh. 14:21 sanoo: *"Jolla on minun käskyni ja joka ne pitää, hän on se, joka minua rakastaa; mutta joka minua rakastaa, häntä minun Isäni rakastaa, ja minä rakastan häntä ja ilmoitan itseni hänelle."* 1. Joh. 5:3 sanoo: *"Sillä rakkaus Jumalaan on se, että pidämme hänen käskynsä. Ja hänen käskynsä eivät ole raskaat."*

Efeson kirkon pastori ja sen jäsenet rakastivat Jumalaa ja he kamppailivat syntejä vastaan ja heittivät ne aluksi pois. He yrittivät elää Jumalan sanan mukaan. He tekivät työtä ja voittivat iloiten ja kiittäen mutta ajan kuluessa he kuitenkin etääntyivät yhä kauemmaksi totuudesta.

Jossakin vaiheessa he menettivät ensirakkautensa. He eivät yrittäneen enää kokoontua yhteen ja lopettivat rukoilemisen. He eivät yrittäneet enää elää totuuden mukaan van menivät takaisin maailmaan.

Kun ihmiset kohtaavat Jumalan ja saavat Pyhän Hengen he useimmiten täyttyvät ylitsevuotavalla ilolla Pyhän Hengen täyteydestä. He kerääntyvät yhteen palveluksiin ja muihin tilaisuuksiin yrittäen parhaansa rukoilla kaiken aikaa. He myös uskovat taivaan ja helvetin olemassaoloon ja niin he yrittävät saarnata evankeliumia veljilleen, sukulaisilleen ja naapureilleen. He ovat onnellisia viettäessään aikaa yhdessä uskonveljiensä kanssa. He odottavat sunnuntaita ja kaipaavat Jumalan sanan kuulemista. Jossakin vaiheessa he eivät enää pysty palvomaan hengessä ja totuudessa edes silloin kun he ottavat osaa palvelukseen sillä heidän ensirakkautensa on päässyt jäähtymään. He ottavat palveluksiin osaa ainoastaan velvollisuudentunnosta. He nukahtavat sekä palveluksen aikana että myös rukoushetken aikana. Heillä ei ole voimaa kamppailla syntejä vastaan ja heittää niitä pois, ja niin he tekevät maailman kanssa kompromisseja ja tulevat taas syntien tahraamaksi.

Minkälaista meidän uskomme on tällä hetkellä? Miksi me emme ajattele ensirakkauden tunteita kun me saimme Pyhän Hengen ensimmäistä kertaa osaksemme ja meidän sydämemme täyttyivät sanoinkuvaamattomalla riemulla? Kuinka moni meistä voi varmasti sanoa että meidän ensirakkautemme ei ole viilennyt tai muuttunut kun me vertaamme uskoamme alussa omaamaamme sydämeen? Emmekö me luullutkin että oli vain luonnollista menettää ensirakkaus?

Herra kuitenkin toruu ensirakkauden menettämistä. Hän sanoo meille: *"Muista siis, mistä olet langennut, ja tee parannus, ja tee niitä ensimmäisiä tekoja"* (jae 5). Meidän täytyy tunnistaa se hetki jolloin me aloimme menettää ensi-innostuksemme. Meidän täytyy katua ja kääntyä synnistä voidaksemme saada takaisin alun teot sekä sen innostuksen ja täyteyden.

Syy ensirakkauden hylkäämiseen

Mies ja nainen voivat rakastaa toisiaan hyvin paljon ja tulla yhdeksi avioliiton kautta. Ajan kuluessa heidän mielensä kuitenkin muuttuu ja he hylkäävät ensirakkautensa. Heidän suhteensa pysyy hyvänä kauan aikaa eikä heillä tule olemaan mitään ongelmia jos he vain pitävät kiinni ensirakkaudestaan.

Sama koskee meidän rakkauttamme Jumalaa ja Herraa kohtaan. Jotkut sanovat että he ovat kohdanneet koettelemuksia uskonveljiensä tekojen tähden. Toiset taas sanovat että jättivät jumalanpalveluksen väliin muutaman kerran ansaitakseen hieman rahaa ja nyt heidän on vaikea pyhittää Herran päivää. Toiset sanovat että heillä on vaikeuksia pastorin kanssa tai että he ovat joutuneet koetelluiksi sen tähden että he epäilivät saarnattua sanomaa.

Perimmäisin syy siihen että me menetämme ensirakkautemme on se että me alamme taas ottaa vastaan epätotuuksia joita me olemme heittäneet pois. Me voimme olla nyt täynnä Henkeä mutta jos me katsomme maailmaa ja olemme sille vastaanottavaisia me saatamme taas langeta siihen takaisin.

Älkää rakastako maailmaa älkääkä sitä, mikä maailmassa on. Jos joku maailmaa rakastaa, niin Isän rakkaus ei ole hänessä. Sillä kaikki, mikä maailmassa on, lihan himo, silmäin pyyntö ja elämän korskeus, se ei ole Isästä, vaan maailmasta (1. Joh. 2:15-16).

Henkilö on saattanut ympärileikata sydäntään tunnollisesti ensirakkauden täyteydessä mutta sitten parin vuoden jälkeen hän on huomannut pysähtyneensä samalle tasolle ilman hengellistä paranusta. Hän saattaa kohdata samanlaisia koettelemuksia jotka hän on jo päihittänyt, tai sitten hän voi nähdä kuinka erilaiset pahuudet jotka hän on jo heittänyt pois palaavat takaisin.

Tämä saattaa johtaa siihen että hänen sydämensä on masentunut tai painava, ja hän voi myös luulla että hän tarvitsee hieman lepoa yrittämisestä. Hän yrittää jopa saada lohtua tämän maailman lihallisista asioista. Hän saattaa luulla haluavansa vain hieman lohtua ja lepoa, mutta seuratessaan maailman trendejä muutaman kerran hän saattaa langeta takaisin maailman menoon kokonaan.

"Minä työnnän lampunjalan paikaltaan"

Hengellisiä asioita ei voida koskaan ratkaista maallisin keinoin. Kun henkilön uskon kasvu hidastuu ja pysähtyy, hänen täytyy huomata että tapa ratkaista tämä ongelma on hengellinen. Hänen täytyy rukoilla Jumalan edessä vilpittömämmin, pyytää taivaasta armoa ja voimaa sekä saada Pyhän Hengen apua.

Voidaksemme tehdä näin meidän täytyy muistaa se mistä me olemme langenneet ja katua syntejämme ja kääntyä niistä pois.

Meidän täytyy rikkoa ensirakkauden hylkäämisen ja alkutekojen menettämisen aiheuttama synnin muuri. Vasta sitten me voimme saada voimaa ja armoa juoksemiseen. Meidän ei pidä vain pelkästään katua vaan repiä rintaamme katumuksessa.

'Isä Jumala on antanut ainoan Poikansa minun puolestani. Herra meni minun puolestani ristille ja kärsi paljon pilkkaa ja tuskaa näyttääkseen minulle kuinka paljon Hän rakastaa minua. Kuinka minä olen voinut hylätä Hänen rakkautensa ja armonsa?'

Tämänkaltaisen katumuksen täytyy olla lähtöisin suoraan sydämemme pohjasta ja meidän täytyy kantaa katumuksen hedelmää. Meidän täytyy tulla Henkeä täyteen ja palata aikaisemmin eläväämme palavaan kristilliseen elämään.

Herra toruu Efeson kirkkoa siitä että se unohti ensirakkautensa ja Hän käskee heitä katumaan tai muutoin Hän siirtäisi heidän lampunjalkansa sijaltaan. Tässä lampunjalka viittaa kirkkoon ja tällä ilmaisulla on kaksi päämerkitystä.

Ensinnäkin, 'lampunjalan siirtäminen sijaltaan' tarkoittaa sitä että Herra ottaa Pyhän Henkensä pois jokaiselta yksilöltä.

1. Korinttolaiskirje 3:16 sanoo: *"Etteko tiedä, että te olette Jumalan temppeli ja että Jumalan Henki asuu teissä?"* Meidän kehomme on Jumalan pyhä temppeli. Lampunjalan siirtäminen tarkoittaa kirkon, Herran ruumiin, siirtämistä. Joten

tämä tarkoittaa että Herra siirtää sydämessämme asuvan Pyhän Hengen.

Jumala sanoi: *"Henkeä älkää sammuttako"* (1. Tessalonikalaiskirje 5:19), ja *"Jos joku turmelee Jumalan temppelin, on Jumala turmeleva hänet; sillä Jumalan temppeli on pyhä, ja sellaisia te olette"* (1. Korintolaiskirje 3:17). Jumala sanoo että Hän on turmeleva ihmisen joka turmelee Jumalan temppelin. Tämä tarkoittaa sitä että Jumala ottaa Pyhän Hengen meiltä pois ja siten meidän on vaikeampi pyrkiä Hänen yhteyteen.

Pyhä Henki ei voi pitää kehoamme pyhänä temppelinä ja asua siinä jos me olemme menettäneet Pyhän Hengen jälkeisen ensirakkautemme ja me elämme synnissä maailman kanssa ystävystyen. Jumala antaa meille Hänen armonsa sekä uuden mahdollisuuden jos me kadumme ja käännymme synnistä ennen kuin Pyhä Henkin ehtii tukahtua. Pyhä Henki kuitenkin jättää meidät jos me emme kadu tai käänny pois, sillä tällöin me lopulta ylitämme Hänen oikeudenmielisyytensä rajan.

Pyhä Henki muistuttaa henkilöä kuitenkin tilanteesta jatkuvasti siihen saakka kunnes tilanne saavuttaa tämän pisteen. Pyhän Hengen murheen tähden henkilö tuntee sydämessään murhetta, huolta ja levottomuutta. Jumala antaa hänelle myös sanansa kautta mahdollisuuden katua. Luonnollisesti Pyhä Henki ei voi enää auttaa häntä jos hän ei kadu ja Pyhä Henki otetaan häneltä pois. Hän on tietoinen totuudesta, ja siten hän voi yrittää kääntyä synnistä pois. Hänen on kuitenkin vaikeampi katua sillä Pyhä Henki ei enää asu hänen sisällään.

Katumisen sijaan hän yrittää lohduttaa sydäntään maailman lihallisilla asioilla. Tämän tilan saavutettuaan henkilön on hyvin vaikeaa kääntyä enää takaisin. Ilman Jumalan rakkauden uhria hän ei voi muuta kuin langeta ikuiseen kuolemaan. Täten kenenkään Pyhän Hengen saaneen Jumalan lapsen ei pidä koskaan saavuttaa tällaista pistettä.

Toisekseen, lampunjalan siirtäminen tarkoittaa sitä että Herra ottaa Pyhän Hengen kirkolta.

Henkilöiden lisäksi myös kirkko menettää Pyhän Hengen työt ja myöskin herätys lakkaa jos sen ensirakkaus viilenee.

Kirkon alkupäivinä he saattavat huutaa Jumalaa rukouksessa mutta heidän palonsa kuitenkin viilenee jonkin ajan kuluttua. He eivät rukoile enää palavasti. He eivät enää keräänny yhteen. He eivät enää levitä evankeliumia tunnollisesti.

Kun Pyhän Hengen teot lähtevät hiljalleen kirkosta se vaipuu hengelliseen uneen. Pyhän Hengen tekojen lakattua ei ole helppoa sytyttää uudelleen palavia rukouksia tai saada Pyhän Hengen täyteyttä takaisin. Pyhä Henki ei tee enää tekojaan sillä kirkko on menettänyt ensirakkautensa ja Jumala on poistanut lampunjalan paikaltaan.

Saatana alkaa pian tehdä omia tekojaan ja aiheuttaa riitoja ja kuppikuntia sellaisessa kirkossa josta puuttuu Pyhä Henki.

Tilanne saattaa ajautua niin pitkälle että yksittäinen kirkko tuhoutuu. Jos Pyhä Henki ei voi tehdä enää työtään jossakin kirkossa se tarkoittaa sitä että tämä kirkko on hylännyt velvollisuutensa.

Joten lopun ajassa elävien uskovien tulisi muistaa 1. Piet. 4:7 joka sanoo: *"Mutta kaiken loppu on lähellä. Sentähden olkaa maltilliset ja raittiit."* Meidän täytyy olla hereillä. Meidän täytyy katua nopeasti ja kääntyä synneistämme jos me olemme menettäneet ensirakkautemme. Näin Jumala ei siirrä lampunjalkaa paikaltaan.

HERRAN EFESON KIRKOLLE ANTAMAT NEUVOT JA SIUNAUKSET

Mutta se sinulla on, että sinä vihaat nikolaiittain tekoja, joita myös minä vihaan. Jolla on korva, se kuulkoon, mitä Henki seurakunnille sanoo. Sen, joka voittaa, minä annan syödä elämän puusta, joka on Jumalan paratiisissa (Ilmestyskirja 2:6-7).

Sen jälkeen kun Herra oli ylistänyt ja torunut Efeson kirkkoa Hänellä oli yhä kehuja joita antaa kirkolle. Tämä on Jumalan viisautta. Efeson kirkon pastoreiden ja jäsenten Herralta saamansa ensirakkauden menettämistä koskeva toru ei ollut vähäistä laatua.

'Lampujalan siirtäminen paikaltaan' tarkoittaa että heidän taivaan elämän kirjassa olevat nimet pyyhitään yli eivätkä he voi pelastua. Kirkon suhteen tämä tarkoittaa sitä että se ei pysty tekemään velvollisuuttaan Kristuksen ruumiina sillä Pyhän Hengen teot ovat lakanneet siinä.

Kuinka pelästyneitä heidän onkaan täytynyt olla tämän kuulleessaan! Uskova kellistyisi kauhuissaan jos hän olisi mennyt hakemaan sielunohjausta ja joku sanoisi hänelle: "Jumala ottaa Pyhän Hengen pois sinusta etkä siinä tule pelastumaan."

Näin kävi myös Efeson kirkolle. Sen jälkeen kun Herra oli torunut ankarasti Efeson kirkon pastoria ja jäseniä Hän jätti vielä yhden kehun jäljelle jotteivat he menettäisi sydäntään vaan katuisivat ja jatkaisivat uskon marssiaan. Tämä kehu oli se että Efeson kirkko vihasi nikolaiittojen tekoja.

Efeson kirkko vihasi nikolaiittojen tekoja

Nikolaiitat olivat erään Nicolan, yhden alkukirkon seitsemästä diakonista, perustama ryhmä. Alkukirkko kasvoi hyvin nopeasti (Ap.t. 6:7) ja niin he asettivat diakoneja hallinnollisten asioden johtoon jotta apostolit voisivat itse keskittyä Jumalan sanaan ja rukoiluun.

"Niin ne kaksitoista kutsuivat kokoon opetuslasten joukon ja sanoivat: 'Ei ole soveliasta, että me laiminlyömme Jumalan sanan toimittaaksemme pöytäpalvelusta. Valitkaa sentähden, veljet, keskuudestanne seitsemän miestä, joista on hyvä todistus

ja jotka ovat Henkeä ja viisautta täynnä, niin me asetamme heidät tähän toimeen. Mutta me tahdomme pysyä rukouksessa ja sanan palveluksessa'" (Ap.t. 6:2-4).

He valitsivat seitsemän hyvämaineista miestä jotka olivat täynnä viisautta ja Henkeä, ja he asettivat nämä miehet kirkon tehtävien johtoon. Eräs näistä miehistä oli Nicola. Häntä ylistettiin siitä että hän oli täynnä uskoa ja Pyhää Henkeä, mutta myöhemmin hän loittoni totuudesta.

Hän sanoi jotakin tämänkaltaista: "Henki on puhdas, synnitön ja pyhittynyt. Ihmiset tekevät syntiä sillä heidän kehossaan on syntiä. Synti ei kosketa ihmisten sisällä olevaa henkeä. Joten kun Jumala kutsuu meidän henkemme, meidän kehomme palautuu kouralliseksi tomua ja siten meidän henkemme pelastuu siitä huolimatta kuinka paljon syntiä meidän kehomme on tehnyt."

Jumalan sana kertoo meille kuitenkin että Pyhä Henki tukahtuu jos me jatkamme syntien tekemistä siitä huolimatta että me olemme hyväksyneet Jeesuksen Kristuksen pelastajaksemme. Me emme pysty koskaan katumaan jos me teemme syntiä naulitsemalla Herran yhä uudelleen ja uudelleen.

Sillä mahdotonta on niitä, jotka kerran ovat valistetut ja taivaallista lahjaa maistaneet ja Pyhästä Hengestä osallisiksi tulleet ja maistaneet Jumalan hyvää sanaa ja

*tulevan maailmanajan voimia, ja sitten ovat luopuneet-
taas uudistaa parannukseen, he kun jälleen itsellensä
ristiinnaulitsevat Jumalan Pojan ja häntä julki
häpäisevät* (Heprealaiskirje 6:4-6).

Nicola vääristi Jumalan sanaa. Jumalan sanan mukaan eläminen tarkoittaa kärsivällisyyttä ja uupumattomuutta. Nikolaiitat opettivat että pelastuminen oli helppoa synnistä huolimatta. Maailmaa rakastavat ja pimeydessä elävät ihmiset tulivat helposti kiusatuksi. He saattoivat uskoa petokseen ja palata maailmaan jopa silloin kun he olivat jo yrittämässä heittää syntejään pois.

Koko kirkko on pian synnin tahraama jos joku opettaa tämänkaltaista sanomaa ja kirkossa ihmiset hyväksyvät sen. Nykyään kaikenlaiset kavalat teot jotka vääristävät Jumalan sanaa uskovien pettämiseksi voidaan laskea nikolaiittojen teoiksi.

Henkilöllä voi olla korkea asema kirkossa ja hän voi olla täynnä Henkeä ja monien ylistämä, mutta hän voi joutua Saatanan tekojen uhriksi ja jättää totuuden aina niin kauan kunnes hän on muuttunut kokonaan hengeksi. Meidän tulee tämän tähden olla aina hereillä välttyäksemme koettelemuksilta ja kiusauksilta.

Meidän pitää kuitenkin olla varovaisia yhden asian suhteen. On tietenkin oikein vihata asioita jotka ovat Jumalan tahdon vastaisia. Meidän pitää kuitenkin tutkiskella asioita tarkasti Jumalan sanan avulla niin että me emme häiritse Pyhää Henkeä omalla ylpeydellämme. Tämä johtuu siitä että me rakennamme suuren synnin muurin itsemme ja Jumalan välille jos me arvostelemme ja tuomitsemme muita Pyhää Henkeä seuraavia kirkkoja tai pastoreita.

Jumalan voittoisille antama lupaus

Meidän ei pidä säilyttää kuulemaamme sanaa pelkkänä tietoutensa. Voidaksemme olla voittoisia meidän tulee istuttaa se sydämeemme, antaa sen kasvaa ja sitten korjata sen hedelmät Pyhän Hengen avulla. Tässä voittoisuus tarkoittaa ensirakauden uudelleen löytämistä ja totuudessa taas elämistä.

Kun me saamme Pyhän Hengen ja kuulemme Jumalan sanaa, meidän tulee kaivertaa se sydämeemme ja elää sen mukaan. Näin me voimme olla voittoisia syntiä täynnä olevassa maailmassa. Joten 'voittajat' viittaavat niihin jotka ovat löytäneet ensirakkauden uudestaan. Herra lupasi näille ihmisille, että he saisivat syödä Jumalan Paratiisissa olevasta elämänpuusta.

Elämänpuu ei ole läsnä ainoastaan Paratiisissa vaan kaikissa taivaallisen kuningaskunnan paikoissa Uusi Jerusalem mukaanlukien. Miksi Herra sitten lupasi että Hän antaisi heidän syödä Paratiisissa olevasta elämänpuusta? Tässä 'Paratiisilla' on kaksi merkitystä.

Ensinnäkin, se tarkoittaa sitä että he pääsisivät Paratiisiin, taivaallisen kuningaskunnan alhaisimpaan asuinsijaan.

Taivaallisessa kuningaskunnassa on asuinsijoja jotka on jaettu eri tasoihin, ja nämä annetaan ihmisille heidän uskon mittansa mukaan. Paratiisi on paikka johon pääsevät Jeesuksen rinnalla katuneet rikolliset. Efeson kirkon uskovat olivat menettäneet ensirakkautensa, ja tämän tähden he katuessaan ja kääntyessään synneistä olisivat tasolla jossa he tulisivat vain vaivoin pelastetuksi.

He pystyisivät kuitenkin nousemaan paremmille taivaan asuinsijoille siitä huolimatta että he olivat menettäneet ensirakkautensa jos he vain muistaisivat mistä he olivat langenneet, katuisivat ja jatkaisivat uskon marssia tunnollisesti. He tulisivat kuitenkin vain vaivoin pelastetuksi ja saisivat osakseen häpeällisen Paratiisin pelastuksen jos he vain pysyttelisivät ensirakkauden löytämisen tasolla.

Paratiisin toinen merkitys viittaa koko taivaalliseen kuningaskunaan yleisesti. Tämä viesti oli tarkoitettu Efeson kirkon lisäksi kaikille kirkoille. Kuka tahansa voi syödä elämänpuusta jos me löydämme uudelleen ensirakkautemme ja menemme taivaalliseen kuningaskuntaan.

Jumala haluaa meidän löytävän ensirakkautemme

Jeesus Kristus on sama eilen, tänään ja ikuisesti ja Hän rakastaa kaikkia Jumalan lapsia muuttumattomalla rakkaudellaan. Tästä huolimatta ihmiset joskus hylkäävät tämän Herran rakkauden ja seuraavat omia halujaan ja etujaan. He seuraavat muuttuvaista lihaa ja niin myös heidän ensirakkautensa muuttuu.

Rakkauden Jumala ei kuitenkaan käännä kasvojaan pois tai edes syytä näitä ihmisiä jos he vain katuvat, kääntyvät pois synneistään ja löytävät taas ensirakkautensa ja aikaisemmat tekonsa. Hän ei edes muista menneitä tekoja vaan rakastaa heitä samalla sydämellä. Tällainen on Jumalan sydän.

Efeson kirkko sai Herralta osakseen ylistystä mutta heitä myös toruttiin ankarasti, sanoen että Herra siirtäisi lampunjalan paikaltaan. Tämä johtui siitä että he olivat menettäneet ensirakkautensa. Herra ei kuitenkaan torunut Efeson kirkkoa sen tähden että Hän halusi pelotella tai ajaa heitä kohti tuhoa. Saatanan kiusaukset ja koettelemukset ovat kuitenkin aina läsnä siihen saakka kunnes me olemme täysin pyhittyneitä. Meidän tulee siis muistaa että kuka tahansa voi joutua näiden koettelemusten kouriin ja menettää ensirakkautensa ellei hän pysyttele aina hereillä.

Me emme voi koskaan herätä hengellisestä unestamme jos me omaamme tyytyväisen sydämen ajatellen seuraavasti: "Minä olen ollut hyvin uskollinen ja tunnollinen."

Meidän pitäisi omata ansaitsemattoman palvelijan sydän vaikka me olisimmekin tehneet jotakin hyvin. "Me olemme ansaitsemattomia palvelijoita. Me olemme tehneet mitä meidän kuuluu tehdä." Näin meidän kuuluu ajatella. Näin me voimme katua, löytää jälleen ensirakkautemma ja tehdä aikaisempia tekoja kun Pyhä Henki herättää meidät ja ohjaa meitä.

Nyt on aika tutkiskella olemmeko me menettäneet ensirakkautemme Herraa ja Jumalaa kohtaan niin että meidän rakkautemme voisi kasvaa Jumalan mieliksi suuremmaksi ja suuremmaksi.

LUKU 2

SMYRNAN KIRKKO
- Uskon koettelemusten voittaminen

Smyrnan kirkko koki useista koettelemuksia Polycarpin marttyyrius mukaan lukien. Tämä kirkko oli ainutlaatuinen näiden seitsemän kirkon joukossa. He eivät saaneet kehuja tai toruja vaan ainoastaan neuvoja. Heille kuitenkin luvattiin että se saisivat elämän kruunun jos he läpäisisivät nämä lukuisat kärsimykset ja pysyttelisivät uskollisina kuolemaan saakka.

Tämä on sanoma joka annettiin kaikille kirkoille ja uskoville jotka kärsivät Herran nimessä sekä myös niille kirkoille ja uskoville jotka menevät Pohjois-Koreaan Jumalan voimalla täyttääkseen velvollisuutensa evankeliumia kaipaavassa maassa.

Ilmestyskirja 2:8-11

Ja Smyrnan seurakunnan enkelille kirjoita: 'Näin sanoo ensimmäinen ja viimeinen, joka kuoli ja virkosi elämään: Minä tiedän sinun ahdistuksesi ja köyhyytesi-sinä olet kuitenkin rikas-ja mitä pilkkaa sinä kärsit niiltä, jotka sanovat olevansa juutalaisia, eivätkä ole, vaan ovat saatanan synagooga. Älä pelkää sitä, mitä tulet kärsimään. Katso, perkele on heittävä muutamia teistä vankeuteen, että teidät pantaisiin koetukselle, ja teidän on oltava ahdistuksessa kymmenen päivää. Ole uskollinen kuolemaan asti, niin minä annan sinulle elämän kruunun. Jolla on korva, se kuulkoon, mitä Henki seurakunnille sanoo. Sitä, joka voittaa, ei toinen kuolema vahingoita.'

HERRAN VIESTI SMYRNAN KIRKOLLE

Ja Smyrnan seurakunnan enkelille kirjoita: Näin sanoo ensimmäinen ja viimeinen, joka kuoli ja virkosi elämään (Ilmestyskirja 2:8).

Smyrna on kuuluisa kreikkalaisen Homeroksen syntypaikkana. Homeros kirjoitti vanhimmat eeppiset runot, Iliadin ja Odysseyksen. Monet juutalaiset olivat asettuneet Smyrnaan aina aikojen alusta lähtien. Kaupunki oli myös taloudellinen keskus niin kuin Efesos, ja myös se oli epäjumalien palvelun keskus useine epäjumalille pyhitettyine alttareineen ja keisarinpalvomisineen.

Tuohon aikaan Smyrnan ihmiset kutsuivat Rooman keisaria 'Herraksi', ja he luulivat että maailmassa oli vain yksi keisari. Kristityt kuitenkin uskoivat ja tunnustivat että oikea valta ei kuulunut Rooman keisarille vaan Jeesukselle Kristukselle. He joutuivat antamaan henkensä tämän takia. Smyrnan hallitus oli yhteistyössä Rooman hallituksen kanssa ja vainosi kristittyjä.

Eräs kuvernööri pyysi Smyrnan kirkon piispaa ja apostoli Johanneksen opetuslasta, Polycarpia, kieltämään Jeesuksen Kristuksen ja tunnustamaan Rooman keisarin Herraksi yhden ainoan kerran. Polycarp kieltäytyi tästä ja sanoi: "Herra ei ole koskaan kieltänyt minua, joten kuinka minä voisin kieltää minun Herrani?"

Monien muiden Herran kieltämisestä kieltäytyivien kanssa Polycarp poltettiin roviolla. Hetken aikaa palanut ja sitten kadonnut liekki ei voinut viedä hänen uskoaan.

Herra, Ensimmäinen ja Viimeinen, oli kuollut ja on tullut taas eloon

Kirjoittaessaan Smyrnan kirkolle Herra esitteli itsensä 'Näin sanoo ensimmäinen ja viimeinen, joka kuoli ja virkosi elämään.' Ilmestyskirja käyttää samankaltaisia ilmaisuja, kuten 'Alfa ja Omega'. 'Ensimmäinen ja viimeinen', ja 'Alku ja loppu.' Näiden hengelliset merkitykset ovat kuitenkin erilaisia (Ilmestyskirja 22:13).

Ensinnäkin, 'Alfa ja Omega' tarkoittaa sitä että Herra on kaikkien sivilisaatioiden alku ja loppu.

Alfa ja omega ovat ilmestyskirjaa kirjoittaneen Johanneksen käyttämien kreikkalaisten aakkosten ensimmäinen ja viimeinen kirjain. 'A' modernin latinalaisen aakkosen ensimmäinen kirjain on johdettu kreikkalaisesta 'alfasta.' Sama koskee viimeistä kirjainta, 'Z' on peräisin 'omegasta.' Tätä käytetään yleisesti monessa eurooppalaisessa kielessä.

Kirjallisen kielen aakkosia käyttämällä ihmiskunta pystyi tuomaan esille ajatuksiaan ja kommunikoimaan tätä tietoutta ja viisautta sivilisaation edistämiseksi.

Jumala on tietouden ja viisauden alkuperä. Joten sivilisaatiot ja kulttuuri pystyivät kehittymään koska Jumala antoi ihmisille viisautta ja tietoutta. Nykysivilisaation kehittyminen tulee pysähtymään kun Herra palaa maan päälle takaisin.

Mainitsemalla sivilisaatioita edustavat aakkosten ensimmäisen ja viimeisen kirjaimen Jumala on ilmoittanut meille että Herra on kaikkien sivilisaatioiden alku ja loppu.

Se, että Herraa sanotaan kaiken aluksi ja lopuksi tarkoittaa sitä että Hän on ihmisten kasvatuksen alku ja loppu. *"Kaikki on saanut syntynsä hänen kauttaan, ja ilman häntä ei ole syntynyt mitään, mikä syntynyt on"* (Joh. 1:3). Jumala on luonut kaiken ja Hän aloitti ihmisten kasvatuksen tämän maan päällä Jeesuksella Kristuksella, ja Hän haluaa myös päättää sen

Jeesuksen Kristuksen kautta.

Minkälaista merkitystä sitten pitää se että Herra esitteli itsensä sanoilla: 'Näin sanoo ensimmäinen ja viimeinen, joka kuoli ja virkosi elämään'?

'Ensimmäinen' tarkoittaa sitä että Hän oli ensimmäinen nousemaan kuolleista. Roomalaiskirje 5:12 sanoo: *"Sentähden, niinkuin yhden ihmisen kautta synti tuli maailmaan, ja synnin kautta kuolema, niin kuolema on tullut kaikkien ihmisten osaksi, koska kaikki ovat syntiä tehneet."* Kaikkien Aatamin jälkeläisten kohtalona oli kuolla ikuisesti. Tämä perustui hengelliseen lakiin, joka sanoo että synnin palkka on kuolema (Room. 6:23).

Jeesus on Jumalan ainoa Poika. Hänet ristiinnaulittiin meidän kaikkien puolesta ja Hän lunasti meidät kaikki synneistämme. Joten kaikki Jeesuksen Kristuksen Pelastajakseen hyväksyvät voivat saada syntinsä anteeksi, tulla pelastetuksi varmalta kuolemalta ja saada osakseen pelastuksen. Jeesus oli itse täysin synnitön, ja niin Hän nousi kolmantena päivänä kuolleista tullen näin ylösnousemuksen ensimmäiseksi hedelmäksi.

'Viimeinen' viittaa Herran toiseen tulemiseen ilman halki. Kaikki työ ihmiskunnan pelastamiseksi on ohi kun Herra saapuu ilmojen halki. Kaikki Herraan uskoneet ja sittemmin kuolleet, sekä kaikki Herran elävänä kohtaavat tulevat kaikki olemaan ylösnousemuksen hedelmiä kun Herra palaa taas ilman halki.

Seitsenvuotisen Suuren ahdistuksen aikana tulee tietenkin olemaan vielä 'korjuujätteiden pelastuminen.' Pelastuksen työ tulee kuitenkin olemaan suurimmalta osalta ohitse Herran toisen tulemisen jälkeen. Tuolloin myös Pyhän Hengen aikakausi päättyy. Tämän tähden Herran toinen tuleminen ilman halki tulee olemaan 'viimeinen.' Tuolloin Hän korjaa ylösnousemuksen hedelmät. Herra Jeesus, joka oli ensimmäinen ja viimeinen, sanoi myös '[Minä] olin kuollut mutta virkosin elämään.' Tämä viittaa ristiinnaulitsemisen jälkeiseen ylösnousemukseen. Jeesus kuoli ja nousi sen jälkeen ylös, ja tämä on olennainen osa meidän kristillistä elämäämme.

Room. 10:9 sanoo: *"Sillä jos sinä tunnustat suullasi Jeesuksen Herraksi ja uskot sydämessäsi, että Jumala on hänet kuolleista herättänyt, niin sinä pelastut."* Me voimme pelastua vasta sitten kun me uskomme Herran Jeesuksen ylösnousemukseen.

Opetuslapset ja alkukirkon jäsenet todistivat Herran ylösnousemuksen

Nykyään monet menevät kirkkoon olematta varmoja Herran ylösnousemuksesta. He eivät ole varmoja ylösnousemuksesta ja tämän tähden he eivät omaa uskoa jonka avulla elää Jumalan sanan mukaisesti.

Jeesus näytti että Hän on Jumalan Poika tekemällä useita ihmeitä ja merkkejä opetuslastensa kanssa viettämiensä kolmen vuoden ajan. Hän myös ennusti heille että Hän tulisi kuolemaan ristillä ja nousemaan kolmantena päivänä, murskaten näin kuoleman vallan. Hänen opetuslapsensa kuitenkin juoksivat karkuun kauhun vallassa kun Jeesus pidätettiin ja tuomittiin kuolemaan.

Jopa Pietari, joka oli julistanut mielummin kuolevansa kuin kieltävänsä Herran, kielsi Hänet kolme kertaa. Tämä johtui siitä että hän ei ollut saanut vielä Pyhää Henkeä omakseen, eikä hän pystynyt uskomaan varmasti sydämessään että Jeesus tulisi nousemaan kuolleista.

Heitä kohtasi suuri muutos. Peloissaan karkuun juosseet opetuslapset alkoivat todistaa Jeesuksesta Kristuksesta jopa kuoleman edessä. Osa heistä joutui leijonien saaliiksi kun taas toiset mestattiin tai sahattiin kahtia. Yksi opetuslapsista vaati tulla ristiinnaulituksi pää alaspäin.

Syy siihen että he pystyivät todistamaan Herrasta loppuun saakka jopa keskellä marttyyriuden suuria kipuja oli, että he olivat tavanneet henkilökohtaisesti kuolleista nousseen Herran. He näkivät Hänet henkilökohtaisesti ja saivat siten varmuuden kuolleista nousemiselle. He täyttyivät toivolla taivaallisesta kuningaskunnasta eikä kuolemanpelko merkinnyt heille mitään. Näin he pystyivät uhraamaan elämänsä Herralle.

Opetuslasten lisäksi myös usea muu alkukirkon jäsen todisti Herran kuolleista nousun ja taivaaseen astumisen. Myös he saivat toivoa sekä varmuuden ylösnousemuksesta. He uhrasivat oman henkensä, minkä ansiosta kristinusko saattoi levitä nopeasti jopa Rooman valtakunnan vainon alla kunnes siitä itsestään tuli kristillinen valtio.

Kuinka he olisivat voineet pitää kiinni uskostaan näin ankarien vainojen alla elleivät olisi todistaneet ja uskoneet Herran ylösnousemukseen? He pystyivät saarnaamaan rohkeasti sillä he olivat todistaneet kuinka Herra oli noussut kuolleista. He eivät kuitenkaan saarnanneet Herran ylösnousemuksesta pelkin sanoin. Mark. 16:20 sanoo: *"Mutta he lähtivät ja saarnasivat kaikkialla, ja Herra vaikutti heidän kanssansa ja vahvisti sanan sitä seuraavien merkkien kautta."* Ihmiset saattoivat uskoa heidän sanojaan sillä he näkivät kuinka ihmisvoimin mahdottomat merkit ja ihmeet kävivät toteen.

Maailmanhistoria todistaa Herran ylösnousemuksesta

Myös historia todistaa että Jeesus oli olemassa. Maailmanhistoria on jaettu kahteen osaan; ennen Kristusta (eKr) ja jälkeen Kristuksen (jKr).

Me näemme että on selvää että Jeesus saapui tähän maailmaan kun me vain katsomme sitä kuinka ihmiskunnan historia on jaettu aikaan ennen ja jälkeen Kristuksen. Jeesuksen syntymän lisäksi Israelin historia todistaa Jeesuksen ristiinnaulitsemisesta ja ylösnousemuksesta.

Jeesuksen syntymän aikoihin Israel oli Rooman vallan alla, ja niin Jeesuksen syntymä kuin ylsönousemuskin on dokumentoitu historiaan.

Kuvernööri Pilatus tuomitsi Jeesuksen ristille ja hän kirjasi tähän tapaukseen liittyviä asioita yksityiskohtia ja lähetti raportinsa Rooman keisarille. Tätä raporttia säilytetään Aya Sofiassa, Turkin Istanbulissa. Jopa näiden muutaman faktan perusteella me voimme uskoa että Jeesuksen ylösnousemus on totta ja siten olla varmoja myös omasta ylösnousemuksestamme.

Smyrnan kirkon sanoma annettiin myös muille kirkoille ja uskoville jotka ovat samankaltaisessa tilanteessa kuin Smyrnan kirkko.

Nykyajan Smyrnan kirkon kaltaiset tapaukset

Smyrnan kirkon viesti on tarkoitettu niille jotka menevät maihin joissa evankelioiminen on kiellettyä sekä erityisesti Pohjois-Koreaan Jumalan voimallisia tekoja tekemään meneville. Korean sodan puhkeamisesta on jo yli 50 vuotta mutta monilla etelä- ja pohjois-korealaisilla on yhä vanhempia, veljiä tai muita sukulaisia toisella puolella Koreaa.

Apostoli Paavalilla oli paloa jolla pelastaa veljiään niinkuin hän tunnusti Roomalaiskrjeessä 9:3: "*Sillä minä soisin itse olevani kirottu pois Kristuksesta veljieni hyväksi, jotka ovat minun sukulaisiani lihan puolesta.*" Tämä johtui siitä että hän tiesi Jumalan vilpittömän sydämen valittua kansaansa kohtaan ja koska Paavali paloi rakkaudesta kansaansa kohtaan.

Samalla tavalla etelässä asuvat korealaiset tuntevat suurta paloa Pohjois-Koreaa kohtaan kun sen ovet aukeavat. Monet lähetyssaarnaajat ja työntekijät tulevat menemään Pohjois-Koreaan evankeliumia saarnatakseen. He saattavat kohdata monia aikaisempaa vaikeampia tilanteita, joko taloudellisia tai muunkaltaisia, sinne päästyään. He saattavat joutua sekä vainotuksi että tulla marttyyreiksi.

Ajan kuluessa tämä vaino tulee vain lisääntymään. Lähetyssaarnaajien täytyy murehtia siitä jäävätkö he paikalleen vai palaavatko he takaisin Etelään. Jos heidän sydämessään on rikkautta, mitkään olosuhteet eivät kuitenkaan vaivaa heitä minkäänlaisissa tilanteissa.

Tässä 'rikkaus sydämessä' tarkoittaa että he ovat täynnä toivoa taivaallisesta kuningaskunnasta. He ovat täynnä uskoa ja Henkeä ja he unelmoivat taivaan kuningaskunnassa annettavista palkkioista. 2. Korinttolaiskirje 6:10 sanoo: "*Murheellisina, mutta aina iloisina, köyhinä, mutta kuitenkin monia rikkaiksi tekevinä, mitään omistamatta, mutta kuitenkin omistaen* kaiken."

He voivat täyttää Jumalan tahdon ja suunnitelman kun heidän sydämessään on Jumalan antamaa rikkautta.

Evankeliumista paljaassa maassa kärsiminen

Mutta jopa Pohjois-Korean lähetystyöntekijöiden joukossa tulee olemaan ihmisiä jotka häiritsevät Jumalan työtä. Sen sijaan että he tulevat tekemään yhdessä työtä evankeliumin saarnaamiseksi, he tulevat häiritsemään Jumalan työtä.

Jeesuksen aikaan ylimmät papit, papit sekä kirjanoppineet olivat hänelle kateellisia sillä Hän teki suuria tekoja ja ihmeitä ja saarnasi taivaallisen kuningaskunnan evankeliumia. He tuomitsivat Hänet oman laintietoutensa ja lopulta tappoivat Hänet.

Samalla tavalla tämänkaltaisia ihmisiä tulee esiintymään myös Pohjois-Koreassa. Jotkut lähetyssaarnaajat tulevat tekemään monia merkkejä ja ihmeitä saarnatessaan elämän sanaa, ja osa lähetyssaarnaajista tulee häiritsemään heitä ja aiheuttamaan heille vaikeuksia. Jumalan voimalliset teot tulevat olemaan yhä suurempia jos he pystyvät voittamaan nämä vaikeudet hyvyydellä, uskolla ja rakkaudella.

Jumala on kertonut meille että toiset lähetyssaarnaajat tulevat häiritsemään työtämme ja että kansallisen tason vainoaminen tulee olemaan suuri ongelma. Hetken koittaessa Pohjois-Korean täytyy avata ovensa. Tuolloin monet ihmiset tulevat menemään Pohjois-Koreaan evankelioimaan.

Pian Pohjois-Korea tulee kuitenkin taas sulkemaan ovensa voidakseen säilyttää hallitusmuotonsa. He tulevat uskomaan että yksi suuri heidän systeemiään uhraavista asioista on Jumalan voima.

Jotkut lähetyssaarnaajat eivät vain saarnaa evankeliumia vaan he tekevät myös ihmeitä ja muita Jumalan voimallisia tekoja joita ei voida tehdä pelkin ihmisvoimin. Joten hallitus tulee pitämään heitä silmällä. Myöhemmin voimalliset teot tulevat käymään toteen niin suuressa määrin että he pitävät tarpeellisena vainota Jumalan palvelijoita pysäyttääkseen heidän työnsä.

Lopulta he sulkevat kirkon jossa Jumalan voima tulee esiin. He vangitsevat lähetystyöntekijät ja muut työntekijät ja keksivät tekosyitä heidän teloittamiseen. He eivät voi teloittaa kirkon työntekijöitä ja lähetystyöntekijöitä uskonnollisista syistä, sillä tämä herättäisi liian paljon negatiivista huomiota maailmalla ja aiheuttaisi paljon vastalauseita. Joten Jumalan palvelijoiden täytyy kärsiä vankiloissaan kunnes pohjois-korealaiset viranomaiset ovat keksineet tarpeeksi hyviä tekosyitä.

Ilmestyskirja 2:10 sanoo: *"Älä pelkää sitä, mitä tulet kärsimään. Katso, perkele on heittävä muutamia teistä vankeuteen, että teidät pantaisiin koetukselle, ja teidän on oltava ahdistuksessa kymmenen päivää. Ole uskollinen kuolemaan asti, niin minä annan sinulle elämän kruunun."*

Tämä ei tarkoita sitä että he kärsisivät vankilassa tarkalleen 10 päivää. Se tarkoitta vain sitä että sitä ajanjaksoa jonka Pohjois-Korea tarvitsee keksiäkseen tekosyyn heidän teloittamiselleen ilmaistaan sanomalla '10 päivää.'

Marttyyrien palkkiot ja kunniat

Pohjois-Korean paikalliset asukkaat näkevät nämä marttyyrit ja myös moni heistä tulee saarnaamaan evankeliumia marttyyriuden hengessä.

On tärkeää lähettää ihmisiä Pohjois-Koreaan evankeliumia saarnaamaan. On kuitenkin paljon voimallisempaa jos pohjoiskorealaiset itse kasvavat uskossa ja saarnaavat evankeliumia martyyriuden hengessä. Muutaman ihmisen marttyyrius sytyttää paikallisiin ihmisiin kipinän saarnata evankeliumia.

Kaikista Pohjois-Korean lähetyssaarnaajista ei tietenkään tule marttyyreita. Vain muutama heistä tulee kohtaamaan martyyriuden. He tekevät näin omasta valinnastaan ja he voivat välttää tämän jos he niin haluavat.

Ei ole helppoa olla marttyyri Herran nimen tähden. Jos henkilö kuitenkin selviytyy vainosta ja koettelemuksista ilolla ja kiitosta antaen apostoli Paavalin tavoin, tällöin hänen taivaallisen kuningaskuntansa kunniat, palkkiot ja ylistykset tulevat olemaan suuria. Martyyriuden palkkiot tulevat itsessään olemaan suuret ja hän tulee myös saamaan palkkion niistä useista sieluista jotka pelastuvat hänen marttyyriutensa kautta.

Henkilö siis voi odottaa taivaallisen kuningaskunnan kirkkautta ja palkkioita ja olla voittoisa kaikenlaisissa koettelemuksissa ja vainoissa jos hän muistaa kuinka kunniakasta onkaan olla uskollinen kuolemaan saakka evankeliumista paljaassa maassa.

HERRAN SMYRNAN KIRKOLLE ANTAMAT NEUVOT

Minä tiedän sinun ahdistuksesi ja köyhyytesi-sinä olet kuitenkin rikas- ja mitä pilkkaa sinä kärsit niiltä, jotka sanovat olevansa juutalaisia, eivätkä ole, vaan ovat saatanan synagooga. Älä pelkää sitä, mitä tulet kärsimään. Katso, perkele on heittävä muutamia teistä vankeuteen, että teidät pantaisiin koetukselle, ja teidän on oltava ahdistuksessa kymmenen päivää. Ole uskollinen kuolemaan asti, niin minä annan sinulle elämän kruunun (Ilmestyskirja 2:9-10).

Seitsemästä kirkosta ainoastaan Smyrnan kirkko sai ainoastaan neuvoja ilman kehuja tai toruja. Smyrnan kirkolle annettu sanoma on kuitenkin sisällöltään hyvin tärkeä. Se kertoo meille miksi me kohtaamme koettelemuksia ja vaikeuksia, mikä on Saatanan synagooga, ja minkälainen henkilö tulee saamaan elämän kruunun.

Smyrnan kirkko kärsi koettelemuksista ja köyhyydestä

Herra tiesi että Smyrnan kirkko kärsi koettelemuksista ja köyhyydestä, ja tämän tähden Hän sanoi, että "sinä olet kuitenkin rikas." Henkilö on saattanut elää köyhyydessä ennen Herran ottamista vastaan. Otettuaan Herran vastaan Jumala kuitenkin suojelee häntä jos hän jatkaa kristillistä elämää, ja nyt hän voi elää rikasta elämää.

Miksi Smyrnan kirkko siten kärsi vaikeuksista ja köyhyydestä vaikka he uskoivat Herraan? Uskovien kokemat koettelemukset saattavat vaikuttaa samanlaisilta kuin ei-uskovien kokemat koettelemukset mutta itse asiassa ne ovat hyvin erilaisia. Herran kanssa kokemamme ja uskon avulla voittamamme koettelemukset saavat sielumme kukoistamaan. Me saamme Jumalan siunauksia ja tämä säilötään meitä varten taivaallisina palkkioina.

Uskoville on kahdenlaisia koettelemuksia niin kuin Smyrnan kirkon kohdalla. Yhdenkaltaiset johtuvat siitä että me uskomme Herraan, ja toisen kaltaiset johtuvat siitä että me emme ole eläneet Jumalan sanan mukaan.

Jotkut ihmiset kuitenkin luulevat kärsivänsä Herran nimen

tähden vaikka itse asiassa he kärsivät sen tähden että he eivät itse elä Jumalan sanan mukaan. Ihmiset saattavat myös aiheuttaa itselleen vainoja sen tähden että he eivät käyttäydy viisaasti. Silti hekin luulevat että heitä vainotaan Herran tähden. Tämän tähden he eivät yritä ratkoa ongelmiaan.

Uskon koettelemukset Jeesuksessa Kristuksessa

Herran nimen tähden kärsityt koettelemukset ovat vanhurskauden kärsimyksiä. Jumala maksaa nämä kärsimykset takaisin siunauksilla. Esimerkiksi ei-uskovat perheenjäsenet tai muut lähipiirimme ystävät saattavat vainota meitä. Meitä voidaan myös vainota koulussa tai työpaikalla muiden oppilaiden tai kollegojen toimesta.

Meillä oli esimerkiksi tapana mennä piknikille tai ulkoilla muiden perheenjäsenten kanssa aina viikonloppuisin. Alettuamme kuitenkin käydä kirkossa me otimme aina sunnuntaisin osaa jumalanpalvelukseen. Tämän johdosta meidän perheenjäsenemme loukkaantuivat tai pettyivät meihin ja alkoivat vainota meitä. Tämänkaltaisissa tilanteissa Jumala liikuttaa ihmisten sydämiä niin että he ottavat evankeliumin vastaan jos me vain näytälle heille rakkautemme ja palvelemme heitä. Tällöin myös vaino luonnollisesti lakkaa.

Jos me vielä kuitenkin kohtaamme vainoa senkin jälkeen kun me olemme eläneet kristillistä elämää monen vuoden ajan, meidän tulee tarkistaa johtuvatko ne kenties viisauden puutteesta.

Me saatamme olla täynnä Henkeä mutta joskus me emme pysty hillitsemään itseämme ja me puhumme ja teemme jotakin hyvin epäviisasta mikä saa aikaa negatiivisen reaktion perheessämme. Me voimme välttää muiden perheenjäsentemme vainoa olemalla hieman viisaampia.

Jumalan ihmiset voivat kohdata monenlaista muuta vainoa vaikka tämänkaltainen vaino olisikin lakannut. Mooses, Elia, Jeremia, Jesaja ja muut profeetat, sekä apostolit Paavali, Pietari, ja Johannes rakastivat Jumalaa hyvin paljon ja he olivat myöskin Hänen rakastamiaan. Kaikkia heitä kuitenkin vainottiin Herran, Jumalan valtakunnan ja muiden sielujen tähden. He sietivät tätä vapaaehtoisesti.

Matteus 5:11-12 sanoo: *"Autuaita olette te, kun ihmiset minun tähteni teitä solvaavat ja vainoavat ja valhetellen puhuvat teistä kaikkinaista pahaa. Iloitkaa ja riemuitkaa, sillä teidän palkkanne on suuri taivaissa. Sillä samoin he vainosivat profeettoja, jotka olivat ennen teitä."* He katsoivat taivaan palkkioihinsa, ja siten he eivät kokeneet tätä vaikeudeksi, eivätkä he koskaan hävenneet tai olleet noloissaan. Tämän sijaan he riemuitsivat aina.

Koettelemukset, jotka johtuvat siitä että Saatana syyttää että me emme elä sanan mukaan

Me voimme myös joutua koettelemuksiin sen tähden että me emme elä totuuden ja Jumalan sanan mukaisesti. Saatana syyttää meitä tästä.

Meistä tulee taivaallisen kuningaskunnan kansalaisia ja Jumalan lapsia kun me otamme Jeesuksen Kristuksen Pelastajaksemme. Sen kansalaisina meidän tulee tästä hetkestä eteenpäin noudattaa taivaallisen kuningaskunnan lakeja (Filippiläiskirje 3:20). Vasta sitten meitä suojellaan ja me saamme runsaasti siunauksia.

Vihollisemme paholainen syyttää meitä jos me kuitenkin rikomme Jumalan lakia. Paholaisen näkökannasta me olimme ennen sen lapsia. Me olemme ottaneet Herran vastaan ja tulleet Jumalan lapsiksi, ja tämän tähden paholainen tekee kaikkensa viedäkseen meidät takaisin omalle puolelleen. Tämän tähden paholainen yrittää aina syyttää meitä ja aiheuttaa meille vaikeuksia ja koettelemuksia jos sillä on vain jotakin mistä saada meidät kiinni.

Tämän tähden kärsivien ihmisten joukossa on sellaisia jotka luulevat virheellisesti että Jumala tekee heidän elämäänsä vaikeammaksi.

Jaak. 1:13 kuitenkin sanoo näin: *"Älköön kukaan,*

kiusauksessa ollessaan, sanoko: 'Jumala minua kiusaa;' sillä Jumala ei ole pahan kiusattavissa, eikä hän ketään kiusaa." Jumala ei siis kusaa tai anna meille vaikeuksia.

Syy siihen että me kärsimme yhä vaikeuksista ja koetteluksista on se että me olemme yhä omien himojemme kiusaamia (Jaak. 1:14) ja me rikomme Jumalan lakia ja teemme syntiä. Meitä rangaistaan myös tässä maailmassa jos me rikomme lakia. Samalla tavalla meitä rangastaan kun me rikomme Jumalan lakia vastaan.

Jumala on oikeudenmukainen, ja tämä tähden Hän ei voi suojella meitä Saatanan syytöksiltä jos me teemme syntiä vaikka me olemmekin Hän lapsiaan. Paholainen aiheuttaa meidän vaikeutemme ja koettelemuksemme mutta on osa Jumalan rakkautta että Hän sallii näiden syytösten tapahtua.

Jaak 1:15 sanoo: *"Kun sitten himo on tullut raskaaksi, synnyttää se synnin, mutta kun synti on täytetty, synnyttää se kuoleman."* Roomalaiskirje 6:23 sanoo: *"Sillä synnin palkka on kuolema, mutta Jumalan armolahja on iankaikkinen elämä Kristuksessa Jeesuksessa, meidän Herrassamme."* Joten mitä Jumalan lapsille tapahtuisi jos Jumala antaisi heidän tehdä mitä he haluavat kuoleman tietä kohti matkaten?

Jumala haluaa että Hänen kuoleman polkua kohti matkaavat lapset kääntyvät ympäri vaikka sitten rangaistusten kautta jos ei muuten. Jumala sallii Hänen lastensa kohdata vaikeuksia ja koettelemuksia Saatanan syytösten kautta.

Heprealaiskirje 12:5-6 puhuu tästä rakkauden Jumalasta: *"Ja te olette unhottaneet kehoituksen, joka puhuu teille niinkuin lapsille: 'Poikani, älä pidä halpana Herran kuritusta, äläkä menetä toivoasi, kun hän sinua nuhtelee; sillä jota Herra rakastaa, sitä hän kurittaa; ja hän ruoskii jokaista lasta, jonka hän ottaa huomaansa.'"*

Joten meidän tulee ensin tutkia mistä kärsimykset johtuvat jos me joudumme kohtaamaan niitä. Meidän täytyy katua nopeasti ja kääntyä pois jos ne johtuvat omista virheistämme niin että me voimme taas palata takaisin Herran siunausten pariin.

Köyhyys

Koettelemusten lisäksi Smyrnan kirkko kärsi myös köyhyydestä. Meitä siunataan terveydellä ja vauraudella ja meidän sielumme kukoistaa kun me uskomme Jumalaan ja menemme Herran tykö. Joskus myös uskovat voivat kärsiä köyhyydestä niin kuin Smyrnan kirkkokin.

Siitä huolimatta että me kenties työskentelemme ahkerammin verrattuna aikaan kun me emme vielä uskoneet Herraan, me voimme kohdata työpaikallamme vainoa tai tulla kohdelluksi epäreilusti. Me emme voi pyhittää lepopäivää nykyisessä työpaikassamme ja siten meidän täytyy ehkä lopettaa tai etsiä uusi työpaikka.

Tämänkaltaisten asioiden tähden me saatamme kärsiä taloudellisista vaikeuksista. Nämä johtuvat kuitenkin uskostamme Herraan, ja sen tähden ne eivät kestä kauan aikaa. Meitä vainoava henkilö kyllä alistuu jos me kohtelemme häntä aina hyvyydellä. Lopulta Herra maksaa meille takaisin ylitsevuotavin siunauksia.

Tämän lisäksi on myös henkilön oman tahdon aiheuttamaa kärsimystä. Kuvittele, että me voimme nauttia monista asioista. Me rakastamme kuitenkin Jumalaa ja siten me emme käytä rahaa itseemme vaan ainoastaan Jumalan kuningaskunnan eteen. Me asetamme itsemme vapaaehtoisesti köyhyyden tilaan kiittäen.

Kuinka Jumala voi sallia tämän kaltaisen henkilön pysyä köyhänä? Jumala palkitsee meidät lukemattomilla palkkioilla taivaassa. Myös tämän maan päällä Hän antaa meidän sielumme kukoistaa ja antaa meille terveyttä. Joten me olemme itse asiassa rikkaita.

"Sinä olet kuitenkin rikas"

2. Korinttolaiskirje 8:9 sanoo näin: *"Sillä te tunnette meidän Herramme Jeesuksen Kristuksen armon, että hän, vaikka oli rikas, tuli teidän tähtenne köyhäksi, että te hänen köyhyydestään rikastuisitte."* Jeesus on Jumalan Poika ja kaikki rikkaus kuuluu Hänelle. Hän kuitenkin syntyi tallissa ja nukkui

ensimmäisen yönsä seimessä.

Maan päällä eläessään Hän oli joskus nälkäinen eikä Hänellä ollut aina paikkaa missä nukkua, joutuen silloin nukkumaan erämaassa. Hän teki sen lunastaakseen meidät köyhyydestä. Joten Meidän Herraan uskovien ei tarvitse olla köyhiä vaan me voimme kirkastaa Jumalaa omaisuudellammekin. 5. Mooseksen kirjan luku 28 sanoo että meidän täytyy kuunnella Hänen sanaansa ja pitää kaikki Hänen käskynsä voidaksemme tulla rikkaiksi.

Jos kuulet Herran, sinun Jumalasi, ääntä ja pidät tarkoin kaikki hänen käskynsä, jotka minä tänä päivänä sinulle annan, niin Herra, sinun Jumalasi, asettaa sinut korkeammaksi kaikkia kansoja maan päällä. Ja kaikki nämä siunaukset tulevat sinun osaksesi ja saavuttavat sinut, jos kuulet Herran, sinun Jumalasi, ääntä. Siunattu olet sinä kaupungissa ja siunattu olet kedolla. Siunattu on sinun kohtusi hedelmä ja maasi hedelmä ja sinun karjasi hedelmä, raavaittesi vasikat ja lampaittesi karitsat. Siunattu on sinun korisi ja sinun taikinakaukalosi. Siunattu olet tullessasi ja siunattu olet lähtiessäsi (5. Moos. 28:1-6).

Me emme kohtaa koettelemuksia tai vaikeuksia jos me elämme Jumalan sanassa ja toimimme kirkkauden mukaan. Ja jos me näitä kohtaammekin, ne katoavat ja lakkaavat hyvin nopeasti.

Ikuinen taivaallinen kuningaskunta on valmiina Jumalan pelastuneita lapsia varten. Heidän sielujensa kukoistaessa myös kaikki tämän maan päällä sujuu menee hyvin. Näin me voimme olla kaikkia muita rikkaampia.

Juutalaisiksi itseään väärin kutsuvat vainosivat Smyrnan kirkkoa

Historiallisesti Smyrnaan oli asettunut paljon juutalaisia. He tekivät yhteistyötä Rooman kanssa ja tappoivat paljon kristittyjä.

Juutalaiset ovat aina olleet Jumalan valittu kansa. Jeesuksen aikaan he eivät kuitenkaan tunnistaneet Jeesuksen olevan Jumalan Poika, minkä tähden he vainosivat Häntä.

Juutalaisten johtajiin lukeutuvat ylin pappi, papit sekä kirjanoppineet olivat kateellisia Jeesukselle sillä Hän teki voimallisia Jumalan töitä ja saarnasi taivaan kuningaskunnan evankeliumia. He tuomitsivat ja arvostelivat Jeesusta heidän oman Lain tuntemuksensa perusteella. Lopulta he ristiinnaulitsivat Hänet.

Jopa nykyään Herraan uskovien joukossa on sellaisia jotka häiritsevät Jumalan töitä. He käyvät kirkossa mutta he alkavat tuomita ja arvostella jos jokin ei sovi yhteen heidän mielipiteidensä ja uskomustensa kanssa. He tulevat kateellisiksi ja alkavat vihata muita.

Kuten sanottua, 'Ne, jotka sanovat olevansa juutalaisia,

eivätkä ole, ovat saatanan synagooga.' Herra sanoo että nämä ihmiset eivät ole juutalaisia. Tämä tarkoittaa sitä että heitä ei voida kutsua Jumalan lapsiksi.

Ulospäin nämä ihmiset saattavat näyttää hyvältä ja he voivat vaikuttaa siltä että he omaavat uskoa. Tästä ei ole kuitenkaan mitään hyötyä jos Jumala ei hyväksy heidän uskoaan ja hyvyyden olomuotoaan. He ovat vain niitä jotka sanovat olevansa juutalaisia näin kuitenkaan olematta jos siitä huolimatta että he väittävät olevansa Jumalan lapsia heidän sanansa ja tekonsa eivät ole Jumalan lapselle kuuluvia. Kaikki tulee paljastumaan viimeisellä tuomiolla.

Meidän ei itse asiassa tarvitse odottaa viimeiseen tuomioon saakka. Me voimme nähdä tämän näkemällä heidän elämänsä kantamat hedelmät. Heidän täytyy kantaa Pyhän Hengen sydämiä jos he ovat Jumalan lapsia. Heidän tulee rakastaa totuutta, toisiaan, olla kaikkien kanssa rauhassa ja kantaa hyvien sanojen ja tekojen hedelmiä.

Kyseessä on varmasti Saatanan työstä jos hedelmät ovat kateutta, mustasukkaisuutta, tuomitsemista, arvostelemista, vihaa ja riitelyä. Jos kaksi tai useampi saa tämän kaltaisia Saatanan töitä, tätä kutsutaan 'Saatanan synagogaksi.'

Saatanan synagoogat häiritsevät Jumalan kuningaskuntaa

Monet kirkot kärsivät nykyään vaikeuksista Saatanan synagoogien tähden. Efesolaiskirje 1:23 sanoo että kirkko on Hänen ruumiinsa. Kirkko, jonka Hän osti verellään, on kuitenkin Herran ruumis. 1. Korinttolaiskirje 12:27 sanoo: *"Mutta te olette Kristuksen ruumis ja kukin osaltanne hänen jäseniänsä."* Kaikki kirkon johtajat ja jäsenet ovat siis osa Herran ruumista.

Mitä tapahtuu jos eri osat tulevat mustasukkaisiksi ja alkavat riidellä keskenään? Samalla tavoin kirkkojen pitäisi olla yhtä rakkaudessa. Pyhä Henki ei voi tehdä työtään jos ruumiin eri osat riitelevät keskenään. Kirkossa oleva rakkaus viilenee. Rukousten tuli sammuu. Lopulta myös herätys lakkaa. Yksi suuri syy tähän löytyy Saatanan synagoogista.

On tärkeää ymmärtää että Saatanan synagoogat ovat meitä lähempänä kuin me luulemmekaan. Esimerkki tästä on se, kuinka me voimme olla samaa mieltä jonkun kanssa asiaa ajattelematta kun me me kuulemme kuinka joku puhuu epätotuuden sanoja ja mustamaalaa jotakuta.

Me emme ole samaa mieltä pahoin mielin mutta annamme jonkinlaisen myöntävän kommentin. Tämä rohkaisee vääriä huhuja ja edesauttaa niiden leviämistä.

Me emme ole tietoisia pahasta mielestämme kunnes me olemme heittäneet kaikenlaisen pahan itsestämme kokonaan pois. Joten sisällämme oleva pahuus voi tulla ulos milloin tahansa riippuen siitä minkälaisen henkilön me kohtaamme ja minkälaiseen tilanteeseen me joudumme.

Jotkut ihmiset valittavat ja ilmaisevat pahan mielensä suullisesti melkein tavanomaisesti. Jopa hetkenä jolloin heidän pitäisi yhdistää sydämensä he puhuvat vastustuksen sanoja koko ajan sen tähden etteivät he pidä toisten mielipiteistä kovin paljon. He eivät kuitenkaan itse ymmärrä mitä he tekevät.

Nämä ihmiset etsivät ihmisiä jotka jakavat heidän mielipiteensä. Meistä voi tietämättämme tulla osa Saatanan synagoogaa jos me keskustelemme näiden ihmisten kanssa ajattelemattomasti ja yhdymme heidän mielipiteisiinsä. Meidän ei pidä olla samaa mieltä epätotuuden sanojen kanssa vaan sen sijaan antaa heille ymmärrystä totuuden avulla.

Pimeys väistyy kirkkauden tieltä. Saatanan synagooga ei voi pysytellä kirkossa jos me näemme hyviä asioita, kuulemme hyviä asioita, puhumme hyviä asioita ja ajattelemme hyviä asioita. Heidän täytyy etsiytyä muualle.

Smyrnan kirkko tulee kärsimään

Herra sanoi että Smyrnan kirkko tulisi kärsimään mutta heidän ei pidä olla huolissaan. Hän sanoi: *"Katso, perkele on heittävä muutamia teistä vankeuteen, että teidät pantaisiin koetukselle, ja teidän on oltava ahdistuksessa kymmenen päivää"* (jae 10).

Me voimme joutua kokemaan monenlaisia koettelemuksia ja vaikeuksia siihen saakka että me tulemme pyhittyneeksi mutta meidän ei pidä kuitenkaan pelätä. Kaikki tämä on meille vain hengellistä ja materiaalista rikkautta. Tällä tavoin meidät johdatetaan ikuiseen elämään. Meidän ei pidä pelätä Herran nimen tähden kohtaamiamme vainoja tai koettelemuksia. Meidän pitää iloita. Meidän pitää iloita ja kiittää vaikka kärsimykset ja koettelemukset johtuvat siitä että me emme ole eläneet totuuden mukaan.

Jaak. 1:2-4 sanoo: *"Veljeni, pitäkää pelkkänä ilona, kun joudutte moninaisiin kiusauksiin, tietäen, että teidän uskonne kestäväisyys koetuksissa saa aikaan kärsivällisyyttä. Ja kärsivällisyys tuottakoon täydellisen teon, että te olisitte täydelliset ja eheät ettekä missään puuttuvaiset."* Näiden koettelemusten kautta meitä siis jalostetaan eikä meiltä tule puuttumaan mitään.

Herra sanoi että osa Smyrnan kirkon uskovista joutuisi kärsimään vankilassa, ja että tämä tulisi olemaan paholaisen töitä.

Monet ihmiset eivät erota Saatanaa ja paholaista kunnolla. Raamattu kuitenkin tekee selvän eron Saatanan ja paholaisen välillä.

Saatanan ja paholaisen roolit

Yksinkertaisesti sanottuna Saatana on Lusiferin, kaikkien pahojen henkien johtajan, sydän. Paholainen on Saatanan alainen henki ja niillä on molemmilla oma roolinsa.

Saatana tekee työtään ihmisten mielissä saaden heidät ajattelemaan pahoja ajatuksia. Saatana yllyttää epätotuuden sydäntä. Henkilö saa Saatanan töitä ajatustensa kautta ja niin paholainen liikuttaa hänet muuttamaan nämä ajatukset teoiksi. Me viittaamme näihin 'paholaisen tekoina' kun Saatanan ajatusten teot tulevat esiin teoissa.

Otetaan esimerkki sellaisesta henkilöstä joka mustamaalaa ja kritisoi meitä. Saatana tuo meille vihan ja pahansuopaisuuden ajatuksia. Se antaa meille ajatuksia kuten: "Minä en kestä tätä. Minä kritisoin häntä pahemmin tai lyön häntä!"

Pelkät pahat ajatukset ovat Saatanan työtä, mutta jos nämä ajatukset muuttuvat teoiksi kiroamalla tai lyömällä toista henkilöä, tämä on paholaisen työtä.

Luukas 22:3 sano: *"Niin saatana meni Juudaaseen, jota kutsuttiin Iskariotiksi ja joka oli yksi niistä kahdestatoista."* Tämä tarkoittaa että Saatana hallitsi hänen ajatuksiaan. Tämä tarkoittaa sitä, että hän ajatteli seuraavasti: 'Minä kavallan Jeesuksen rahasta.'

Joh. 13:2 sanoo: *"Ja ehtoollisella oltaessa, kun perkele jo* oli pannut Juudas Iskariotin, Simonin pojan, sydämeen, että hän kavaltaisi Jeesuksen." Tämä ei tarkoita sitä että paholainen olisi tehnyt töitään hänen ajatuksissaan vaan sitä että paholainen oli jo saanut Juudaksen sydämen täydellisesti hallintaansa. Paholainen oli saanut Juudaksen sydämen hallintaansa ja tämän tähden hän lopulta teki pahan teon kavaltamalla Jeesuksen.

Saatana ei voi tietenkään panna pahoja ajatuksia ihmisten päähän oman halunsa mukaan. Juudaksen tapauksessa hän antoi ajatuksensa Saatanalle sen tähden että perimmältään hänen sydämensä oli paha. Lopulta hän teki pahan teon myymällä mestarinsa.

1. Joh. 3:8 sanoo: *"Joka syntiä tekee, se on perkeleestä."* Tässä synnin tekeminen tarkoittaa sen tekemistä teoilla. Jeesus tiesi tämän ja tämän tähden Hän sanoi: *"Enkö minä ole valinnut teitä, te kaksitoista? Ja yksi teistä on perkele?"* (Joh. 6:70) Jeesus sanoi että Juudas Iskariot, joka oli kavaltava hänet, oli paholainen.

Samalla tavalla paholainen tekee töitään saadakseen meidät tekemään syntiä, ja näistä syntiä tekevistä tulee paholaisen lapsia.

Joten, "Katso, perkele on heittävä muutamia teistä vankeuteen, että teidät pantaisiin koetukselle", tarkoittaa sitä että paholainen ottaa joidenkin pahojen ihmisten sydämet haltuunsa tehdäkseen pahuuden tekoja. 'Vankila' on paikka johon henkilö menee sovittaakseen rikoksensa. Joten vankilan olemassaolo viittaa myös lain ja syyttäjän olemassaoloon.

Rangaistus riippuu synnin suuruudesta sekä uskon mitasta

Jopa tässä maailmassa on laki ja meidät tuomitaan synnin vakavuuden mukaan. Eläessämme totuudessa Jumala suojelee meitä hengellisessä maailmassa, mutta rikkoessamme totuutta vastaan paholainen ja Saatana aiheuttavat meille koettelemuksia ja vaikeuksia. Tämä tarkoittaa että me joudumme maksamaan synneistämme.

Me joudumme maksamaa erityisesti lihan teoista, jotka ovat synnin tekoja. "Perkele on heittävät muutamia teistä vankeuteen, että teidät pantaisiiin koetukselle", tarkoittaa juuri tätä.

Koettelemukset ja vaikeudet riippuvat aina synnin vakavuudesta ja henkilökohtaisesta uskonmitasta. Rangaistus jopa samasta synnistä tulee vaihtelemaan eri uskonmitan omaavien ihmisten välillä.

Luukas 12:47-48 sanoo: *"Ja sitä palvelijaa, joka tiesi herransa tahdon, mutta ei tehnyt valmistuksia eikä toiminut hänen tahtonsa mukaan, rangaistaan monilla lyönneillä. Sitä taas, joka ei tiennyt, mutta teki semmoista, mikä lyöntejä ansaitsee, rangaistaan vain muutamilla lyönneillä. Sillä jokaiselta, jolle on paljon annettu, myös paljon vaaditaan; ja jolle on paljon uskottu, siltä sitä enemmän kysytään."*

'Jolle on paljon annettu' tarkoittaa suuren uskon omaavia. Vähäisen uskon omaavat henkilöt ovat niitä jotka eivät tunne isäntänsä tahtoa. Jumala pyytää enemmän niiltä jotka tuntevat isäntänsä tahdon mutta eivät silti toimi, eli siis niiltä joilla on suurempi määrä uskoa mutta jotka eivät seuraa Jumalan tahtoa. Jaak. 3:1 sanoo: *"Veljeni, älkööt aivan monet teistä pyrkikö opettajiksi, sillä te tiedätte, että me saamme sitä kovemman tuomion."* Meidän tulee siis elää Jumalan sanan mukaan jos me omaamme muita vahvemman uskon ja olemme tulleet opettajaksi.

Muutoin me saatamme kohdata vaikeuksia ja koettelemuksia. Koettelemusten suuruus riippuu siitä kuinka vahva meidän uskomme on. Joissakin tapauksissa koettelemukset ovat hyvin pian ohitse jos me kadumme ja käännymme niistä pois, kun taas joissakin tapauksissa meitä rangaistaan vielä katumisestamme huolimattakin.

Jumalan sydämen mukaisen miehen, kuningas Daavidin, tapauksessa hän otti erään hänen uskollisen alaisensa vaimon. Tämän jälkeen Daavid lähetti tämän alaisen taistelun etulinjaan kuolemaan. Tämän tähden hän kohtasi suuria vaikeuksia jopa katumisensa jälkeenkin. Tämä viittaa siihen että hänen täytyi paeta poikaansa Absalomia. Daavid kärsi paljon surua. Hänen uskonsa oli suuri, ja tämän tähden hänen rangaistuksensakin oli hyvin suuri.

'Kymmenen päivää' tarkoittaa näitä kaikenlaisia vaikeuksia

ja koettelemuksia. Numero kymmenen on desimaalisysteemin täysin numero. Se tarkoittaa 'kaikenlaisia.' Joten 'kymmenen päivän koettelemus' symboloi kaikenlaisia koettelemuksia joita me joudumme kohtaamaan tämän maan päällä.

Kuinka vapautua koettelemuksista

Raamattu kertoo kuinka me voimme saada siunauksia ja kuinka me tulemme kärsimään koettelemuksista ja vaikeuksista.

Jotkut uskovat sanovat että heillä on uskoa. Silti he tekevät syntiä eivätkä he täytä kristityn elämän perusasioita kuten lepopäivän pyhittämistä tai kymmenysten antamista. He joutuvat siis kärsimään kaikenlaisista koettelemuksista ja vaikeuksista. Ei ole kuitenkaan niin että meitä suojeltaisiin kaikelta mahdolliselta ainoastaan sen tähden että me pyhitämme lepopäivän ja annamme kymmenyksiä.

Tuoreiden uskovien tapauksessa Jumala pitää lepopäivän pyhittämistä ja kymmenysten antamista uskon tekoina ja Hän suojelee näitä tuoreita uskovia. On kuitenkin eri asia sellaisten henkilöiden kohdalla joiden kuuluu omata huomattava uskon mitta. Heidän uskonsa kasvaessa heidän pitäisi tehdä yhä täydellisempiä tekoja.

Heidän uskonsa kasvaessa he tulevat kohtaamaan koettelemuksia ja jalostusta jotta he voisivat saada yhä enemmän uskoa. Heidän täytyy siis seistä totuudessa täysin kokonaan. Meidän ei pidä lausua mitään epätotuuden sanoja jotka voisivat antaa Saatanalle aihetta syyttää meitä. Meidän pitää yrittää olla rauhassa ja pyhiä kaikkien kanssa. Tämä johtuu siitä että meidän uskomme kasvaessa Saatana tulee yrittämään syyttämään meitä jopa pienistäkin asioista meitä häiritäkseen.

Kaikista tärkein asia on, että meidän täytyy katua syntejämme ja repiä alas meidän ja Jumalan välillä oleva muuri. Sitten meidän pitää kääntyä synneistämme ja tehdä uskollisesti työtä Jumalan kuningaskunnan eteen. Jumala ei tahdo ainoastaan lihallista uskollisuutta vaan hengellistä uskollisuutta.

Jeesus sanoi Smyrnan kirkolle että heidän tuli olla uskollisia kuolemaan saakka. Tällä Hän ei tarkoittanut ainoastaan uskollisuutta fyysisen elämän antamiseen vaan myös hengellistä uskollisuutta. Mitä sitten tarkoittaa olla uskollinen aina kuolemaan saakka?

Uskollisuus kuolemaan saakka on marttyyriuden uskoa

Jos ministeri on uskollinen kuninkaalleen tai maalleen, tämä tarkoittaa sitä että hän voi antaa jopa elämänsä tämän kuninkaan tai maan puolesta. Samalla tavalla uskollisuus Jumalan kuningaskuntaa kohtaan tarkoittaa sitä että me voimme antaa jopa oman elämämme. Se tarkoittaa ahkeraa työntekoa martyyriuden uskossa.

Meidän ei pidä luulla että tässä on kyse ainoastaan fyysisestä marttyyriudesta fyysisen henkemme antamiseksi. Kaikista tärkeämpää on hengellinen marttyyrius.

Hengellinen martyyrius tarkoittaa kuolemaan saakka kamppailemista syntiä ja kaikenlaista pahaa vastaan sekä niiden heittämistä pois. Se on myös sitä että me emme tee maailman kanssa kompromisseja sillä me tahdomme rakastaa ja miellyttää Jumalaa.

Meissä ei ole 'egoa' tai 'minuutta' jäljellä jos me kamppailemme syntejä vastaan ja heitämme ne pois. Vain Jumalan sana, totuus, elää meissä ja me pystymme pitämään kaikki Raamatun 66 kirjaan kirjattua sanaa.

Apostoli Paavali tunnusti 1. Korinttolaiskirjeen jakeessa 15:31 seuraavasti: *"Joka päivä minä olen kuoleman kidassa."* Me voimme siis täyttää kaikki meidän velvollisuutemme uskollisesti jos meidän 'egomme' kuolee ja me heitämme kaikenlaisen pahan pois. Me pystymme rukoilemaan kyynelsilmin ja rakastamaan kuolevia sieluja.

Hengellinen uskollisuus tarkoittaa sitä että me voimme pyhittää sydämemme ja täyttää velvollisuutemme antaen koko elämämme pyhän sydämemme pohjasta.

Nykyään voi vaikuttaa siltä että me emme voi osoittaa

marttyyriuden uskoa ja meistä voi tuntua siltä että meillä ei ole tilaisuutta tarkistaa omaammeko me marttyyriuden uskoa. Tämä johtuu siitä että me emme saarnaa evankeliumia kommunistisessa valtiossa tai islamin enemmistöisessä maassa.

Näin ei kuitenkaan ole. Jumala antaa meidän tarkistaa omaammeko me marttyyriuden uskoa antamalla meidän kokea tilanteita jotka voivat olla samankaltaisia marttyyriksi tulemisen tilanteen kanssa. Me emme tietenkään joudu kokemaan tämänkaltaisia koettelemuksia jos meidän uskomme ei kykene läpäisemään sitä.

Jaak. 1:12 sanoo: *"Autuas se mies, joka kiusauksen kestää, sillä kun hänet on koeteltu, on hän saava elämän kruunun, jonka Herra on luvannut niille, jotka häntä rakastavat!"*

Elämän kruunua ei anneta kenelle tahansa vaan ainoastaan niille jotka ovat läpäisseet koettelemuksen ja tulleet Jumalan tunnustamaksi.

Me emme voi kuitenkaan tulla Jumalan tunnustamaksi jos me läpäisemme vain yhden koettelemuksen. Vain täysin pyhittyneet voivat seistä uskon kalliolla ja omata vakaan, muuttumattoman uskon. He ovat ihmisiä jotka eivät vapise uskossaan missään olosuhteissa.

Elämän kruunu annetaan kuolemaan saakka uskollisille

Elämän kruunu annetaan kun me selviydymme kaikenlaisista koettelemuksista ja vaikeuksista ja olemme uskollisia kuolemaan saakka. Tämä annetaan niille jotka pääsevät kaikista taivaan asuinsijoista sen kolmanteen kuningaskuntaan.

Voidaksemme ymmärtää tämän meidän pitää tutkiskella pikaisesti erilaisen uskon mitan omaaville annettavia asuinsijoja.

Kuvittele, että on henkilö, joka on omannut juuri sen verran uskoa että hän on pelastunut sekä henkilö, joka on ollut uskollinen kuolemaan saakka. Mitä jos heitä kohdeltaisiin samalla tavalla taivaallisessa kuningaskunnassa? Tämä ei olisi reilua. Joten Jumala antaa meille asuinsijoja ja palkkioita sen mukaan kuinka hyvin me olemme eläneet Jumalan sanan mukaan tämän maan päällä.

Ensinnäkin, vain vaivoin pelastuneet pääsevät Paratiisiin. He eivät saa omakseen lainkaan kruunua. He omasivat tarpeeksi uskoa voidakseen pelastua mutta he eivät säilöneet minkäänlaisia taivaallisia palkkioita maan päällä ollessaan.

Taivaan ensimmäiseen kuningaskuntaan pääsevät saavat 1. Korinttolaiskirjeen jakeen 9:25 mukaisen "katoamattoman kruunun." Heillä oli tarpeeksi uskoa jolla yrittää elää Jumalan sanan mukaan ja he yrittivät hillitä itseään ottamasta osaa tämän maailman katoavaisiin ja lihallisiin asioihin. Tämän tähden heille annetaan 'katoamaton' kruunu. Taivaan toiseen kuningaskuntaan pääseville annetaan "kirkkauden kruunu" (1. Piet. 5:4). Nämä henkilöt ovat eläneet elämänsä Jumalaa kirkastaen, ja siten he saavat kirkkauden kruunun.

Taivaan kolmas kuningaskunta on paikka niille jotka ovat heittäneet pahuutensa kokonaan pois ja omanneet uskon jolla rakastaa Jumalaa loppuun saakka. He saavat Elämän kruunun, joka luvattiin ehdollisesti myös Smyrnan kirkolle.

Lopulta sekä täysin pyhittyneet että koko Jumalan talossa uskollisia olleet tulevat saamaan Kultaisen kruunun (Ilmestyskirja 4:4) sekä vanhurskauden kruunun (2. Tim. 4:8). Näiden lisäksi taivaassa on monenlaisia kruunuja jotka annetaan ihmisille heidän tekojensa mukaan.

Room. 8:35 sanoo: *"Kuka voi meidät erottaa Kristuksen rakkaudesta? Tuskako, vai ahdistus, vai vaino, vai nälkä, vai alastomuus, vai vaara, vai miekka?"* Me voimme olla uskollisia kuolemaan saakka jos meidän rakkautemme Herraa kohtaan on yhtä palavaa kuin apostoli Paavalin rakkaus.

Me pääsemme myös yhä syvämmille hengen tasoille joissa me saamme Jumalan rakkautta ja me voimme kirkastaa Häntä suuresti.

Herran Smyrnan kirkolle antama lupaus

Jolla on korva, se kuulkoon, mitä Henki seurakunnille sanoo. Sitä, joka voittaa, ei toinen kuolema vahingoita (Ilmestyskirja 2:11).

Smyrnan kirkon uskovat ovat kärsineet ja tulevat kärsimään Herran nimen tähden mutta Herra ei vain lohduttanut heitä sanomalla "Minä tiedän teidän kärsimyksenne. Kestäkää vain hieman kauemmin." Tämän sijaan Hän neuvoi heitä olemaan jatkuvasti uskollinen jopa kuolemaan saakka. Näin he saisivat yhä suurempia siunauksia ja enemmän palkkioita. Kaikki Smyrnan kirkon kestämänt kärsimykset ja koettelemukset muuttuisivat heille siunauksiksi ja palkkioiksi.

Me emme voi kuitenkaan tulla Jumalan ylistämiksi pelkästään

siksi että me läpäisemme koettelemuksia ja vaikeuksia. Hän ylistää meitä vasta sitten kun me teemme asioita jotka ovat enemmän kuin mitä meidän kuuluu tehdä.

On luonnollista että Jumalan lapsi kärsii koettelemuksia ja vainoa Herran nimen tähden. Joten sen sijaan että Jumala olisi lohduttanut heitä Hän kehotti heitä olemaan uskollisia kuolemaan saakka niin että he voisivat saada yhä enemmän siunauksia ja muita palkkioita. Tämä oli Jumalan rakkauden ilmaus.

Meidän täytyy kiinnittää huomiota Jumalan sanaan

Jumala antaa meille Hänen sanansa mutta siitä ei ole kuitenkaan mitään hyötyä jos me emme kiinnitä siihen huomiota. On sanottu: *"Minun lampaani kuulevat minun ääntäni, ja minä tunnen ne, ja ne seuraavat minua"* (Joh. 10:27). Pyhän Hengen saaneiden Jumalan lasten tulee kuunnella mitä Pyhä Henki heille sanoo. Tämän tähden Herra sanoi Smyrnan kirkolle, että: "Jolla on korva, se kuulkoon, mitä Henki seurakunnille sanoo."

Kyse ei ole ainoastaan fyysisestä korvasta jolla kuunnella ääniä. Tämä tarkoittaa sitä että meidän täytyy omata hengellisiä korvia joilla erottaa totuus. Vasta sitten me voimme ymmärtää saarnattuun Jumalaan sanaan sisältyvän sanoman.

Tämänkaltainen hengellinen korva herkistyy sitä enemmän

mitä enemmän pahuutta me heitämme sydämestämme pois. Mitä enemmän pahuutta meillä kuitenkin on sydämessämme, sitä vähemmän herkkiä meidän hengelliset korvamme ovat. Tällöin me emme ymmärrä Jumalan sanaa kun me kuulemme sen emmekä me voi tulla Pyhän Hengen ohjaamiksi.

Meillä voi olla jotakin pahuutta sydämessämme, emmekä me tämän tähden pysty kuulemaan Pyhän Hengen ääntä kunnolla. Me voimme kuitenkin saavuttaa tason jolla me voimme kuulla Pyhän Hengen äänen selvästi jopa tässäkin tapauksessa jos me vain noudatamme Jumalan sanaa sanomalla vain 'Kyllä' tai 'Aamen.' Tällöin me pystymme ymmärtämään asioita Jumalan sanan mukaisesti niin että me voimme läpäistä kaikenlaiset vaikeudet, koettelemukset ja kiusaukset.

'Se, joka voittaa' viittaa niihin jotka kamppailevat syntejä vastaan ja heittävät ne ja pahuuden pois Jumalan sanan avulla niin kuin yllä on kuvailtu. Herra sanoi että toinen kuolema ei tule vahingoittamaan tämänkaltaisia ihmisiä. Mitä toinen kuolema sitten on, ja mitä merkitsee tulla sen vahingoittamaksi?

Toinen kuolema ei tule vahingoittamaan Smyrnan kirkkoa

Kun Jumala kutsuu meidän henkemme, meidän kehomme muuttuu pian kylmäksi ruumiiksi. Jonkin ajan kuluttua se palaa kouralliseksi tomua. Tämä meidän fyysisen elämämme päättyminen on ensimmäinen kuolema.

Toinen kuolema on se, kun meidän henkemme, ihmisen isäntä, joutuu ikuiseen helvetin tuleen.

Ilmestyskirja kertoo meille että Elämän kirjaan kirjoitetut nimet voidaan myös pyyhkiä pois ja nämä henkilöt tullaan heittämään tuliseen mereen.

Ja minä näin kuolleet, suuret ja pienet, seisomassa valtaistuimen edessä, ja kirjat avattiin; ja avattiin toinen kirja, joka on elämän kirja; ja kuolleet tuomittiin sen perusteella, mitä kirjoihin oli kirjoitettu, tekojensa mukaan. Ja meri antoi ne kuolleet, jotka siinä olivat, ja Kuolema ja Tuonela antoivat ne kuolleet, jotka niissä olivat, ja heidät tuomittiin, kukin tekojensa mukaan. Ja Kuolema ja Tuonela heitettiin tuliseen järveen. Tämä on toinen kuolema, tulinen järvi. Ja joka ei ollut elämän kirjaan kirjoitettu, se heitettiin tuliseen järveen (Ilmestyskirja 20:12-15).

Ne jotka elävät epätotuudessa ja synnissä, eli ne jotka eivät elä Jumalan sanan mukaisesti ja jotka eivät ole voittajia, tulevat kokemaan toisen kuoleman ja he tulevat kärsimään ikuisesti helvetin ikuisissa tulissa.

Jumalan sanan mukaan elävät, jotka eivät vapise koettelemusten ja vaikeuksien edessä vaan voittavat ne, eivät joudu kokemaan toisen kuoleman tuskaa, vaan he saavat ikuisen elämän.

Herra antoi tämän sanan Smyrnan kirkolle sillä Hän halusi että Pohjois-Koreaan lähtevien lisäksi kaikki muut Hänen sanomansa lukijat voittaisivat kaikki koettelemukset, olisivat uskollisia kuolemaan saakka ja saisivat ottaa vastaan Elämän kruunun.

Herra kehottaa meitä myös julistamaan niille jotka eivät ole totuudesta tietoisia ja ovat matkalla kohti kuoleman tietä. Meidän tulee saarnata heille että heidän ei tule pelätä tulevia koettelemuksia vaan päästä osalliseksi pelastuksesta seuraamalla totuutta. Tämä on meille kaikille annettu totuus. Kaikki tämän velvollisuuden täyttävät henkilöt ja kirkot saavat osakseen Jumalan siunauksia sekä ikuisia taivaallisia siunauksia.

Meidän ei pidä unohtaa tässä erästä asiaa. 1. Tim 5:22 sanoo: *"Älä ole liian kerkeä panemaan käsiäsi kenenkään päälle, äläkä antaudu osalliseksi muiden synteihin. Pidä itsesi puhtaana."* Meidän ei pidä olla laiskoja itsemme puhdistamisessa ja pyhittämisessä.

"utta itse rauhan Jumala pyhittäköön teidät kokonansa, *ja säilyköön koko teidän henkenne ja sielunne ja ruumiinne nuhteettomana meidän Herramme Jeesuksen Kristuksen tulemukseen"* (1. Tessalonikalaiskirje 5:23). Meidän tulee siis saavuttaa pyhittyminen niin että me voimme astua Uuteen Jerusalemiin ilman tahraa tai nuhdetta.

Luku 3

Pergamon kirkko
- Haalea ja harhaoppisuuden tahraama

Pergamon kirkkoa ylistettiin siitä että se oli pitänyt uskonsa vainojen ja vaikeuksienkin keskellä. Sitä kuitenkin toruttiin ankarasti siitä että siinä oli uskovia jotka seurasivat nikolaiittojen opetuksia.

Tämä nykypäivän kirkoille annettu sanoma on että ne ovat uskoltaan haaleita ja ne tekevät maailman kanssa kompromisseja, eli seuraavat harhaoppisia opetuksia.

Ilmestyskirja 2:12-17

Ja Pergamon seurakunnan enkelille kirjoita: 'Näin sanoo hän, jolla on se kaksiteräinen, terävä miekka: Minä tiedän, missä sinä asut: siellä, missä saatanan valtaistuin on; ja sinä pidät minun nimestäni kiinni etkä ole kieltänyt minun uskoani niinäkään päivinä, jolloin Antipas, minun todistajani, minun uskolliseni, tapettiin teidän luonanne, siellä, missä saatana asuu. Mutta minulla on vähän sinua vastaan: sinulla on siellä niitä, jotka pitävät kiinni Bileamin opista, hänen, joka opetti Baalakia virittämään Israelin lapsille sen viettelyksen, että söisivät epäjumalille uhrattua ja haureutta harjoittaisivat. Niin on myös sinulla niitä, jotka samoin pitävät kiinni nikolaiittain opista. Tee siis parannus; mutta jos et, niin minä tulen sinun tykösi pian ja sodin heitä vastaan suuni miekalla. Jolla on korva, se kuulkoon, mitä Henki seurakunnille sanoo. Sille, joka voittaa, minä annan salattua mannaa ja annan hänelle valkoisen kiven ja siihen kiveen kirjoitetun uuden nimen, jota ei tiedä kukaan muu kuin sen saaja.'

HERRAN KIRJE PERGAMON KIRKOLLE

Ja Pergamon seurakunnan enkelille kirjoita: 'Näin sanoo hän, jolla on se kaksiteräinen, terävä miekka' (Ilmestyskirja 2:12).

Pergamo alkoi esiintyä historiankirjoissa Lysimakoksen, erään Aleksanteri Suuren kenraaleista, aikoihin. Hän huomasi että Pergamo oli luonnon muovaama linnoitus ja alkoi rakentaa sitä edelleen. Tästä alkaen siitä tuli hellenistisen kulttuurin keskus. Kulttuurin saralla se oli jopa erään historian kulttuurisesti merkittävimmän kaupungin, Aleksandrian, vertainen. Pergamo oli useiden uskontojen kaupunki. Epäjumalanpalvonta oli niin yleistä ihmisten keskuudessa että Asklepiuksen pyhättö oli kuin sairaala.

Se kukoisti yhtenä Rooman valtakunnan osana, ja he rakensivat useita pyhättöjä Rooman keisarille. Tällöin keisarin palvonnasta kieltäytyviä kristittyjä alettiin vainota.

Pergamon kirkko perustettiin keskellä vainoja. He pitivät uskostaan aluksi kiinni, mutta kun Rooman valtakunta hyväksyi kristinuskon valtionuskonnoksi he maallistuivat. Tämän tähden Herra sekä kehui heitä että torui heitä.

Herralla on terävä kaksiteräinen miekka

Kirje Pergamon kirkolle alkaa sanoilla: *"Ja Pergamon seurakunnan enkelille kirjoita: Näin sanoo hän, jolla on se kaksiteräinen, terävä miekka"* (jae 12). Ensiksi kirje mainitsii kuka sen on kirjoittanut ja kenelle.

Seurakunnan enkeli viittaa kirkon pastoriin. Kaksiteräinen miekka viittaa Jumalan sanaan. Heprealaiskirje 4:12 sanoo: *"Sillä Jumalan sana on elävä ja voimallinen ja terävämpi kuin mikään kaksiteräinen miekka ja tunkee lävitse, kunnes se erottaa sielun ja hengen, nivelet sekä ytimet, ja on sydämen ajatusten ja aivoitusten tuomitsija."*

Kaksiteräisen miekan kaltaisen Jumalan sanan omaaja on Jeesus Kristus. Jakeessa Joh. 1:14 Hän sanoo: *"Ja Sana tuli lihaksi ja asui meidän keskellämme, ja me katselimme hänen kirkkauttansa, senkaltaista kirkkautta, kuin ainokaisella*

Pojalla on Isältä; ja hän oli täynnä armoa ja totuutta." Jeesus on Jumalan Poika ja Sana tuli tähän maailmaan lihaksi. Jakeen Joh. 1:1 loppuosa sanoo: "Sana oli Jumala." Jeesus, maahan saapunut Jumalan Poika on alkuperältää itse Jumala. Hän on kaiken taivaassa ja maassa olevan hallitsija. Hän on kuninkaiden Kuningas ja herrojen Herra.

Kuinka Jumalan sana, joka on kaksiteräistä miekkaakin terävämpi, toimii meidän suhteemme?

Kuinka Jumalan sana toimii meissä?

Mikään muu tämän maailman kirja ei omaa voimaa tekojen tekemiseen. Ainoastaan Jumalan sana on elävä. Vain Jumalan sanassa on elämää, ja kun me uskomme siihen ja toimimme sen mukaan käy toteen niin kuin on kirjoitettu. Se näyttää elämän teot, hengen virvoittamisen teot.

Psalmi 37:4 sanoo: *"Silloin sinulla on ilo Herrassa, ja hän antaa sinulle, mitä sinun sydämesi halajaa."* Voidaksemme iloita Jumalassa meidän täytyy ensin ilahduttaa Häntä. Sitten me voimme saada Häneltä vastauksia (Sananlaskut 11:20; 12:22; 15:8; Heprealaiskirje 11:6). Me saamme vastauksia kun me uskomme tähän sanaan ja elämme sen mukaan. Tämän kautta me voimme olla varmoja siitä että Jumalan sana on todella elävä.

Jumalan sana on kuin terävä miekka, joka tunkeutuu jopa niin syvälle että se erottaa sielun ja hengen sekä nivelet ja ytimet toisistaan. Sielu sen kokonaisuudessaan viittaa ihmisaivojen muistiin, siihen säilöttyyn tietouteen sekä omatun tietouden käyttöön valjastamiseen. Henki on jotakin mikä ei koskaan muutu tai kuole vaan on ikuinen. Henki on itse elämä ja totuus.

Ihmiset muodostuvat hengestä, sielusta sekä kehosta. Alunperin henki hallitsi sielua ja kehoa. Aatamin synnin tähden henki, ihmisen isäntä, kuoli ja joutui täysin sielun hallintaan.

Jeesuksen Kristuksen vastaan ottanut saa kuitenkin Pyhän Hengen lahjaksi jolloin hänen kuollut sielunsa virkoaa taas henkiin. Hänen henkensä myös kasvaa ja hän saa henkensä kokonaan takaisin mitä enemmän hän heittää pois sielun epätotuuksia, eli lähinnä epätotuuden tietoutta, Jumalan sanan kautta.

"Ytimet" pitää sisällään erilaisia "oman vanhurskauden" muodostamia puitteita

Jumalan sana murskaa sielun epätotuuksia ja antaa hengelle energiaa olla aktiivisempi. Se myös erottaa nivelet ja ytimet. Tässä 'nivelet' ei viittaa ainoastaan fyysisiin luiden niveliin. Se symboloi henkilön tekemiä hengellisiä puitteita.

Puitteet muodostuvat sellaisten asioiden kautta mitä me olemme nähneet, kuulleet ja oppineet. Ne siis pitävät sisällään paljon epätotuuksia. Puitteet vahvistuvat kun "oma vanhurskaus" kovettuu. "Oma vanhurskaus" on sitä mikä henkilön omasta mielestään on oikein.

Joidenkin ihmisten kohdalla heidän persoonallisuuksistaan tulee heidän puitteensa. Toisissa tapauksissa heidän tietoudestaan, koulutuksestaan, maustaan, tavoistaan tai muista käyttäytymisestä saattaa tulla heidän puitteensa. Jos me olemme muodostaneet näitä puitteita me voimme kohdata konflikteja kun muiden mielipiteet eroavat meidän mielipiteistämme. Me saatamme olla muita kohtaan hankalia tai sitten me luultavasti tuomitsemme tai arvostelemme muita heitä kuitenkaan ymmärtämättä.

Tämä tulee esiin jokapäiväisessä elämässämme usealla eri tavalla. Henkilöllä voi esimerkiksi olla vaikeuksia ihmissuhteissaan jos hän on aina joutunut pärjäämään omillaan eikä hänellä ole ollut ketään jonka kanssa jakaa sydämensä. Hänen sisäänpäin kääntyneestä persoonastaan tulee hänen puitteensa eikä hän pysty lähestymään muita ihmisiä kovinkaan helposti.

Tämänkaltaisessa tapauksessa toiset ihmiset saattavat käsittää hänet väärin jos he ovat itse ulospäin suuntautuneita. He saattavat arvostella häntä, ajatellen: "Hän on itsekäs ja ylpeä."

Mutta edes hyvin vahvoja puitteita omaava henkilö ei pakosti paljasta niitä ulospäin. Tämä tarkoittaa sitä että hän ei pidä kiinni omasta vanhurskaudestaan eikä hänellä ole paljon konflikteja muiden kanssa. Tämän kaltainen henkilö ei kuitenkaan hyväksy neuvoja muilta, ja siten hänelle on hyvin vaikeaa muuttua.

Vain Jumalan sana voi murskata erilaiset puitteet. Jumalan sanaa ei voida kuitenkaan pakottaa henkilölle jos hänellä on omat vakaat puitteensa eikä hän avaa sydäntään Jumalalle. Vasta sitten Jumalan sana voi mennä henkilön sydämeen ja muuttaa sen kun hän itse avaa sen sanalle. Tämä on näin siitä syystä että Jumala työskentelee oikeudenmukaisesti.

Jumala voi murskata vahvatkin puitteet sanallaan jos me tunnustamme omaavamme puitteita, avaamme sydämemme nöyrästi ja omaamme asenteen jolla hyväksyä Jumalan sana.

"Ytimet" symboloi syvällä sydämessä olevan pahan olomuotoja

Ydin on pehmeää, hyvin verisuonipitoista kudosta joka sijaitsee luiden ytimissä. Hengellisesti se tarkoittaa syvälle meihin juurtunutta syntia ja pahuutta. Pahuuden olomuodot sijaitsevat syvällä ihmisten sydämissä samalla tavalla kuin luuydin sijaitsee syvällä luiden sisällä.

Me voimme löytää helposti ulospäin näkyvän pahuuden. Yleensä me emme kuitenkaan ole tietoisia luonteemme sisällä olevasta pahuudesta. Me voimme kuvitella ettei meissä ole mitään kateutta tai mustasukkaisuutta mutta äärimmäisessä tilanteessa me huomaamme että meissä syvällä oleva pahuus tulee esiin.

Näin tapahtui myös Jobin kohdalla Vanhassa testamentissa. Job ei pitänyt itseään pahana. Oman uskonsa mukaan hän toimi täydellisesti niin teoissaan kuin sydämessäänkin. Hänen luonteessaan oli kuitenkin pahuutta. Tämän tähden Saatana syytti häntä ja Jumalan salli hänen kohdata koettelemuksa jotta hän voisi ymmärtää oman pahuutensa. Job kärsi paljon. Hän menetti perheensä ja kaiken omaisuutensa. Hän kärsi paljon koko kehon peittävistä paiseista. Nyt hänen pahuutensa, josta hän ei ollut aikaisemmin ollut tietoinen, alkoi tulla esiin.

Tuolloin Job ymmärsi oman pahuutensa Jumalan selityksen mukaan. Hän katui perin pohjin ja heitti sen kaiken pois. Hän pääsi syvemmälle hengellisyyden tasolle. Hänestä tuli kaksinverroin aikaisempaa rikkaampi.

Oma vanhurskaus ja puitteet ovat osa kehoa aivan kuten 'ytimet' ja 'nivelet.' Niitä ei voida poistaa millään muulla kuin Jumalan sanan miekalla. Meistä voi tulla Jumalan lapsia vasta sitten kun me murskaamme tämän oman vanhurskautemme ja omat puitteemme.

Kaikki saarnaajat eivät voi kuitenkaan tunkeutua tarpeeksi syvälle erottaakseen nivelet ytimistä. Tämän saavuttamiseen tarvitaan hengellisiä sanomia. Saarnaajalla täytyy myös olla valta lausua sanansa.

Pergamon kirkolle annettu koko maailmaa kaksiteräisen miekan tavoin hallitseva Herran antama sana annetaan myös tämän päivän kirkoille.

Nykyajan Pergamon kirkon kaltaiset tapaukset

Pergamon kirkolle annettu sanoma on tarkoitettu kirkoille ja uskoville joiden usko on haaleaa sekä myös niille jotka ovat harhaoppien tahraamia. Se on tarkoitettu niille jotka kutsuvat Jumalan nimeä mutta kieltävät Jeesuksen Kristuksen, sekä niille jotka muuttavat kavalasti Jumalan sanaa.

He eivät johda vain itseään harhaan vaan he pettävät myös muita niin että he uskovat näihin vääriin oppeihin. Herra ei hylkää edes näitä ihmisiä. Hän antaa kirkkautensa loistaa näihin harhaluuloihin Jumalan sanalla joka on kuin kaksiteräinen miekka. Herra antoi sanansa jotta he voisivat katua ja kääntyä synneistään ja siten tulla pelastetuiksi.

Tuomion päivänä me voimme antaa sellaisen tekosyyn että me emme tienneet. Epätotuudet kuitenkin paljastetaan kun meidän tekojamme ja sanojamme tarkistellaan Jumalan sanan avulla.

Ihmiset saattavat siunata Jumalan sanaa ja näyttää ulospäin kirkolta mutta tästä huolimatta harhaoppiset ovat Saatanan työtä. He muuttavat hieman Jumalan sanan merkitystä.

Meidän ei pitäisi tutkiskella harhaoppeja ihmisten standardien mukaisesti vaan vain ja ainoastaan Jumalan sanalla. Totuus kuitenkin on, että että yhä useampi kirkko tuomitsee toisen kirkon harhaoppiseksi ainoastaan sen tähden että sen doktriinit ja teoriat ovat hieman erilaisia.

Harhaoppisuuden määritelmä Raamatussa

2. Piet. 2:1 sanoo: *"Mutta myös valheprofeettoja oli kansan seassa, niinkuin teidänkin keskuudessanne on oleva valheenopettajia, jotka salaa kuljettavat sisään turmiollisia harhaoppeja, kieltävätpä Herrankin, joka on heidät ostanut, ja tuottavat itselleen äkillisen perikadon."*

Harhaoppisuuden selvin kysymys on se, hyväksyvätkö he vai kieltävätkö he heidät lunastaneen Herran. Henkilöä voidaan kutsua harhaoppiseksi jos hän ei pidä Jeesusta Kristusta Pelastajana. Jeesus Kristus puhdisti meidät synneistämme ja pelasti meidät Hänen verensä kautta. Joten kaikki Jumalan pelastetut lapset lunastettiin Hänen toimestaan Hänen verellään.

Joten ennen kuin Jeesus tuli ristiinnaulituksi ja Hän täytti tehtävänsä Kristuksena nousemalla kuolleista ei sellaista ilmaisua kuin 'harhaoppi' ollut edes olemassa. Jeesus tarkoittaa 'Hän joka pelastaa ihmiset synneistään' (Matteus 1:21), ja 'Kristus' on kreikkalainen sana joka tarkoittaa 'Messiasta.' Tämä puolestaan tarkoittaa 'voideltua.'

Vasta sen jälkeen kun Hän täytti tehtävänsä Kristuksena nousemalla kuolleista me olemme voineet sanoa että joku on harhaoppinen kieltäessään Jeesuksen Kristuksen, 'Herran joka on lunastanut heidät.' Tämän tähden sana 'harhaoppi' ei esiinny lainkaan Vanhassa testamentissa tai neljässä evankeliumissa.

Lopun lähestyessä yhä suurempi määrä harhaoppeja tulee esiin. Yhä useampi henkilö käyttäytyy kuin he olisivat Pelastaja. He pettävät ihmisiä opettamalla että pelastus saavutetaan heidän kauttaan. Ajan kuluessa he paljastavat henkilöllisyytensä. He pitävät irstaudesta, häiritsevät totuutta ja keräävät seuraajiltaan rahaa. He tekevät paljon laittomia asioita. Tietenkään meidän ei kuitenkaan pidä tuomita muita harhaoppiseksi ainoastaan näiden laittomien asioiden tähden elleivät he kiellä myöskin Herraa.

Saattaa olla tarpeellista että me neuvomme heitä tai jopa torumme heitä jotta he voisivat katua mutta me emme voi tuomita heitä harhaoppiseksi ainoastaan sen tähden että he toimivat laittomasti elleivät he ole kieltäneet Herraa.

Me voimme nähdä tämän selvästi Gamalielin sanoista. Hän oli opettaja joka lausui nämä sanat niille jotka tuomitsivat Jeesuksen Kristuksen:

Sitten hän sanoi neuvostolle: "Israelin miehet,

kavahtakaa, mitä aiotte tehdä näille miehille. Sillä ennen näitä päiviä nousi Teudas, sanoen jokin olevansa, ja häneen liittyi noin neljäsataa miestä; hänet tapettiin, ja kaikki, jotka olivat häneen suostuneet, hajotettiin, ja he joutuivat häviöön. Hänen jälkeensä nousi Juudas, galilealainen, verollepanon päivinä ja vietteli kansaa luopumaan puolellensa; hänkin hukkui, ja kaikki, jotka olivat suostuneet häneen, hajotettiin. Ja nyt minä sanon teille: pysykää erillänne näistä miehistä ja antakaa heidän olla; sillä jos tämä hanke eli tämä teko on ihmisistä, niin se tyhjään raukeaa; mutta jos se on Jumalasta, niin te ette voi heitä kukistaa. Varokaa, ettei teitä ehkä havaittaisi sotiviksi itse Jumalaa vastaan" (Ap. t. 5:35-39).

Väärät profeetat, väärät opettajat ja antikristus

Salaa tuhoisia harhaoppeja levittävistä ja jopa heidät lunastaneen Mestarin kieltävistä vääristä profeetoista ja opettajista puhutaan jakeessa 2. Piet. 2:1. Tässä 'valhettelija' ei tarkoita ainoastaan valehtelemista muiden petkuttamiseksi vaan myös Jeesuksen Kristuksen, totuuden, kieltämistä.

1. Joh. 2:22 sanoo: *"Kuka on valhettelija, ellei se, joka kieltää sen, että Jeesus on Kristus? Hän on antikristus, se, joka kieltää Isän ja Pojan."* Valehtelija on siis sellainen henkilö joka kieltää Jeesuksen Kristuksen, ja antikristus on se joka kieltää Isän

103

ja Pojan.

Täten 1. Joh. 4:1-3 sanoo: *"Rakkaani, älkää jokaista henkeä uskoko, vaan koetelkaa henget, ovatko ne Jumalasta; sillä monta väärää profeettaa on lähtenyt maailmaan.Tästä te tunnette Jumalan Hengen: jokainen henki, joka tunnustaa Jeesuksen Kristukseksi, lihaan tulleeksi, on Jumalasta; ja yksikään henki, joka ei tunnusta Jeesusta, ei ole Jumalasta; se on antikristuksen henki, jonka olette kuulleet olevan tulossa, ja se on jo nyt maailmassa."*

Antikristuksen vastustavat Jeesusta Kristusta Jumalan sanalla. He kieltävät Jeesuksen Kristuksen kautta tapahtuvan pelastuksen. Jeesuksen Kristuksen kieltäminen on sama kuin Jumalan vastustaminen.

Meidän pitää pystyä tunnistamaan harhaoppisuus niin että me emme itse tule johdetuksi harhaan. Meidän tulee myös pystyä tunnistamaan väärät profeetat, väärät opettajat sekä antikristus Raamatun mukaisesti. Meidän tulee myös pystyä antaa muiden ymmärtää Jumalan sanan kaksiteräisellä miekalla. Tämä ei kuitenkaan tarkoita sitä että meidän pitää riidellä heidän kanssaan.

Titus 3:10 sanoo: *"Harhaoppista ihmistä karta, varoitettuasi häntä kerran tai kahdesti."* Eli me voimme vain neuvoa heitä kerran tai kaksi Jumalan sanan avulla. On hienoa jos he kuuntelevat ja kääntyvät tieltään. Muussa tapauksessa on parempi pysyä poissa heidän tieltään.

Tämä johtuu siitä että jollemme me seiso vakaasti totuudessa me voimme saada vaikutuksia heidän opeistaan riidellessämme heidän kanssaan. He muuttavat totuutta hieman ja pystyvät käyttämään jokaisen ihmisen omia heikkouksia hyväkseen. Meidän ei siis pidä riidellä heidän kanssaan ilman Jumalan sanan läpikotaista tuntemista.

Harhaoppien vaikutuksen alla olevan henkilön on vaikea ymmärtää tapahtunutta ja kääntyä takaisin jos hän ei pysty erottamaan asioita selvästi. Tämän tähden Herra kehottaa meitä välttämään riitelyä ja pysyttelemään heistä loitolla.

Jumalan rakkaus koko ihmiskunnan pelastamiseksi

Herra antaa harhaoppeihin uskoville tilaisuuksia katua ja kääntyä poluiltaan. Näistä esimerkkinä on esimerkiksi jehovan todistajat. Herran Pergamon kirkolle antaman sanoman kautta Hän tahtoi jättää muistutuksen siitä että meidän pitää herättää nykypäivänäkin Pergamon kirkon kaltaiset kirkot ja uskovat.

Hän myös varoitti meitä tekemästä maailman kanssa kompromisseja. Tämä johtuu siitä että ihmisillä on lihan himoja jotka tahtovat seurata omia halujaan siitä huolimatta että he tietävät Jumalan tahdon. Me sanomme seuraavamme Jumalan tahtoa mutta jos me sallimme lihallisten himojen päästä sydämeemme yksi kerrallaan tämä saattaa johtaa siihen että me muutamme Jumalan sanan. Lopulta tämä voi johdattaa meidät harhaoppeihin.

Me tarvitsemme elämän sanan ja sellaisen vallan joka voi tunkeutua niin syvälle että se erottaa toisistaan sielun ja hengen sekä ytimet ja nivelet. Näin me voimme saada ihmiset ymmärtämään mitä on tapahtumassa. Meidän täytyy myös vahvistaa saarnattu sana Jumalan voiman ihmeellisillä teoilla. Vasta sitten kun tämä on saavutettu voivat harhaoppien vallassa olevat katua ja kääntyä niistä pois.

Tähän kategoriaan ei tietenkään kuulu monia ihmisiä, mutta Jumala tahtoo jokaisen pelastuvan ja saavuttavan tietouden totuudesta (1. Tim. 2:4). Jopa sellaisissa tapauksissa joissa henkilön pelastuminen on erittäin vaikeaa, Herran armosta ja Pyhän Hengen avulla hänelle annetaan tähän mahdollisuus jos hänellä on hyvyyttä sydämessään.

Saarnatessamme evankeliumia me näemme että meidän on paljon vaikeampaa saarnata sellaisille joiden raamatuntuntemus on vain pinnallista ja rajallista ja jotka ovat saaneet vaikutuksia harhaopeista kuin sellaisille jotka eivät tiedä evankeliumista yhtään mitään. Me siis tarvitsemme valtaa ja voimaa voidaksemme levittää totuutta.

Meidän täytyy näyttää todisteita kun me saarnaamme Jeesuksesta Kristuksesta ja taivaallisesta kuningaskunnasta niin että he eivät voi kieltää sanomaamme vaan ainoastaan hyväksyä sen totuutena. Muuten me emme voi korjata evankelioinnin runsasta hedelmää vaikka me näkisimme paljon vaivaa sen saarnaamiseksi ihmisille.

Herran Pergamon kirkolle antamat neuvot

Minä tiedän, missä sinä asut: siellä, missä saatanan valtaistuin on; ja sinä pidät minun nimestäni kiinni etkä ole kieltänyt minun uskoani niinäkään päivinä, jolloin Antipas, minun todistajani, minun uskolliseni, tapettiin teidän luonanne, siellä, missä saatana (Ilmestyskirja 2:13).

Pergamo oli tuohon aikaan yksi Aasian suurimmista kaupungeista. Se oli sekä politiikan että opetuksen keskus. Se oli loistelias kaupunki täynnä epäjumalanpalvontaa. Pergamo oli täynnä epäjumalille pyhitettyhä pyhättöjä ja temppeleitä. Siellä oli temppeleitä sekä Zeukselle, Dionysokselle, Athenalle että Asklepiukselle, ja siellä oli kolme suurta Rooman keisarin palvonnalle pyhitettyä temppeliä. Siellä oli myös erillinen

Asklepiuksen temppeli käärmeiden palvomista varten.

Pergamo oli kaupunki jossa Saatanan valtaistuin sijaitsi ja Pergamon kirkko eli uskovaa elämäänsä näissä olosuhteissa. Tämän tähden Herra sanoi: "Minä tiedän, missä sinä asut: siellä, missä saatanan valtaistuin on."

Pergamon kirkko piti uskonsa paikassa jossa Saatanan valtaistuin sijaitsi

Herra sanoi Pergamon kirkolle että Hän tiesi missä he asuivat. Tämä tarkoittaa sitä että Hän tiesi että he elivät paikassa joka oli täynnä epäjumalia. Se tarkoittaa myös sitä että Hän tiesi että heidän uskonsa ei ollut vakaata ja Jumalan sanaan perustuvaa.

Hän sanoi heille että he olivat tilanteessa jossa heidän oli helppoa tulla petetyksi väärien opettajien toimesta jotka olivat muuttaneet Jumalan sanaa vähäisesti.

Saatanan valtaistuin viittaa paikkaan jossa Saatana istuu. Se tarkoittaa, että Pergamo oli täynnä epäjumalia. Ei ole helppoa pitää kiinni uskostaan eläessään syntiä täynnä olevassa Saatanan pesässä. Tämä johtuu siitä että Saatana aiheuttaa uskoville monia vainoja, koettelemuksia ja vaikeuksia jotta heidän olisi vaikeaa pitää kiinni uskostaan.

Antipaksesta tuli marttyyri näiden vainojen aikana. Hänen marttyyriudestaan tuli muille uskoville voiman lähde jonka avulla he pystyivät pitämään kiinni uskostaan ja olemaan voittoisia. Herra ylisti tätä seikkaa.

Herra kutsui Antipasta "Minun todistajakseni, minun uskollisekseni." Nämä Herran sanat kertovat meille Antipaksen uskosta. Hän heitti pahuuden pois sydämestään, oli tunnollisesti Herran kaltainen ja saarnasi evankeliumia koko elämänsä ajan. Hänestä tuli lopulta marttyyri täyttäessään velvollisuuttaan Herran todistajana.

Tämä on Antipaksen marttyyriudesta kertova tarina. Roomalainen sotilas asetti Antipaksen epäjumalan eteen ja pakotti hänet kumartamaan keisarin kuvan edessä.

Hän sanoi: "Antipas, kumarra tämän Rooman keisarin kuvan edessä."

Antipas vastasi tähän näillä sanoilla: "On vain yksi kuninkaiden Kuningas ja herrain Herra, ja Hän on Jeesus Kristus. Minä en kumarru minkään muun edessä."

Sotilas raivostui ja huusi: "Antipas, etkö sinä tiedä että koko maailma on sinua vastaan?"

Antipas vastasi: "Koko maailmaa vastaan minä sitten tunnustan Jeesuksen Kristuksen olevan herrain Herra."

Raivon vallassa tämä sotilas työnsi Antipaksen palavaan

uuniin ja tappoi hänet. Näiden kauheiden vainojen ja koettelemusten keskellä Pergamon kirkko piti uskostaan kiinni.

Jotkut uskovat jotka eivät tunne totuutta kunnolla saattavat kysyä seuraavanlaisesti: "He uskoivat Jumalaan ja olivat uskollisia. Miksi heitä sitten vainottiin ja miksi heidän täytyi kuolla marttyyrin kuolema? Jos Jumala on todellakin elossa, niin kuinka Hän saattoi jättää heidät yksin?" He kuitenkin ymmärtävät miksi asiat tapahtuvat näin jos he ymmärtävät Jumalan tahdon ja johdatuksen.

Jumalan johdatus marttyyrien kautta

Pergamon tapaisten alkukirkkojen lisäksi marttyyrikuolemia tapahtui paljon joka puolella mihin kristinusko ja kristityt asettuivat. Näin kävi käytännällisesti katsoen koko maailmaa hallinneessa Rooman valtakunnassa.

Rooman kansalaiset katsoivat kuinka lukuisat kristityt kuolivat marttyyrin kuoleman Kolosseumilla. Roomalaiset pitivät heitä erittän typerinä ja jopa nauttivat tästä. Pian he alkoivat kuitenkin pitää tätä outona.

"Kuinka he voivat hymyillä vaikka he ovat kuolemassa?"
"Mikä saa heidät tällaiseksi?"
"Kuka on tämä Jeesus johon he uskovat?"

Nämä roomalaiset alkoivat kiinnostua kristinuskosta ja yhä useampi tahtoi tietää siitä. Lopulta monet olivat kuulleet evankeliumista ja he ottivat Jeesuksen Kristuksen vastaan.

Konstantin I Suuren aikana kristinusko hyväksyttiin ja myöhemmin siitä tuli valtionuskonto. Tämä on osa Jumalan suunnitelmaa jota ihmiset eivät voi ymmärtää. Ilman tästä kristinusko ei olisi voinut levitä ympäri Eurooppaa ja maailmaa niin nopeasti.

Henkilö joka elää kristillistä elämää oman halunsa mukaan ei voi pitää uskostaan kiinni kohdatessaan marttyyriuden kipua ja kuolemanpelkoa. On todennäköisempää että hän hylkää uskonsa kohdatessaan äärimmäisiä tilanteita sillä hän ei ole heittänyt pahuutta vielä sydämestään pois.

Vain muuttumattomin sydämin uskollisia olevat voivat pitää kiinni uskostaan jopa silloin kun heidän henkensä on vaarassa. He voivat kuolla marttyyrin kuoleman uskonsa tähden sen mukaan kuinka paljon pahuutta he ovat heittäneet pois ja kuinka paljon he ovat pyhittyneet. Tämänkaltaiset marttyyrit saavat Jumalalta paljon kunniaa ja mainetta, joten se muuttuu heille siunaukseksi.

HERRAN TORUU PERGAMON KIRKKOA

Mutta minulla on vähän sinua vastaan: sinulla on siellä niitä, jotka pitävät kiinni Bileamin opista, hänen, joka opetti Baalakia virittämään Israelin lapsille sen viettelyksen, että söisivät epäjumalille uhrattua ja haureutta harjoittaisivat. Niin on myös sinulla niitä, jotka samoin pitävät kiinni nikolaiittain opista. Tee siis parannus; mutta jos et, niin minä tulen sinun tykösi pian ja sodin heitä vastaan suuni miekalla (Ilmestyskirja 2:14-16).

Herra kehui Pergamon kirkkoa mutta tämän lisäksi Hän alkoi torui heitä ankarasti. Antipas kohtasi marttyyrin kuoleman Pergamon kirkossa ja tämän johdosta useat pitivät kiinni omasta uskostaan. Oli kuitenkin myös ihmisiä jotka eivät pystyneet tähän.

Herra sanoi että he pitivät kiinni Bileamin opetuksista ja Hän moitti heitä ankarasti teoistaan.

Bileam antautui rahan ja maineen houkutuksille

Keitä nämä Bileamin ja nikolaiitojen oppien seuraajat sitten olivat? Tämän ymmärtämiseksi meidän täytyy tarkistella 3. Mooseksen kirjan luvuissa 22-24 kuvattua israelilaisten ja Bileamin välistä kohtaamista.

Bileam oli Beorin poika, ja hän eli Petor-joen lähellä. Hän pystyi puhumaan Jumalalle. Eräänä päivänä Mooabin kuningas, Baalak, pyysi häneltä palvelusta. Baalak pyysi Bileamia kiroamaan israelilaiset. Tähän mennessä Israelin kansa oli jo selviytynyt 40 vuoden pituisesta Exoduksen jälkeisestä ajanjaksosta ja he olivat astumassa Kanaanin maahan.

Baalak, Mooabin kuningas kuuli että Jumala oli israelilaisten kanssa, ja kuultuaan että he olivat tulossa hänen maahansa hän pyysi Bileamin apua.

Bileam kysyi Jumalalta mikä Hänen tahtonsa oli, ja Hän vastasi seuraavasti: *"Älä mene heidän kanssaan äläkä kiroa sitä kansaa, sillä se on siunattu"* (3. Moos. 22:12).

Saatuaan tämän vastauksen Bileam kieltäytyi auttamasta Baalakia. Mooabin kuningas lähetti kuitenkin useampia ja korkea-arvoisempia prinssejä jotka toivat mukanaan Bileamille hopeaa ja kultaa. Tällöin hänen sydämensä horjui. Myös me voimme kohdata elämässämme tämänkaltaisia tilanteita.

Me emme joudu uudestaan kiusauksen valtaan jos me tuhoamme sen Jumalan sanan avulla saman tien. Saatana kuitenkin kiusaa meitä varmasti uudelleen jos meidän sydämestämme löytyy jotakin mitä horjuttaa. Saatana voi myös kiusata meitä uudelleen siitä huolimatta että me näytämme läpäisseen kiusauksen ulospäin läpäisemättä sitä kuitenkaan täysin sydämessämme.

Bileam näytti läpäisseen ensimmäisen kiusauksen. Hänessä oli kuitenkin ahneutta ja itsekästä halua rahaa ja kunniaa kohtaan, ja niin häntä kiusattiin uudelleen. Jumala sanoi hänelle: *"Jos nämä miehet ovat tulleet kutsumaan sinua, niin nouse ja lähde heidän kanssaan, mutta tee vain se, mitä minä sinulle sanon"* (3. Moos. 22:20). Jumalan tahto oli että hän ei menisi. Jumala kuitenkin tunsi Bileamin sydämen ja sen miksi Bileam kysyi Häneltä uudestaan, ja tämän tähden Jumala antoi hänen seurata vapaata tahtoaan. Lopulta hän ei voinut enää vastustaa rahan kiusausta. Bileam opetti sitten Baalakia ja kertoi hänelle kuinka aiheuttaa israelilaisille vaikeuksia (3. Moos. 25:1-2).

Israelilaiset olivat tottuneet erämaiden yksinkertaisiin olosuhteisiin. He olivat kyllästyneet elämään erämaassa.

He kuitenkin altistuivat yhtäkkiä maailmallisille asioille

kun heidät kutsuttiin epäjumalia palveleviin paikkaan. Tämän johdosta he söivät epäjumalille uhrattua ruokaa ja alkoivat tehdä haureutta mooabilaisten naisten kanssa. Kyseessä ei ollut aika jolloin ihmiset ympärileikkaavat sydämensä ja heittävät syntinsä pois Pyhän Hengen avulla. He eivät voineet muuta kuin langeta maailmallisiin asioihin.

Tämän rangaistukseksi 24000 heistä kuoli ruttoon (3. Moos. 25:9). 1. Korinttolaiskirje 10:8 kuitenkin kirjaa kuolleiden määräksi 23000. Kuolleiden määrä 3. Mooseksen kirjassa, 24000, pitää sisällään sekä israelilaiset että mooabilaiset naiset. 1. Korinttolaiskirjeen 23000 taas pitää sisällään ainoastaan kuolleet israelilaiset. Me voimme nähdä kuinka tarkka Raamattu on kun me luemme Raamattua Pyhän Hengen avulla.

Herra kertoo Bileamin oppeja seuranneille, että: "Sinulla on siellä niitä, jotka pitävät kiinni Bileamin opista." Mikä on sitten se hengellinen opetus että meidän on opittava tästä Bileamin tapauksesta?

Varoitus siitä että meidän ei pidä elämää kristillistä elämää joka on meistä itsestämme tarpeeksi hyvää

Ensinnäkin se varoittaa meitä siitä meidän ei pidä elää sellaista kristillistä elämää joka on meistä itsestämme tarpeeksi hyvää ja tehdä mailman kanssa kompromisseja totuuden suhteen. Bileam joutui kuoleman polulle siitä huolimatta että hän tunsi Jumalan tahdon ja samalla tavalla nykyään on monia kristittyjä jotka elävät kristillistä elämää maailman kanssa kompromisseja tehden. Tämä tarkoittaa sitä että he rakastavat maailmaa ja siinä olevia asioita Jumalaa enemmän.

Varsinkin nykyään 1. Tim. 6:10 sanat ovat ajankohtaisia: *"Sillä rahan himo on kaiken pahan juuri; sitä haluten monet ovat eksyneet pois uskosta ja lävistäneet itsensä monella tuskalla."* Rahan ahneuden tähden he eivät pyhitä Herran päivää ja varastavat Herralle kuuluvat kymmenykset (Malakia 3:8).

Jumalan palvelijan täytyy pyhittää itsensä sanan levittämiselle ja rukoukselle mutta tästä huolimatta on palvelijoita jotka ovat ahneita rahalla ja kunnialle tai jotka tekevät kompromisseja maailman hallitsijan kanssa.

Matteus 6:24 kuitenkin sanoo: *"Ei kukaan voi palvella kahta herraa; sillä hän on joko tätä vihaava ja toista rakastava, taikka tähän liittyvä ja toista halveksiva. Ette voi palvella Jumalaa ja mammonaa."* Sekä Jumalan palvelijoiden että Jumalan lasten tulee rakastaa ainoastaan Jumalaa ja seurata vain Hänen tahtoaan. Meidän uskomme ei pidä olla mailman kanssa kompromissin tehneen Beliamin uskon kaltaista.

Vaikka kyseessä olisi pienikin asia me tulemme lankeamaan ja saamaan Saatanan syytöksiä siitä osaksemme jos me hylkäämme totuuden ja teemme maailman kanssa kompromissin. Pieni määrä hiivaa voi levitä läpi koko leivän, ja jos me otamme vastaan pienen Saatanan teon meidän koko mielemme tulee lopulta Saatanan töiden haltuun.

Me voimme usein nähdä kuinka aikaisemmin Jumalan töihin käytetyt ihmiset eksyvät ja tulevat hyljätyiksi tultuaan lihan himojen tahraamiksi. Pergamon kirkon jäsenten joukossa oli tämänkaltaisia ihmisiä. Siitä huolimatta että he todistivat kuinka Antipasista tuli marttyyri, osa ihmisistä silti eli sellaista kristillistä elämää joka oli heidän mielestään tarpeeksi hyvää, langeten näin kuolemaan.

Herra torui ankarasti sekä Pergamon kirkossa olevia tämänkaltaisia ihmisiä että nykyään Bileamin tekoja seuraavia ihmisiä, ja Hän kehottaa heitä katumaan.

Varoitus muuttuvaisesta mielestä

Meidän tulee myös ymmärtää että meidän ei pidä muuttaa mieltämme. Jotkut sanovat että he rakastavat Jumalaa mutta elävät vain höllää kristillistä elämää oman tahtonsa mukaisesti. Toiset taas hylkäävät Jumalan tahdon ollen sen sisällöstä tietoisia sillä he haluavat rahaa, mainetta ja maailmallista valtaa. Meidän ei tule olla heidän kaltaisiaan.

Jotkut sanovat kiitollisuudessaan seuraavasti saatuaan osakseen Jumalan laupeuden: "Minä pyhitän elämäni Jumalalle. Minä annan elämäni Jumalalle ja elän Jumalalle." Jonkin ajan kuluttua he kohtaavat kuitenkin vaikeuksia elämässään ja he muuttavat mielensä ja sanovat: "Miksi minun pitäisi elää tällä tavalla? Miksi minä en voisi elää helppoa kristillistä elämää niin kuin muut?"

Bileam tiesi kyllä Jumalan tahdon, mutta tultuaan rahan ja kunnian kiusaamaksi hänen sydämensä antoi periksi. Jumalalle uskolliset ihmiset eivät kuitenkaan koskaan muuta sydämiään siitä huolimatta että ajat ja tilanteet muuttuvat. Raamattu puhuu tämänkaltaisista ihmisistä. Heidän joukkoon kuuluu Jumalan suuresti hänen hyvyytensä takia muuttumattoman sydämen tähden rakastama ei-juutalainen nainen. Tämä nainen on Vanhan testamentin Ruut.

Ruut oli mooabilainen. Hän oli mennyt naimisiin nälänhätää paenneen israelilaisen miehen kanssa. Hänen aviomiehensä kuoli jättämättä jälkeensä lapsia. Ruutin entisen aviomiehen veli oli jättänyt myös lesken jälkeensä, Orpan, joka oli samassa tilanteessa. Ruutin anoppi, Naomi, yritti saada hänet palaamaan kotimaahansa Juudaan. Naomi neuvoi kälyjään palaamaan äitiensä kaupunkiin. Tämä oli Naomilta erittäin hyväsydäminen ehdotus. Muutoin he olisivat joutuneet jättämään kotikaupunkinsa Mooabissa ja matkustamaan Juudan tuntemattomaan maahan ilman aviomiehiä tai lapsia.

Aluksi molemmat heistä sanoivat että he seuraisivat anoppiaan loppuun saakka. Kun Naomi kuitenkin ehdotti asiaa uudelleen, Orpa suuteli Naomia ja lähti hänen luotaan. Ruut oli kuitenkin erilainen.

"*Mutta Ruut vastasi: 'Älä vaadi minua jättämään sinua ja kääntymään takaisin, pois sinun tyköäsi. Sillä mihin sinä menet, sinne minäkin menen, ja mihin sinä jäät, sinne minäkin jään; sinun kansasi on minun kansani, sinun Jumalasi on minun Jumalani. Missä sinä kuolet, siellä minäkin tahdon kuolla ja sinne tulla haudatuksi. Herra rangaiskoon minua nyt ja vasta, jos muu kuin kuolema erottaa meidät'"* (Ruut 1:16-17).

Tämä näyttää selvästi kuinka Ruutin sydän ei muuttunut missään tilanteessa tai olosuhteessa. Hänen sydämensä ei muuttunut edes silloin kun hän tuli Juudan maahan ja hän palveli anoppiaan koko sydämellään. Tämän johdosta Jumala siunasi häntä suuresti. Myöhemmin hän perusti onnellisen perheen Boas-nimisen miehen kanssa. Lisäksi hänen, ei-juutalaisen, nimestä tuli osa Jeesuksen sukupuuta.

Beliamin sydän ei olisi koskaan muuttunut jos hänen sydämensä olisi ollut uskollinen, eikä hän tällöin olisi niskoitellut Jumalan tahtoa vastaan kiusausten tai koettelemusten edessä. Hänen ailahtelevainen sydämensä, rahan ahneutensa ja kunnianhimonsa kuitenkin kiihottuivat, ja hän joutui väärälle tielle ja samalla johdatti useita ihmisiä kuolemaan.

Meidän tulee muistaa että tämä Beliamin opetus on pakollinen opetus näinä viimeisinä päivinä eläville kristityille nyt kun synti ja pahuus ovat niin yleistä. Olemalla tästä opetuksesta tietoisia meidän ei siis tule elää sellaista kristillistä elämää jonka me itse luulemme olevan riittävän hyvää. Meidän tulee elää kristillistä elämää muuttamatta mieltämme minkäänlaisissa olosuhteissa tai tilanteissa.

Nikolaiittojen opetusten seuraajat

Pergamon kirkossa oli Bileamin oppeja seuraavien ihmisten lisäksi myös nikolaiittojen opetuksia seuraavia ihmisiä. Kuten Efeson kirkon kohdalla selitettiin, nikolaiitat olivat yhden seitsemästä alkukirkon diakonista, Nicolan, muodostama ryhmä.

Kuten yllä selitettiin, ihmiset uppoavat syvemmälle maailmaan kun he seuraavat Beliamin opetuksia ja elävät kristillistä elämää tehden maailman kanssa oman mielensä mukaisia kompromisseja. Nämä kompromissit johtavat lopulta siihen että he alkavat seurata nikolaiittojen opetuksia.

He väittivät että henki pysyi puhtaana siitä huolimatta kuinka paljon syntiä ruumis tekee ja että täten sielu voi aina päästä taivaaseen. Me näemme Raamatusta kuinka väärin tämä on (1. Kor. 6:9-10; 1. Tes. 5:23).

1 Joh. 1:7 sanoo: *"Mutta jos me valkeudessa vaellamme, niinkuin hän on valkeudessa, niin meillä on yhteys keskenämme,*

ja Jeesuksen Kristuksen, hänen Poikansa, veri puhdistaa meidät kaikesta synnistä." Me voimme puhdistautua synneistä Jeesuksen Kristuksen veren kautta vasta sitten kun me olemme heittäneet synnit pois ja kulkeneet kirkkaudessa.

Kuinka me voimme sanoa pelastuvamme siitä huolimatta että me elämme synnissä? Sellaisen kristillisen elämän eläminen joka sopii meille itsellemme voi mennä äärimmäisyyksiin saakka ja tällöin se lopulta johtaa kulttiin joka sanoo että me voimme pelastua siitä huolimatta että me teemme syntiä. Jotkut uskovat rakastavat maailmaa liian paljon ja pitävät sanan mukaan elämistä liian vaikeana. He kiinnostuvat opetuksista jotka sanovat että me voimme tehdä tahallamme syntiä ja silti pelastua. Lopulta he alkavat seurata näitä opetuksia.

Nykyään meille itsellemme sopivan kristillisen elämän eläminen on hyvin yleistä ja meidän tulee olla erityisen varovaisia jotta me emme alkaisi seuraamaan nikolaiittojen opetuksia. Me voimme rukoilla ilman paloa, antaa sellaisia uhreja jotka meistä itsestämme ovat riittäviä, tulkita ja noudattaa sanaa tavalla joka on meistä tarpeeksi hyvä ja sanoa: "Nyt tämä riittää. Minun ei tarvitse tehdä tätä." Tällöin me emme eroa nikolaiittojen opetuksia seuranneista.

Beliamin kaltaiset teot voivat johdattaa meidät nikolaiittojen oppeihin

Beliamin ja nikolaiittojen oppeja seuraavat elävät molemmat kristillistä elämää heitä miellyttävällä tavalla mutta näiden kahden oppisuunnan opetuksilla on myös eronsa. Beliamin opetus on Jumalan palvelemista kahdella sydämellä.

Se on rahan ja materialististen asioiden rakastamista. Se on kompromissien tekemistä maailmallisen vallan ja kunnian saamiseksi samaan aikaan kun suu tunnustaa rakastavansa ja palvelevansa Jumalaa. Se on aluksi Jumalaan keskittyneen sydämen muuttumista maailmaa kaipaavaksi. Lopulta se on kuolemaan lankeamista.

Nikolaiittojen opetukset ovat kuitenkin erilaisia. He tekevät syntiä ja samalla opettavat muille että synnin tekemisellä ei ole mitään tekemistä pelastuksen kanssa. Niin he yrittävät houkutella muita kulkemaan kanssaan kohti kuolemaa.

Nikolaiittojen opetukset kyseenalaistavat sen että Jeesus naulittiin ristille meidän puolestamme.

Jeesus naulittiin ristille Hänen käsiensä ja jalkojensa lävitse jotta Hän voisi lunastaa meidät meidän tekemistämme synneistä. He kuitenkin sanovat että me voimme pelastua siitä huolimatta että me jatkamme synnin tekemistä. Tämän tähden he kieltävät meidän vapautemme verellään lunastaneen Herran.

Galatalaiskirje 5:13 sanoo: *"Te olette näet kutsutut vapauteen, veljet; älkää vain salliko vapauden olla yllykkeeksi lihalle, vaan palvelkaa toisianne rakkaudessa."* Tämän mukaan me olemme vapautuneet synneistä ja saaneet vapauden Jeesuksen Kristuksen tähden, eikä meidän pidä vaihtaa tätä vapautta lihallisiin tilaisuuksiin.

Syntien tekeminen itsessään ei ole nikolaiittojen opetusten seuraamista. Uudella uskovalla on heikko usko ja siten hänellä ei ole tarpeeksi voimia sanan pitämiseen. Joskus hän siis tekee syntiä ja sitten katuu ja kääntyy siitä pois. Ajan kuluessa hän kuitenkin heittää syntinsä yksitellen pois.

Meidän tulee kuitenkin muistaa että Saatana voi saada meidät hallintaansa jos jatkamme Beliamin oppien seuraamista ja teemme maailman kanssa kompromisseja tai jos me annamme nikolaiittojen oppien vaikuttaa meihin ja me uskomme että me voimme pelastua siitä huolimatta että me teemme syntejä.

Jumala tahtoo meidän katuvan ja kääntyvän synneistään

Herra sanoo nikolaiittojen ja Beliamin oppeja seuraaville seuraavanlaisesti: *"Tee siis parannus; mutta jos et, niin minä tulen sinun tykösi pian ja sodin heitä vastaan suuni miekalla"* (Ilmestyskirja 2:16).

Herra mainitsee 'suuni miekan', mikä tarkoittaa Jumalan sanaa. Joten 'minä sodin heitä vastaan suuni miekalla' tarkoittaa että Herra antaa heidän tietää Jumalan sanan avulla mikä on oikein ja mikä väärin jotta he voisivat kääntyä synneistään. Tämä on Jumalan rakkautta, joka tahtoo meidän katuvan syntejämme ja kääntyvän niistä pois.

Henkilön ollessa väärällä polulla toinen henkilö voi neuvoa tai torua häntä Jumalan sanalla. On siunaus jos ensimmäinen henkilö saa tästä ymmärrystä ja kääntyy pois. On kuitenkin niitä jotka eivät voi kuulla vaikka heillä on korvat. Nämä ovat niitä joiden hengelliset korvat ovat suljettuja.

Sananlaskut 22:17 sanoo: *"Kallista korvasi ja kuuntele viisaitten sanoja ja tarkkaa minun taitoani."* Meidän pitää pystyä kääntämään korvamme Jumalan sanalle, totuudelle, jos me olemme Hänen uskollisia lapsia. Meidän täytyy kiinnittää sanaan huomiota vaikka se vaikuttaakin meistä vitsalta ja meidän pitää löytää todellinen minuutemme ja muuttua. Tällöin sana on meille hyvää lääkettä ja hyvin hyödyllistä synnin poistamiseksi.

Ylpeät ja pahuutta täynnä olevat eivät kuitenkaan kuuntele Jumalan sanaa jos se toruu tai moittii. Heidän korvansa suosivat mielummin pahojen asioiden kuuntelemista. Sananlaskut 17:4 sanoo: *"Paha kuuntelee häijyjä huulia, petollisuus kuulee pahoja kieliä."*

Meidän tulee ymmärtää että kaiken loppu on lähellä. Meidän pitää tehdä oikeita valintoja ja olla selviä rukousta varten ja meidän täytyy kiinnittää huomiota totuuteen. Meidän ei pidä antaa harhaoppisten ajatusten vaikuttaa meihin. Jos näin kuitenkin käy, meidän pitää kuulla Jumalan ääntä joka tahtoo meidän katuvan ja kääntyvän nopeasti synneistämme.

HERRAN PERGAMON KIRKOLLE ANTAMA LUPAUS

Jolla on korva, se kuulkoon, mitä Henki seurakunnille sanoo. Sille, joka voittaa, minä annan salattua mannaa ja annan hänelle valkoisen kiven ja siihen kiveen kirjoitetun uuden nimen, jota ei tiedä kukaan muu kuin sen saaja (Ilmestyskirja 2:17).

Meidän pitää kuulla Pyhän Hengen ääni ja pitää se mielessämme. Meidän täytyy katua ja kääntyä pois jos me seuraamme edes osaksi Beliamin tai nikolaiittojen opetuksia. Me voimme olla voittoisia kun me emme hylkää uskoamme Herraan. Näille ihmisille Herra lupaa että Hän antaa heille salattua mannaa ja valkoisen kiven.

Lupaus ikuisesta elämästä kun me kadumme

Salainen manna viittaa meidän Herraamme, Jeesukseen Kristukseen. Manna oli israelilaisille Exoduksen erämaavaelluksen aikana annettua ruokaa. Exodus 16:31 selittää näin: *"Ja Israelin heimo antoi sille nimen manna. Ja se oli valkean korianderinsiemenen kaltaista ja maistui hunajakakulta."* Manna annettiin jotta israelilaiset voisivat säilyä hengissä.

Joh. 6:49-51 sanoo kuitenkin näin: *"Teidän isänne söivät mannaa erämaassa, ja he kuolivat. Mutta tämä on se leipä, joka tulee alas taivaasta, että se, joka sitä syö, ei kuolisi. Minä olen se elävä leipä, joka on tullut alas taivaasta. Jos joku syö tätä leipää, hän elää iankaikkisesti. Ja se leipä, jonka minä annan, on minun lihani, maailman elämän puolesta."*

Hengellisesti manna viittaa Herran lihaan, mikä on Jumalan sana. Se tarkoittaa että sitä syövät saavat ikuisen elämän.

Salaisen mannan meille antaminen tarkoittaa että me voimme pelastua Jeesuksen Kristuksen kautta. Jopa omasta mielestään sopivaa, höllää kristillistä elämää eläneet sekä kultteja seuranneet voivat saada lupauksen ikuisesta elämästä jos he vain katuvat ja kääntyvät teoistaan.

Miksi Herra sitten sanoi että tämä manna oli salaista?

1. Korinttolaiskirje 2:7-8 sanoo: *"Vaan me puhumme salattua Jumalan viisautta, sitä kätkettyä, jonka Jumala on edeltämäärännyt ennen maailmanaikoja meidän kirkkaudeksemme, sitä, jota ei kukaan tämän maailman valtiaista ole tuntenut -sillä jos he olisivat sen tunteneet, eivät he olisi kirkkauden Herraa ristiinnaulinneet."* Jumala oli suunnitellut jo ennen aikojen alkua että Jeesus tulisi tähän maailmaan lihana ja että Hän tulisi kuolemaan ristillä lunastaakseen ihmiskunnan sen synneistä. Tätä salaisuutta ei voitu kuitenkaan kertoa kenellekään ennen kuin sen aika koitti, ja niin se täytyi salata. Tämän tähden Jeesusta Kristusta kutsutaan 'mannaksi', salaiseksi mannaksi.

Valkoisen kiven merkitys

Seuraavaksi Herra sanoo että Hän antaa valkoisen kiven. Mikä on tämä valkoinen kivi? 1. Korinttolaiskirje 10:4 sanoo: *"Ja joivat kaikki samaa hengellistä juomaa. Sillä he joivat hengellisestä kalliosta, joka heitä seurasi; ja se kallio oli Kristus."* Tämä 'kivi' viittaa meidän Herraamme Jeesukseen Kristukseen.

Väri 'valkoinen' tarkoittaa synnittömyyttä ja pahuudesta vapaata. Joten valkoinen kivi viittaa tässä Jeesuksen Kristuksen nuhteettomuuteen ja viattomuuteen, siihen, että Hänestä ei löydy lainkaan pimeyteen kuuluvaa syntiä.

'Valkoisen kiven antaminen' tarkoittaa että meidän uskomme kasvaa ja me voimme seistä uskon kalliolla syömällä mannaa, hengellistä ruokaa, ja toimimalla sanan mukaan.

Nyt meidän Herramme sanoo että on uusi nimi joka on tuleva kirjoitetuksi valkoiseen kiveen. Ap.t. 4:11-12 sanoo, että: *"Hän on 'se kivi, jonka te, rakentajat, hylkäsitte, mutta joka on kulmakiveksi tullut.' Eikä ole pelastusta yhdessäkään toisessa; sillä ei ole taivaan alla muuta nimeä ihmisille annettu, jossa meidän pitäisi pelastuman."* Tämä nimi on Jeesus Kristus.

Vain ne voivat tunnustaa tämän meidän herramme, Jeesuksen Kristuksen, nimen, jotka kuuntelevat totuuden sanaa, toimivat sen mukaisesti ja seisovat siinä uskossa.

Mutta eivätkö myös maailmassa olevat ihmiset tunne Jeesusta Kristusta? Eivät! He tietävät vain Hänen lihallisen merkityksen. He tietävät että Jeesus on vain yksi neljästä pyhimyksestä. He eivät tiedä että Jeesus on ainoa Pelastaja. Joten he eivät voi "tuntea" Jeesusta Kristusta.

Minä olen kuitenkin pahoillani tästä seuraavasta. Jopa uskovien joukossa on ihmisiä jota eivät tunne Herraa. Nämä ihmiset käyvät kyllä kirkossa mutta se ei tarkoita että he tuntevat Herran vaikka he tunnustavatkin uskovansa Häneen. Me voimme sanoa todella tuntevamme Herran vasta sitten kun me pidämme totuuden sanan.

Voidakseen saada salaista mannaa ja valkoisen kiven meidän tulee olla voittoisia. Voittoisuus tarkoittaa totuuden mukaisesti elämistä pimeyden syntejä vastustaen sekä muuttumattomalla uskolla marssimista.

Vain voittoisat voivat saada mannaa ja valkoisen kiven, johon on kirjattu Herran nimi jotta he voisivat ymmärtää kuka Jeesus Kristus on, uskoa Häneen, unelmoida taivaasta ja elää ilossa ja kiitollisuudessa.

Pelkkä tietoisuus ilman tekoja ei saa heitä kasvamaan uskossa. He eivät voi vilpitömästi uskoa siihen kuka Jeesus Kristus on. He eivät voi asettaa tätä nimeä sydämeensä.

Kaikki eivät elä Jumalan sanan mukaan ja he antavat tälle tekosyitä lainaten Raamattua sanoen että henki on altis mutta liha on heikkoa. He yrittävät näin vapauttaa itsensä vastuusta. Tämä on kuitenkin vain tekosyy. Jos he todella haluaisivat elää sanan mukaan he tekisivät myös uskon tekoja.

He haluavat tätä kuitenkin ainoastaan mielessään mutta eivät sydämensä pohjasta. Teot seuraavat varmasti jos jotakin päätetään sydämen pohjasta.

Henkilö uskoo nimeen sydämensä pohjasta jos hän saa Herralta mannaa ja ennen aikojen alkua kätketyn Jeesuksen Kristuksen nimen. Näin hänen tekonsa tulevat seuraamaan tätä uskoa.

Näille ihmisille Herra sanoo: "Minä tiedän sinut", ja Hän antaa sanansa lupauksena jakeen Joh. 10:28 mukaisesti. "Ja minä annan heille iankaikkisen elämän, ja he eivät ikinä huku, eikä kukaan ryöstä heitä minun kädestäni."

Vain totuudessa toimivat saavat ikuisen elämän

Monet sanovat tuntevansa Jumalan ja uskovansa Häneen. He eivät kaikki voi kuitenkaan pelastua

Joh. 3:36 sanoo: *"Joka uskoo Poikaan, sillä on iankaikkinen elämä; mutta joka ei ole kuuliainen Pojalle, se ei ole elämää näkevä, vaan Jumalan viha pysyy hänen päällänsä."* Me saamme Jeesuksen Kristuksen kautta lupauksen pelastumisesta vasta sitten kun me uskomme ja noudatamme Herran opetuksia ja voitamme synnin ja pahuuden. Nämä ihmiset ovat niitä jotka tuntevat Jeesuksen Kristuksen nimen.

Ei ole tarpeeksi että me tunnemme Herran. Myös Hänen täytyy tuntea meidät.

Joh. 10:25-27 näyttää selvästi kuinka Herra sanoo "minä tunnen sinut." Hän sanoi: *"Minä olen sanonut sen teille, ja te ette usko. Ne teot, joita minä teen Isäni nimessä, ne todistavat minusta. Mutta te ette usko, sillä te ette ole minun lampaitani. Minun lampaani kuulevat minun ääntäni, ja minä tunnen ne, ja ne seuraavat minua."*

Lisäksi 1. Joh. 1:6-7 sanoo: *"Jos sanomme, että meillä on yhteys hänen kanssaan, mutta vaellamme pimeydessä, niin me valhettelemme emmekä tee totuutta. Mutta jos me valkeudessa vaellamme, niinkuin hän on valkeudessa, niin meillä on yhteys keskenämme, ja Jeesuksen Kristuksen, hänen Poikansa, veri puhdistaa meidät kaikesta synnistä."*

Vain kirkkaudessa kulkevat ja totuuden mukaan toimiva voi olle yhteydessä Jumalan kanssa. Tämänkaltainen henkilö tuntee Jumalan ja Herran, ja hän voi saada kaikki syntinsä anteeksi Jeesuksen Kristuksen veren kautta.

Jeesus puhui ainoastaan hyvyydestä ja totuudesta, ja Hän teki monia ihmeitä Isä Jumalan nimessä. Hänen aikanaan oli kuitenkin monia ihmisiä jotka eivät uskoneet. Hän sanoi heille, että he eivät uskoneet koska he eivät olleet Hänen lampaitaan. Herran todelliset lampaat uskovat Herraan Hänen sanojensa ja tekojensa tähden. He kuulevat Hänen äänensä ja seuraavat Häntä jos he uskovat Häneen. Tämänkaltaiset lampaat ovat Herran lampaita, ja Hän sanoo: "Te olette minun lampaitani, minä tunnen teidät."

Joten meidän tulee noudattaa Jumalan sanaa, elää totuudessa sekä omata Herran antama lupaus ikuisesta elämästä. Näin me voimme kantaa runsaasti hedelmää elämämme jokaisella osa-alueella.

LUKU 4

TYATIRAN KIRKKO
- Kompromissien tekeminen maailman kanssa ja epäjumalille uhratun ruuan syöminen

Tyatiran kirkko oli tehnyt aikaisempaa useampia tekoja Jumalan kuningaskunnan eteen. Herra kehui heitä tästä mutta Hän myös torui heitä siitä että he olivat syöneet epäjumalille uhrattua ruokaa, sietäneet väärää profeetta Iisebeliä, sekä tehneet maailman kanssa kompromisseja.

Tämä sanoma on annettu maailman kanssa kompromisseja tekeville kirkoille ja uskoville sekä niille jotka elävät vain sellaista kristillistä elämää mikä sopii heille itselleen.

Ilmestyskirja 2:18-29

Ja Tyatiran seurakunnan enkelille kirjoita: 'Näin sanoo Jumalan Poika, jolla on silmät niinkuin tulen liekki ja jonka jalat ovat niinkuin kiiltävä vaski: Minä tiedän sinun tekosi ja rakkautesi ja uskosi ja paveluksesi ja kärsivällisyytesi ja että sinun viimeiset tekosi ovat useammat kuin ensimmäiset. Mutta se minulla on sinua vastaan, että sinä suvaitset tuota naista, Iisebeliä, joka sanoo itseään profeetaksi ja opettaa ja eksyttää minun palvelijoitani harjoittamaan haureutta ja syömään epäjumalille uhrattua. Ja minä olen antanut hänelle aikaa parannuksen tekoon, mutta hän ei tahdo parannusta tehdä eikä luopua haureudestaan. Katso, minä syöksen hänet tautivuoteeseen, ja ne, jotka hänen kanssaan tekevät huorin, minä syöksen suureen ahdistukseen, jos eivät tee parannusta ja luovu hänen teoistansa; ja hänen lapsensa minä tappamalla tapan, ja kaikki seurakunnat saavat tuntea, että minä olen se, joka tutkin munaskuut ja sydämet; ja minä annan teille kullekin tekojenne mukaan. Mutta teille muille Tyatirassa oleville, kaikille, joilla ei ole tätä oppia, teille, jotka ette ole tulleet tuntemaan, niinkuin ne sanovat, saatanan syvyyksiä, minä sanon: en minä pane teidän päällenne muuta kuormaa; pitäkää vain, mitä teillä on, siihen asti kuin minä tulen. Ja joka voittaa ja loppuun asti ottaa minun teoistani vaarin, sille minä annan vallan hallita pakanoita, ja hän on kaitseva heitä rautaisella valtikalla, niinkuin saviastiat heidät särjetään-niinkuin minäkin sen vallan Isältäni sain- ja minä annan hänelle kointähden. Jolla on korva, se kuulkoon, mitä Henki seurakunnille sanoo.'

HERRAN KIRJE TYATIRAN SEURAKUNNALLE

Ja Tyatiran seurakunnan enkelille kirjoita: 'Näin sanoo Jumalan Poika, jolla on silmät niinkuin tulen liekki ja jonka jalat ovat niinkuin kiiltävä vaski' (Ilmestyskirja 2:18).

Tuohon aikaan Tyatira oli vauras kaupunki kaupankäynnin ja valmistuksen ansiosta. Samaa ammattia harjoittavat ihmiset muodostivat ryhmiä jotka olivat samankaltaisia kuin nykyajan killat. Kaupunkissa oli värjääjien kilta, kutojien kilta, leipureiden kilta, posliinikilta, seppien kilta, ja niin edelleen. Killat olivat hyvin läheisiä Tyatiran kansalaisten elämän kanssa. He saattoivat kohdata ongelmia jokapäiväisessä elämässään jos he eivät liittyneet kiltaan.

Ongelma oli kuitenkin se että jokaisella killalla oli sen oma suojelijahenkensä. Kiltojen toiminta oli itsessään luonteeltaan uskonnollista. He suorittivat kokouksissaan seremoniallisia riittejä suojelijahengelleen. Seremonioiden jälkeen he söivät suojelijahengelle uhrattua ruokaa ja killan jäsenten oli pakko ottaa osaa rivoihin ja aistillisiin menoihin. Jäsenien oli pakko ottaa tähän osaa vaikka he olisivat olleet tätä vastaan.

Me voimme kuvitella kuinka vaikeaa heille onkaan ollut pitää kiinni uskostaan. Myös Tyatiran kirkon uskovien täytyi ottaa osaa kiltoihin oman elantonsa tähden. Osa heistä otti osaa rituaaleihin ja moraalittomiin menoihin jotta he eivät olisi menettäneet elantonsa perustaa.

Herran silmät ovat kuin tulen liekki ja Hänen jalat ovat kuin kiiltävää vaskia

Jae 18 kuvaa Tyatiran kirkon enkelille kirjoittavan Herran ulkomuotoa. Se sanoo: "Jolla on silmät niinkuin tulen liekki ja jonka jalat ovat niinkuin kiiltävä vaski." Tämä tarkoittaa sitä että Hänen silmänsä hehkuivat kuin tuli pimeydessä, luoden ympärilleen lämpimän tunnelman.

Samanaikaisesti Hänen silmänsä ovat kuin tuli joka polttaa kaiken synnin ja pahuuden ja ne erottavat tarkasti totuuden epätotuudesta. Herra käyttää tulen liekin kaltaisia silmiään tutkiakseen jokaisen sydämen, ajatuksen ja mielen. Tämän tähden Hänen silmänsä ovat kuin tulen liekki.

Mitä sitten tarkoittaa se, että Hänen "jalat ovat niinkuin kiiltävä vaski?" Ilmestyskirja 1:15 sanoo myös, että: *"Hänen jalkansa olivat ahjossa hehkuvan, kiiltävän vasken kaltaiset."* Kaikki epäpuhtaudet katoavat jos me jalostamme kultaa, hopeaa tai pronssia äärimmäisessä kuumuudessa.

Mitä puhtaampaa metalli on sitä arvokkaampaa se on. Siitä tulee kirkkaampaa ja kauniimpaa kuin mitä se oli ennen jalostusta. Meidän Herramme jalat ovat yhtä puhtaat ja kirkkaat kuin tämä jalostettu ja puhdistettu vaski. Me voimme sanoa että jalat ovat yksi ihmisruumiin likaisimmista osista. Meidän Herramme on kuitenkin puhdas jopa jaloistaankin, sillä Hän on täydellinen ja pyhä.

Raamattu kertoo meille että Herran silmät ovat kuin tulen liekki ja Hänen jalkansa kuin kiiltävä vaski siitä syystä että Jumala tahtoo meidän ymmärtävän jälleen kerran kuinka kirkas ja majesteettinen meidän Herramme on.

Tämä myös painottaa sitä että Herra on Jumalan Poika. Hän tuomitsee kaikki asiat. Hän on erittäin pyhä ja majesteettinen ja Hän on yhtä Luojan kanssa. Hän tulee tuomitsemaan kaikki asiat. Häntä ei voida verrata mihinkään tämän maan ihmiseen tai ihmisten luomaan kuvaan. Hän ansaitsee kaikista korkeimman kunnian.

Joh. 20:31 sanoo: *"Mutta nämä ovat kirjoitetut, että te uskoisitte, että Jeesus on Kristus, Jumalan Poika, ja että* teillä uskon kautta olisi elämä hänen nimessänsä." 1. Joh. 4:15 sanoo: "*Joka tunnustaa, että Jeesus on Jumalan Poika, hänessä Jumala pysyy, ja hän Jumalassa.*"

Meidän täytyy palvoa ja palvella ainoastaan yhtä Jumalan kanssa olevaa Herra Jeesusta. Meidän ei pidä palvoa mitään muuta esinettä tai olentoa.

Tyatiran kirkon kaltaiset nykypäivän tapaukset

Nykyään jotkut kirkot hyväksyvät eri alueiden paikalliset uskomukset paikallisuskontojen sietämisen perusteella.

Eräs kirkko salliin korealaisten palvoa esi-isiään. He sanovat uskovansa ainoaan Jumalaan sekä Jeesukseen Kristukseen Pelastajanaan mutta silti he tekevät jotakin tämänkaltaista. Ei ole tietenkään väärin tunnustaa esi-isiensä tekoja ja olla heidän suorituksistaan kiitollisia. Tämä tulee kuitenkin johtamaan Jumalan sanan, totuuden, vastaisuuteen jos me sallimme uhririitit moraalisen pakon perusteella.

1. Korinttolaiskirje 10:20 sanoo selvästi: "*Ei, vaan että, mitä pakanat uhraavat, sen he uhraavat riivaajille eivätkä Jumalalle; mutta minä en tahdo, että te tulette osallisiksi riivaajista.*"

Äskettäin eräät protestanttiset kirkot sanoivat jotakin samankaltaista ja yhdistyivät muiden epäjumalia palvovien kirkkojen kanssa niitä siunaten. He sanovat että tämän tekeminen on merkki avoimesta sydämestä ja koko ihmiskunnan yhteyden etsimisestä. Jumala ei kuitenkaan koskaan ole mielissään kun kirkot yhdistävät kätensä muiden uskontojen kanssa jotka palvovat vääriä jumalia. On jumalanpilkkaa lähettää onnitteluja epäjumalien juhlapäivinä tai tuoda epäjumalien palvojia Jumalan pyhättöön. He eivät kenties aio pilkata Jumalaa mutta silti he toimivat vastoin Hänene tahtoaan ja lopulta vastustavat Häntä tuntematta totuutta kunnolla.

Teot jotka johtuvat puutteellisesta totuuden tuntemisesta

Pyhän Hengen siittäneen Jeesuksen synnyttäneen Neitsyt Marian palveleminen ja palvominen on malliesimerkki tapauksesta jossa totuutta ei ymmärretä tarpeeksi hyvin. He eivät tietenkään sano palvovansa Neitsyt Mariaa jumalana. He väittävät vain osoittavansa häntä kohtaan suurta kunnioitusta sillä hän synnytti Herra Jeesuksen, meidän Pelastajamme.

Totuus kuitenkin on, että lopulta he johdattavat ihmiset kumartumaan ja rukoilemaan pelkän luodun olennon kuvan eteen jos nämä ihmiset eivät pysty erottamaan totuutta kunnolla sen tähden että he eivät tiedä mitä se on.

Joh. 19:26-27 sanoo: *"Kun Jeesus näki äitinsä ja sen*

opetuslapsen, jota hän rakasti, seisovan siinä vieressä, sanoi hän äidillensä: 'Vaimo, katso, poikasi!' Sitten hän sanoi opetuslapselle: 'Katso, äitisi!' Ja siitä hetkestä opetuslapsi otti hänet kotiinsa."

Kun Jeesus sanoi neitsyt Marialle "poikasi", Hän osoitti lähistöllä seisonutta opetuslastaan, Johannesta, ja Hän kutsui Johannesta "sinun pojaksesi." Jeesus ei kutsunut itseään "Pojaksi." Hän kutsui neitsyt Mariaa "Vaimoksi." Hän ei kutsunut Mariaa "äidiksi."

Raamattuun ei ole kirjattu yhtäkään tapausta jossa Jeesus olisi kutsunut Mariaa "äidiksi." Johanneksen evankeliumin luvussa 2 Jeesus muutti veden viiniksi ja Hän sanoi Marialle seuraavanlaisesti: *"Mitä sinä tahdot minusta, vaimo? Minun aikani ei ole vielä tullut"* (jae 4). Hän kutsui neitsyt Mariaa "vaimoksi."

Exoduksen jakeessa 3:14 Jumala sanoo: *"Minä olen se, joka minä olen."* Kukaan ei synnyttänyt Jumalaa. Täten Jeesus, joka oli aluksi yhtä Isä Jumalan kanssa, ei voi kutsua neitsyt Mariaa, pelkkää luotua olentoa, "äidiksi."

Jeesus ei hedelmöittynyt Joosefin siittiön tai Marian munasolun kautta, vaan vain ja ainoastaan Jumalan voimasta ja Pyhästä Hengestä. Kaikkivaltias Jumala voi mahdollistaa hedelmöityksen ilman siittiöitä tai munasoluja. Jeesus vain lainasi Marian ruumista.

Exodus 20:3-5 sanoo lisäksi näin: *"Älä pidä muita jumalia minun rinnallani. Älä tee itsellesi jumalankuvaa äläkä mitään kuvaa, älä niistä, jotka ovat ylhäällä taivaassa, älä niistä, jotka ovat alhaalla maan päällä, äläkä niistä, jotka ovat vesissä maan alla. Älä kumarra niitä äläkä palvele niitä. Sillä minä, Herra, sinun Jumalasi, olen kiivas Jumala, joka kostan isien pahat teot lapsille kolmanteen ja neljänteen polveen, niille, jotka minua vihaavat."* Jotkut ihmiset eivät kenties ymmärrä ihmisajatusten puitteiden tähden palvovansa jumalankuvia, mutta tästä huolimatta he tekevät näin ja toimivat siten vastoin Jumalan tahtoa.

He eivät voi saada Jumalan laupeutta tai Pyhän Hengen apua jos he jatkavat totuuden vastaista toimintaansa siitä huolimatta että he tuntevat Jumalan tahdon. Näin he siis joutuvat Saatanan syyttämäksi.

Muita totuutta vastaan toimimisen muotoja

Tämän lisäksi monelta elämän alalta löytyy esimerkkejä totuuden vastaisista asioista. Jotkut kirkot sallivat esimerkiksi polttamisen ja juomisen. Onko tämä todella hyväksyttävää? Polttaminen ja juominen eivät kenties ole itsessään ongelma. Ongelma on se että ne saattavat johtaa tai aiheuttaa monia syntisiä asioita.

1 Korinttolaiskirje 3:17 sanoo: *"Jos joku turmelee Jumalan temppelin, on Jumala turmeleva hänet; sillä Jumalan temppeli on pyhä, ja sellaisia te olette."* Meidän kehomme ovat siis pyhiä Jumalan temppeleitä eikä meidän pidä saastuttaa niitä polttamalla ja juomalla.

On myös monia ihmisiä jotka eivät tunnusta syntejään Jumalan edessä mutta silti toimivat muiden edessä välittäjinä. Jeesuksesta Kristuksesta tuli itsestään välittäjä ja Hän lunasti meidät kaikki synneistämme niin että meistä tuli Jumalan lapsia. Kuinka tämän täytyykään vaikuttaa Jeesukseen kun Hän näkee tämän ja tämänkaltaiset ihmiset?

Kun Jeesus kuoli ristillä, temppelin esirippu repesi ylhäältä alas asti. Tämä avasi meille oven Jumalan kanssa suoraan kommunikoimiseen. Vanhassa testamentissa ylipapit uhrasivat muiden puolesta syntien anteeksisaamiseksi. Jeesuksesta Kristuksesta tuli kuitenkin meidän sovitusuhrimme, ja niin me voimme rukoilla Jumalaa suoraan ilman pappien tai profeettojen välikäsiä.

Jotkut voivat myös sanoa, että: *"Teidän syntinne on annettu anteeksi."* Meidän syntejämme ei voida kuitenkaan antaa anteeksi pelkin sanoin. Vain ja ainoastaan Jumala voi antaa syntejä anteeksi.

Joku saattaa ihmetellä, mitä tarkoitti kun Herra sanoi opetuslapsilleen ylösnousemuksensa jälkeen seuraavasti: *"Joiden synnit te anteeksi annatte, niille ne ovat anteeksi annetut;*

joiden synnit te pidätätte, niille ne ovat pidätetyt" jakeessa Joh. 20:23. Näitä sanoja ei voida kuitenkaan soveltaa jokaiseen samalla tavalla.

Henkilön täytyy olla Jumalan kanssa yhdeksi tullut henkilö jota Herra rakastaa ja jonka Herra takaa. Jaak 5:16 sanoo: *"Vanhurskaan rukous voi paljon, kun se on harras."* Jumalan rakastaman ja takaaman henkilön rukous voi herättää Jumalassa armoa ja myötätuntoa.

Tämä ei kuitenkaan tarkoita sitä että henkilö voi saada syntinsä maksetuksi rajoituksetta. Pääkohta tässä on se että avain syntien anteeksisaamiseen on henkilössä itsessään. 1. Joh. 1:7 sanoo: *"Mutta jos me valkeudessa vaellamme, niinkuin hän on valkeudessa, niin meillä on yhteys keskenämme, ja Jeesuksen Kristuksen, hänen Poikansa, veri puhdistaa meidät kaikesta synnistä."* Me voimme saada syntimme anteeksi Jeesuksen Kristuksen veren kautta vasta sitten kun me kadumme niitä perinpohjaisesti, käännymme niistä pois ja kuljemme kirkkaudessa.

Jumala ei anna meille anteeksi siitä huolimatta että Hänen rakastamansa ja takaamansa henkilö rukoilee meidän puolestamme jos me vain kuljemme pimeydessä katumatta ja kääntymättä.

Jumalan rukoileminen välittäjän kautta syntiemme anteeksi saamiseksi osoittaa Raamatun ymmärryksen puutetta, ja tämä on hyvin kaukana siitä mitä Jumala tahtoo.

Tyatiran kirkon Herralta saamat ylistys

Minä tiedän sinun tekosi ja rakkautesi ja uskosi ja palveluksesi ja kärsivällisyytesi ja että sinun viimeiset tekosi ovat useammat kuin ensimmäiset (Ilmestyskirja 2:19).

Jeesus sanoi Tyatiran kirkolle, että "Minä tiedän sinun tekosi ja rakkautesi ja uskosi ja palveluksesi ja kärsivällisyytesi ja että sinun viimeiset tekosi ovat useammat kuin ensimmäiset." Voisi luulla että tämä tässä on osa Herran kehuja mutta näin ei kuitenkaan ole. Kyse on vain siitä että heidän myöhemmät tekonsa olivat heidän aikaisempia tekoja suurempia. Toisin kuin Efeson kirkko joka sai Herralta toruja sen tähden että se oli menettänyt ensirakkautensa, Tyatiran kirkon teot suurenivat ajan kuluessa.

Tyatiran kirkon rakkaus, usko, palvelus ja kärsivällisyys

Aluksi heitä ylistettiin heidän tekemästään työstä. Tässä heidän työnsä eivät liity mitenkään mihinkään teollisuuteen tai liike-elämään vaan kyseessä ovat Herrassa tehdyt työt. Nämä teot ovat Jumalan kuningaskunnan eteen tehtyjä töitä ja ne pitävät sisällään kaiken Herran edestä tehdyt teot sielujen pelastaminen mukaanlukien.

Esimerkkejä näistä töistä ovat evankeliointi, vierailu, lähetystyö, hyväntekeväisyys, Jumalan antamille velvollisuuksille uskollisena oleminen sekä muiden palveleminen. Kirkon ainoa tarkoitus on sielujen pelastus ja Jumalan kuningaskunta. Osa ihmisistä tekee työtä jonkin liikeyrityksen parissa sanoen sen olevan Jumalan valtakunnan hyväksi mutta heidän sydämestään löytyvä todellinen motivaatio on heidän oma voitonhalunsa.

Jumala ei ilostu tämänkaltaisissa tapauksissa ja niin vaikeudet seuraavat tätä. Tämän tähden kirkosta ei pitäisi löytyä mitään mikä liittyy maailmalliseen liiketalouteen. Jumala ei myöskään ole mielissään siitä jos me keskustelemme maailmallisista liikeasioista kirkon sisällä.

Seuraavaksi mainitaan Tyatiran kirkon rakkaus. Meissä pitää olla rakkautta Herraa kohtaa ja tämän rakkauden tulee olla Herran meille näyttämää muuttumatonta rakkautta. Tämä on hengellistä ja aitoa rakkautta, ja vain sitä omaavat voivat kuulua

145

Jumalalle.

Jumala tahtoo että me rakastamme toisiaan (1. Joh. 4:7-8), ja tämä oli meille annettu uusi käsky. Meidän täytyy rakastaa Jumalaa ensin ja meidän tulee rakastaa naapureitamme kuin itseämme.

Tyatiran kirkko omasi myös uskoa. Usko liittyy suoraan totuudenmukaisuuteen. Ihminen ei voi uskoa muihin jos hän on itse sydämessään valheellinen. Vain totuudenmukaisen sydämen omaava ihminen voi nähdä ja tunnistaa muissa olevan totuuden ja luottaa ja uskoa heihin.

Sama koskee uskoa. Me voimme uskoa Jumalan sanaa, joka on totuus, niin paljon kuin meidän omassa sydämessämme on totuutta. Heprealaiskirje 10:22 sanoo: *"Käykäämme esiin totisella sydämellä, täydessä uskon varmuudessa."* Me voimme omata uskoa kun me omaamme vilpittömän sydämen.

Tyatiran kirkossa oli myös palvelua. Herra oli olemassa Jumalan muodossa mutta Hän ei kuitenkaan pitänyt yhdenvertaisuutta Jumalan kanssa tarpeellisena asiana (Fil. 2:6).

Mark. 10:45 sanoo: *"Sillä ei Ihmisen Poikakaan tullut palveltavaksi, vaan palvelemaan ja antamaan henkensä lunnaiksi monen edestä."* Jeesus tuli palvelemaan, ei tulemaan palveltavaksi.

Joten Jumalan lapsina meidän tulee ottaa Hänestä esimerkkiä ja palvella toisiamme. Jumalan tahtoma palvelu on kuitenkin palvelua joka tulee syvältä meidän sydämestämme ja joka voi suuntautua keneen tahansa. Meidän täytyy pitää muita meitä itseämme parempina kun me palvelemme heitä. Tällöin me voimme palvella sekä ulkoisesti että sydämemme pohjasta. Myös muut voivat tällöin kunnioittaa ja palvella meitä täydellä sydämellä.

Lopulta mainitaan Tyatiran kirkon kärsivällisyys. Matteus 7:13-14 sanoo: *"Menkää ahtaasta portista sisälle. Sillä se portti on avara ja tie lavea, joka vie kadotukseen, ja monta on, jotka siitä sisälle menevät; mutta se portti on ahdas ja tie kaita, joka vie elämään, ja harvat ovat ne, jotka sen löytävät."*

Taivaaseen johtava tie on kapea ja siten meidän pitää olla kärsivällisiä voidaksemme kulkea sitä pitkin. Meidän täytyy kamppailla syntejä vastaan aina veremme vuodatukseen saakka. Meidän pitää rukoilla ja paastota sekä olla uskollisia Jumalan kuningaskunnalle. Joskus me voimme joutua kärsimään Herran nimen tähden.

Me voimme kuvitella että meillä on hankalaa ja me voimme haluta levähtää jos meidän uskomme on heikkoa. Roomalaiskirje 8:18 kuitenkin sanoo: *"Sillä minä päätän, että tämän nykyisen ajan kärsimykset eivät ole verrattavat siihen kirkkauteen, joka on ilmestyvä meihin."* Me tiedämme kuinka suurta hedelmää me saamme kantaa kestettyämme kaikkia näitä asioita ja me voimme nousta jälleen ylös ja jatkaa kulkuamme kapealla tiellä.

Siitä hetkestä eteenpäin kun me seisomme uskon kalliolla me emme myöskään tunne että meidän on pakotettava itsemme kulkemaan tätä kapeaa polkua kärsivällisesti. Roomalaiskirje 5:3-4 sanoo: *"Ahdistus saa aikaan kärsivällisyyttä, mutta kärsivällisyys koettelemuksen kestämistä, ja koettelemuksen kestäminen toivoa."* Me olemme siis täynnä iloa ja kiitosta kaikissa tilanteissa. Me voimme kulkea taivaan tietä rauhallisin sydämin.

Jumala haluaa totuudenmukaisen sydämen ja todellista uskoa

Kuten jo aiemmin sanottiin, Herran aikaisempi Tyatiran kirkon kehuminen ei ollut oikeaa kehua. Tämä ei johtunut siitä etteikö heidän tekonsa, rakkautensa tai uskonsa olisi ollut Jumalan silmissä oikeita vaan siitä, että heidän myöhemmät tekonsa olivat aikaisempia suurempia.

Heidän myöhemmät tekonsa olivat aikaisempia suurempia ja heidän ulkoiset 'tekonsa' olivat suurempia. Herra halusi itse asiassa heidän ymmärtävän että heidän ulkoiset tekonsa olivat todella totuuden mukaisia.

Ulkoisesti heidän tekonsa kasvoivat suuremmiksi ja suuremmiksi mutta mikä oli näiden todellinen tarkoitus? Kyse ei ollut siitä että nämä teot olisivat olleet itsessään väärin. Kyse oli siitä että heidän piti tarkistaa oliko heidän tekojensa tarkoitus näyttää muille kuinka hyviä he itse olivat.

Ei ole tärkeää miltä me näytämme ulospäin. Ainoastaan se mitä meidän sydämessämme on ja se, että me toimimme aidossa uskossa on tärkeää. Me saatamme tehdä suuria tekoja Herran tähden ja omata rakkauden, uskon, palvelun ja kärsivällisyyden tekoja, mutta nämä teot eivät ole todellisia tekoja jos ne eivät virtaa sydämemme pohjukoista.

Me saatamme esimerkiksi auttaa avuntarpeessa olevia. Tämä ei kuitenkaan voi olla oikein sydämemme sisimpään katsovan Jumalan silmissä jos me teemme näin ainoastaan sen tähden että se tyydyttää meitä itseämme ja me ajattelemme: "Me teemme paljon näitä hyviä töitä! Tämä on rakkautta ja uskoa!"

On tapauksia joissa ihmiset näyttävät olevan uskollisia Jumalan työlle ja he vaikuttavat siltä että he elävät palavaa uskovaa elämää. Silti Jumala ei kuitenkaan tunnusta heitä. He tekevät paljon vapaaehtoistyötä, palvelevat muita ja tekevät hyviä töitä, ja tämän tähden he näyttävät uskollisilta kristillisiltä. On kuitenkin todennäköistä että he ovat lakanneet ympärileikkaamasta sydäntään.

He eivät työskentele Hengen täyteydessä tai unelmoi taivaasta, vaan sen sijaan he tekevät työtä lihallisella tunnollisuudella. Tietenkin meidän täytyy yrittää tehdä mahdollisimman paljon vapaaehtoistyötä ja olla aktiivinen kirkon eri osa-alueilla sillä meidän pitäisi luonnollisesti etsiä asioita jotka miellyttävät Jumalaa.

On kuitenkin tärkeämpää etsiä Jumalan armoa ja voimaa sydämemme pohjasta sekä muuttua hengellisemmäksi. Vasta sitten meidän vapaaehtoiset työmme ja palveluksemme voivat olla oikean uskon tekoja.

Usko ilman tekoja on kuollutta mutta teot ilman uskoa ovat merkityksettömiä. Kyseessä ei ole hengellinen usko eikä hengellinen kristillinen elämä jos me emme yritä hankkiutua eroon sydämessämme olevasta pahuudesta emmekä me hallitse elämäämme Pyhän Hengen teoissa. Tällöin ei ole mitään väliä sillä kuinka monia tekoja me olemme Herran nimessä tehneet.

Me voimme vaikuttaa uskollisilta työntekijöiltä ilman että me uskomme tai noudatamme sellaista sanaa joka ei pidä yhtä omien mielipiteidemme kanssa. Me emme pysty ymmärtämään Jumalan sydäntä tai tahtoa emmekä me pysty ymmärtämään hengellisesti syviä sanoja kun me kuuntelemme niitä. Me pysymme lihallisessa uskon tilassa. Tämän lihallisen uskon teot voivat kyllä olla ylistettäviä niille jotka näkevät vain ulkoiset teot mutta ei sydämet tutkivalle Jumalalle.

Jopa tänäkin päivänä me voimme elää ulkoisesti muiden silmissä tunnustettavaa kristillistä elämää joka ei ole kuitenkaan sydämen totuuden mukaista. Tämän tähden meidän tulee tarkistaa minkälaisen sydämen me itse omaamme. Jonkin aikaa sitten eräs koko elämänsä köyhien auttamiseen käyttänyt nunna kuoli. Hän sai Nobelin rauhanpalkinnon. Hän omisti koko elämänsä köyhien auttamiseen. Me voimme nähdä minkälaista uskon elämää hän eli kun me luemme hänen kirjoittamansa kirjeen. TIME-lehti kirjoitti että hän ei kertaakaan tuntenut Jumalan läsnäoloa koko sinä aikana jonka hän käytti köyhien auttamiseen. Näin oli hänen kuolemaansa saakka. Hän vertasi sydämen kipuja helvetin tuskaan ja hän epäili taivaan ja Jumalan olemassaoloa.

Ihmiset antoivat hänelle paljon tunnustusta ja ylistystä sen tähden että hän oli omistautunut köyhien auttamiselle. Hänen uskonsa ei kuitenkaan ollut sen kaltaista uskoa jonka Jumala voi tunnustaa. Tämän tähden hän ei voinut elää elämää Kristuksessa kohdaten elävän Jumalan ja saaden Häneltä vastauksia.

Meidän myöhäisempien tekojen tulee olla aikaisempia suurempia, ja samanaikaisesti meidän tulee myös omata totuuden ja todellisen uskon tekoja jotka Jumala voi tunnustaa.

Tyatiran kirkon Herralta saamat torut

Mutta se minulla on sinua vastaan, että sinä suvaitset tuota naista, Iisebeliä, joka sanoo itseään profeetaksi ja opettaa ja eksyttää minun palvelijoitani harjoittamaan haureutta ja syömään epäjumalille uhrattua. Ja minä olen antanut hänelle aikaa parannuksen tekoon, mutta hän ei tahdo parannusta tehdä eikä luopua haureudestaan. Katso, minä syöksen hänet tautivuoteeseen, ja ne, jotka hänen kanssaan tekevät huorin, minä syöksen suureen ahdistukseen, jos eivät tee parannusta ja luovu hänen teoistansa; ja hänen lapsensa minä tappamalla tapan, ja kaikki seurakunnat saavat tuntea, että minä olen se, joka tutkin munaskuut ja sydämet; ja minä annan teille kullekin tekojenne mukaan (Ilmestyskirja 2:20-23).

Tyatiran kirkolla oli lihallista innostusta ja uskollisuutta mutta he eivät olleet tunnollisia sydämensä ympärileikkaamisen suhteen. Tämän tähden he tekivät syntiä syömällä epäjumalille uhrattua ruokaa ja väärät Iisebelin kaltaiset profeetat pettivät heitä. Herra torui heitä tästä.

Tyatiran kirkko hyväksyi itsensä profeetaksi julistaneen Iisebelin

Iisebel oli siidonilaisten kuninkaan tytär 9. vuosisadalla eKr. Hän meni naimisiin Aahabin, Israelin kuninkaan kanssa. Mennessään Aahabin kanssa naimisiin hän toi mukanaan epäjumalia Israeliin. Myöhemmin kuningas Aahab sekä muut hänen alaiset ja kansalaiset tahraantuivat epäjumalanpalveluksen tähden.

Jumalan mies Elia toi taivaalta tulen alas maahan ja sai aikaan sadetta Jumalan voimalla, mutta tästä huolimatta nämä ihmiset eivät katuneet vaan yrittivät sen sijaan tappaa Elian. Iisebel teki monia pahoja asioita ja sai myös kuningas Aahabin ottamaan osaa näihin kavaliin suunnitelmiin. Iisebel kasasi pahuutta pahuuden päälle kunnes hän lopulta kohtasi kurjan kuoleman aivan kuten profeetta Elia oli ennustanut.

Jumala kirosi myös kuningas Aahabin ja myös hän koki kurjan kuoleman taistelukentällä.

Myös Israel kärsi monia koettelemuksia Iisebelin tähden. Maassa ei satanut kolmeen ja puoleen vuoteen. Jumala oli kääntänyt kasvonsa heistä sillä he olivat Iisebelin syntien tahraamia (1. Kun. 17:1; Jaak. 5:17).

Tyatiran kirkko sieti Iisebelin synnin lähdettä kirkossa ja myös he tulivat tämän synnin tahramaksi.

2. Korinttolaiskirje 6:14-16 sanoo: *"Älkää antautuko kantamaan vierasta iestä yhdessä uskottomien kanssa; sillä mitä yhteistä on vanhurskaudella ja vääryydellä? Tai mitä yhteyttä on valkeudella ja pimeydellä? Ja miten sopivat yhteen Kristus ja Beliar? Tai mitä yhteistä osaa uskovaisella on uskottoman kanssa? Ja miten soveltuvat yhteen Jumalan temppeli ja epäjumalat? Sillä me olemme elävän Jumalan temppeli, niinkuin Jumala on sanonut: 'Minä olen heissä asuva ja vaeltava heidän keskellään ja oleva heidän Jumalansa, ja he ovat minun kansani.'"*

Jumala varoittaa lapsiaan Raamatussa monta kertaa siitä että heidän ei pidä liittyä yhteen pahojen ihmisten kanssa. Meidän ei pidä myöskään sietää maailmaan suuntaa. Meidän ei pidä sietää totuuden kiusaamista.

Me tulemme kärsimään koettelemuksista ja vaikeuksista kun me olemme liittoutuneet yhteen Jumalaa vastustavien ihmisten kanssa yksityiselämässämme esimerkiksi avioliiton tai liikeyrityksen kautta. Yritimme me sitten kuinka kovasti tahansa, myös meidän uskomme seestyy ja me saatamme tulla maailman kiusaamaksi jos me olemme sidottuja Jumalaa vastustaviin ihmisiin.

Jos toinen kahdesta saman ikeen alla olevasta härästä yrittää kävellä muualle tai laiskistuu, tämä toinen härkä ei voi jatkaa matkaansa alkuperäiseen kohteeseen yritti se sitten kuinka kovasti tahansa. Samalla tavalla meidän hengellisen kasvumme joutuu vaikeuksiin ja meillä on ongelmia siunausten saamisen kanssa jos me sidomme itsemme ihmisiin jotka eivät ole Jumalan silmissä kunnollisia.

Tämä ei tarkoita että meidän tulisi välttää ehdottomasti kaikkia kotonamme tai työpaikallamme olevia ihmisiä jotka eivät usko Jumalaan, mutta meidän ei pidä tehdä sitä virhettä että me sietäisimme Iisebelin kaltaisia ihmisiä ja sitoisimme itsemme heihin.

Tyatiran kirkkoa toruttiin epäjumalille uhratun ruuan syömisestä

Herra torui kirkkoa koska se sieti itseään profeetaksi kutsuvaa Iisebeliä ja koska sen jäsenet tekivät moraalittomia tekoja ja söivät epäjumalille uhrattua ruokaa.

Tässä 'epäjumalille uhrattu ruoka' ei tarkoita ainoastaan sen kirjallista merkitystä. Se on enemmänkin varoitus niistä erilaisista pahoista teoista jotka liittyivät ja seurasivat epäjumalille uhratun ruuan syömistä. He ottivat osaa jopa epäjumalia palvovien moraalittomiin menoihin. Tämä oli paljon vakavampi ongelma.

Apostolien tekojen 15. luku kertoo kuinka apostolit ja vanhemmat opastivat evankeliumin hyväksyneitä ei-juutalaisia pidättäytymään epäjumalille uhratusta ruuasta ja verestä, kuristetuista eläimistä sekä haureuden tekemisestä.

Tuohon aikaan juutalaiset kasvoivat tiukan Lain mukaisen elämän oppien alla. Heille ei ollut vaikeaa pidättäytyä sellaisista asioista jotka Jumala oli heiltä kieltänyt. Ei-juutalaisille koko Lain pitäminen ei ole kuitenkaan helppoa. Joten apostolien kokouksessa he päättivät antaa ei-juutalaisille hieman vapautta muutamia asioita lukuunottamatta.

He kielsivät heitä pidättäytymästä epäjumalille uhratuista asioista sen tähden että tämä epäjumalien palveleminen ja muut siihen liittyvät synnit saattaisivat tahrata heidät jos he olisivat näiden asioiden kanssa läheisissä tekemisissä. 1. Tim. 4:4 kuitenkin sanoo: *"Sillä kaikki, minkä Jumala on luonut, on hyvää, eikä mikään ole hyljättävää, kun se kiitoksella vastaanotetaan."*

Joten me emme voi sanoa että epäjumalille uhratun ruuan syöminen on itsessään selvästi syntiä jos me emme ota osaa näiden epäjumalien palvontaan. Ruoka oli epäjumalien edessä mutta koska kaikki ruoka on Jumalan antamaa sillä ei ole mitään väliä niin kauan kun me syömme sitä uskossa.

1. Korinttolaiskirje 8:7 sanoo kuitenkin seuraavasti: *"Tottumuksesta epäjumaliin muutamat vielä nytkin syövät uhrilihaa ikäänkuin epäjumalille uhrattuna, ja heidän omatuntonsa, joka on heikko, tahraantuu siitä."* Toisin sanoen, sellaisen henkilön omatunto, joka heikkoa uskoa omaten syö epäjumalille uhrattua ruokaa pitäen sitä syntinä tulee tahriintumaan tästä sillä hän tekee tahallaan jotakin mitä hän pitää syntinä. 1. Korinttolaiskire 8:10 kuuluu seuraavasti: *"Sillä jos joku näkee sinun, jolla on tieto, aterioivan epäjumalan huoneessa, eikö hänen omatuntonsa, kun hän on heikko, vahvistu epäjumalille uhratun syömiseen?"* Heikon uskon omaava henkilö voi luulla että epäjumalille uhratun ruuan syöminen on sopivaa jos hän näkee että heidän silmissään vahvan uskon omaava henkilö syö epäjumalalle pyhitetyssä temppelissä. Hän saattaa ottaa osaa yhä suurempiin synteihin jos myös hän alkaa syömään epäjumalille uhrattua ruokaa asiaa ajattelematta.

Meidän on siis parempi olla syömättä tätä ruokaa vaikka meidän oma uskomme olisikin tarpeeksi vahva voidaksemme syödä epäjumalille uhrattua ruokaa, sillä tämä saattaa aiheuttaa heikompien uskonveljiemme lankeemuksen.

Moraalittomuuden ja epäjumalille uhrattujen asioiden hengellinen merkitys

Moraalittomat teot ja epäjumalille uhrattujen asioiden

syöminen ei viittaa vain fyysisiin tekoihin. Hengellisessä mielessä me palvomme Jumalan vihaamia epäjumalia jos me Jumalan lapsina rakastamme jotakin Jumalaa enemmän. Tämä on hengellistä moraalittomuutta.

Hengellisesti me syömme epäjumalille uhrattuja asioita kun me liitymme yhteen sellaisten ihmisten kanssa jotka kiusaavat uskovia lankeamaan maailmallisiin iloihin ja jahtaamaan epätotuutta ja kun me otamme osaa heidän tekoihina. Tyatiran kirkko sieti Iisebeliä, ja tämän tähden he alkoivat lopulta sietämään kirkossa myös hengellistä moraalittomuutta ja epäjumalanpalvelusta. Tämän tähden Herra torui heitä.

Useat käsityölaiskillat olivat pitkälle kehittyneitä Tyatiran kaupungissa ja kirkon jäsenet olivat aina kiusattuja palvomaan epäjumalia näiden kiltojen kautta. Kaikki heidän työtoverinsa ja puolisonsa palvoivat vääriä jumalia taatakseen liikeyrityksensä menestyksen. Kirkon jäseniä saatettiin vihata tai vainota jos he eivät ottaneet osaa näihin toimintoihin. Kuvitelkaamme, että mies joka kutsuu itseään uskonveljeksi Kristuksessa saapuu heidän luokseen ja kiusaa heitä tietäessään heidän olevan tuskissaan.

"Sinä et usko tähän jumalaan sydämessäsi. Kaikki tulee olemaan hyvin kunhan sinä olet kumartanut sen edessä kerran. Älä ole ainoa joka toimii tällä tavalla. Jumala on rakkaus."

"Sinä saatat vaikuttaa oudolta jos sinä olet tällä tavalla uppiniskainen ja rikot rauhan naapureidesi kanssa. Tämä vähentää Jumalan kirkkautta etkä sinä pysty evankelioimaan ketään. Eikö sinun mielestäsi olisikin viisasta kumartaa tämän jumalan edessä edes yhden ainoan kerran voidaksesi sitten evankelioida näitä ihmisiä?"

Tietäen että tämä ei ole totuuden mukaista jotkut ihmiset kuitenkin pitävät tätä oikeutettuna ja jopa houkuttelevat muita samaan Iisebelin tavoin. Mitä jos nämä ihmiset olisivat kirkon johtajia tai pastoreita?

Kuvittele, että joku saapuu luoksesi ja sanoo: "Seiskäämme Jumalaa vastaan. Tehkäämme pahoja asioita." Sinä olisit varuillasi ja yrittäisit välttää tätä henkilöä jos sinussa olisi edes hieman uskoa. Heikon uskon omaavat voivat kuitenkin tulla petetyiksi jos henkilö tunnustaa ulkoisesti uskovansa Jumalan sanaan ja sanoo: "Minä kommunikoin Jumalan kanssa. Minä olen profeetta ja Jumalan palvelija."

Jos hän on todella Jumalan profeetta, niin todistus siitä että Jumala on hänen kanssaan on aina läsnä. Hänessä täytyy olla Pyhän Hengen kirkkaus ja sen hyvyyden, rakkauden, uhrautuvaisuuden ja lempeyden kaltaisia hedelmiä. Hänellä täytyy myös olla valta ja voima joiden avulla hän voi näyttää että Jumala takaa hänet.

Pyhän Hengen tekojen johtamat ihmiset voivat tunnistaa todellisen profeetan hänen hedelmistään vaikka hän ei kutsukaan itseään profeetaksi. Kun väärä profeetta kuitenkin kutsuu itseään profeetaksi niin kuin Iisebel, hänen todellinen henkilöllisyytensä paljastuu.

5. Moos. 18:22 sanoo: *"Kun profeetta puhuu Herran nimessä, ja kun se, mitä hän on puhunut, ei tapahdu eikä käy toteen, niin sitä sanaa Herra ei ole puhunut; julkeuttaan se profeetta on niin puhunut; älä pelkää häntä."*

Syitä siihen että meidän pidä hyväksyä vääriä profeettoja

Itseään profeetaksi kutsuva mutta muita pahoin sanoin mustamaalaava ja tuomitseva, arvosteleva ja omaa etuaan valhein ajava ja ihmisten välejä rikkovat henkilö on väärä profeetta. Väärä profeetta aiheuttaa kirkolle ja sen jäsenille ongelmia kavaline juonineen, suunnitelmineen ja temppuineen.

Hän ei ohjaa ihmisiä rakastamaan Jumalaa. Sen sijaan hän istuttaa heidän mieleensä lihallisia ja maailmallisia ajatuksia ja siten saa ihmiset seuraamaan lihallisia teitä.

Seurustellessamme tämänkaltaisten ihmisten kanssa me itsekin tahraannumme epätotuudesta itse sitä kuitenkaan ymmärtämättä. Joten kirkon ei pidä koskaan sietää Iisebelin kaltaista henkilöä eikä sen pidä koskaan antautua kiusaukselle tehdä väärän profeetan kanssa syntiä.

Todellisen paimenen täytyy vain sietää ja johdattaa laumaansa rakkaudella jos yksi sen jäsenistä ei noudata ohjeita ja aiheuttaa vaikeuksia kutsumalla itseään profeetaksi.

Matteus 18:15-17 selittää kuinka meidän pitää suhtautua kirkossamme vaikeuksia aiheuttaviin ihmisiin.

Mutta jos veljesi rikkoo sinua vastaan, niin mene ja nuhtele häntä kahdenkesken; jos hän sinua kuulee, niin olet voittanut veljesi. Mutta jos hän ei sinua kuule, niin ota vielä yksi tai kaksi kanssasi, 'että jokainen asia vahvistettaisiin kahden tai kolmen todistajan sanalla.' Mutta jos hän ei kuule heitä, niin ilmoita seurakunnalle. Mutta jos hän ei seurakuntaakaan kuule, niin olkoon hän sinulle, niinkuin olisi pakana ja publikaani.

Meidän täytyy seurata tätä järjestystä. Meidän pitää antaa hänelle anteeksi ja peittää hänen menneet rikokset jos hän katuu. Jos hän ei kuitenkaan kadu vaan jatkaa polullaan loppuun saakka, meidän ei pidä jättää häntä häiritsemään kirkkoa ja himmentämään Jumalan kirkkautta.

Samanaikaisesti meidän pitää tehdä tämä Herran sydämellä, Herran, joka ei särje murskattua ruokoa tai sammuta savuttavaa lamppua.

161

Jumala antaa tilaisuuksia katua

Ihminen ei kohtaa rangaistusta saman tien kun hän tekee syntiä ja toimii väärin Jumalan silmissä. Jumala antaa hänelle tilaisuuden ymmärtää syntinsä, katua ja kääntyä siitä pois joko saarnastuolista saarnatun sanan avulla tai Pyhän Hengen töiden kautta.

Hän kuitenkin saa rangaistuksensa Saatanan syytösten kautta jos hänen sydämensä no yhä kovettunut eikä hän käänny pois synnistään siitä huolimatta että hänelle on annettu tilaisuus ymmärtää tekonsa. Tämä alkaa kevyellä rangaistuksella. Hän saa yhä useampia ja ankarampia rangaistuksia jos hän ei käänny pois synnistään.

Tästä oli myös kyse kymmenestä vitsauksesta jotka kohtasivat Egyptiä Exoduksen aikana. Aluksi kaikki Niilin vesi muuttui vereksi niin että ihmiset eivät pystyneet juomaan sitä. Tätä seurasi sammakoiden vitsaus jotka tunkeutuivat joka paikkaan, jopa ruoka-astioihin.

Nämä vitsaukset olivat piinaavia ja hermoja raastavia mutta niiden aiheuttamat vahingot eivät kuitenkaan olleet sellaisia etteikö niistä olisi voitu toipua hyvin nopeasti. Kaikki olisi ollut hyvin jos faarao olisi muuttanut mielensä, mutta heti kun vitsaukset vedettiin pois hän kuitenkin muutti mielensä ja niskoitteli jatkuvasti Jumalan tahtoa vastaan. Niin hänen täytyi kokea lisää ankarampia vitsauksia.

Näihin vitsauksiin kuuluivat esimerkiksi paiseiden ja ruton

vitsaukset. Hän koki rakeiden ja heinäsirkkojen vitsauksia. Hän joutui kärsimään suunnattomia taloudellisia tappioita. Faarao ei kuitenkaan muuttanut mieltään. Lopulta kaikki Egyptin esikoiset kuolivat faaraon oma esikoispoika sekä hänen palvelijoidensa, orjien ja jopa karjan esikoiset mukaanlukien. Silti faaro ei katunut ja niin hän tuli lopulta haudatuksi Punaiseen mereen.

Sananlaskut 3:11 sanoo: *"Poikani, älä pidä Herran kuritusta halpana äläkä kyllästy hänen rangaistukseensa."* Pyhä Henki suree kun Jumalan lapset välttävät Jumalan tahtoa. He menettävät sydämensä rauhan ja tuntevat levottomuutta.

Jumala antaa myös erilaisia merkkejä jotta he voisivat ymmärtää tämän. Hän kuitenkin sallii heidän kohdata rangaistuksia jos he eivät kuitenkaan ymmärrä tekojaan. He voivat loukkaantua, joutua onnettomuuteen tai kohdata katastrofin. Heillä saattaa olla ongelmia perheensä tai liikeyrityksensä kanssa. He saattavat kärsiä taloudellisia tappioita.

Me olemme Jumalan lapsia. Tämän tähden Jumala kurittaa meitä kun me loittonemme totuudesta jotta me voisimme taas kulkea oikeaa polkua. Jos meitä ei rangaista synneistämme meillä ei ole mitään tekemistä Jumalan kanssa. Tämä on paljon pelottavampaa kuin mikään rangaistus (Heprealaiskirje 12:8).

Joten meidän ei pidä lannistua tai antaa periksi jos meitä rangaistaan syntiemme tähden, vaan sen sijaan meidän tulisi antaa kiitosta sydämemme pohjasta ja kääntyä pois mahdollisimman nopeasti. Tällöin Jumalan laupeus ja armo antavat meille anteeksi. Hän pelastaa meidät koettelemuksilta ja suojelee meitä vitsauksilta. Hän sallii meidän elää taas Hänen rauhassaan ja suojeluksessaan.

Tilanne jossa me emme voi enää kääntyä takaisin

Me tulemme kuitenkin korjaamaan mitä me olemme tämän maan päällä tehneet jos me emme käänny pois edes silloin kun Jumala antaa meille tilaisuuden katua rangaistuksen kautta. Viimeisenä päivänä meidät tuomitaan ikuiseen kuolemaan.

Myös Tyatiran kirkko sai tilaisuuden katua. He eivät kuitenkaan kääntyneet synneistään ja niin heidän täytyi kokea ankaria koettelemuksia. Ilmestyskirja 2:22 sanoo: *"Katso, minä syöksen hänet tautivuoteeseen, ja ne, jotka hänen kanssaan tekevät huorin, minä syöksen suureen ahdistukseen, jos eivät tee parannusta ja luovu hänen teoistansa."*

Yleensä vuoteet auttavat ihmisiä rentoutumaan ja tuntemaan olonsa mukavammaksi, ja ne saavat ihmiset haluamaan asettua niiden päälle makaamaan. Hengellisesti tämä vuode on kuitenkin paikka missä Iisebel tekee vastenmielisiä asioita. Se on Jumalan välttämä ja Hänelle vastenmielinen paikka. Ilmaus 'syöstä tautivuoteeseen' tarkoittaa että Herra tulee olemaan vihainen niille pahoille ihmisille jotka eivät käänny pois edes sen jälkeen kun heille on annettu mahdollisuus kääntyä teoistaan. Tämä tarkoittaa sitä että Herra tulee heittämään heidät kauheiden koettelemusten tilaan.

Joskus pahantekijät vaikuttavat siltä että he saavat nauttia vauraudestaan sillä rangaistukset tai vaikeudet eivät kohtaa heitä heti saman tien. Jotkut sanovat: "Jos Jumala on todella elossa, niin miten Hän voi jättää näin pahan miehen rauhaan?", ja niin he valittavat.

Psalmi 37:1-2 sanoo: *"Älä vihastu pahain tähden, älä kadehdi väärintekijöitä Sillä niinkuin heinä heidät pian niitetään pois, ja he lakastuvat niinkuin vihanta ruoho."* Psalmi 37:10 sanoo lsäksi seuraavasti: *"Hetkinen vielä, niin jumalatonta ei enää ole; kun hänen sijaansa katsot, on hän jo poissa."*

Tämän mukaisesti voi näyttää jonkin aikaa siltä kuin pahantekijät kukoistaisivat ja he eläisivät mukavuudessa kuin vuoteella maaten. He tulevat kuitenkin kohtaamaan rangaistuksen heti kun heidän pahuutensa ylittää tietyn oikeudenmukaisuuden rajan.

Joskus tuntuu siltä kuin heitä ei rangaistaisi ollenkaan ja että he saavat elää rauhallisen elämän. Lopulta heidät kuitenkin heitetään ikuisen kuoleman tuleen helvetissä. Heitä ei voida tällöin kutsua enää vauraiksi.

Vuode, johon Iisebel heitettiin, saattoi näyttää mukavalta

niiden silmissä jotka eivät ole tästä tietoisia, ja niin he voivat antaa periksi kiusauksille ja tehdä yhdessä syntiä. Tämänkaltaisille ihmisille Herra sanoo: "Ne, jotka hänen kanssaan tekevät huorin, minä syöksen suureen ahdistukseen jos eivät tee parannusta ja luovu hänen teoistansa."

Mitä sitten 'suuri ahdistus' tarkoittaa tässä? Se tarkoittaa joko lopullista pelastumatta jäämisen rangaistusta ja helvettiin lankeamista tai seitsemänvuotisen Suuren ahdistuksen kokemista kaikille niille jotka todistavat Herran paluun.

Jumala tuomitsee oikeudenmukaisesti

On kuitenkin tapauksia joissa henkilön synti ei tuo mukanaan vain henkilökohtaisia koettelemuksia vaan paljon suuremman mittakaavan seuraamuksia.

Ensinnäkin, koko maa voi kärsiä koettelemuksia sen johtajan syntien tähden. Toisekseen koko kirkko voi joutua kärsimään koettelemuksia jos sen pastori, kirkon pää, ei ole Jumalan silmissä kunnollinen. Kolmanneksi, koko perhe voi joutua koettelemusten kouriin jos yksi sen perheenjäsenistä tekee syntiä.

Iisebelin tapaus sopii kaikkiin näihin kolmeen edellämainittuun tapaukseen. Iisebel oli kuin maan äiti. Hän kiusasi aviomiestään, joka oli kuningas, sekä hänen alaisiaan ja kansaansa tekemään syntiä. Hän teki epäjumalanpalvelijoista uskonnollisia johtajia. Tämän tähden koko maa joutui kärsimään suurista koettelemuksista kolme ja puoli vuotta kestäneen kuivuuden muodossa. Iisebel itse kohtasi kurjan ja traagisen lopun.

Tästä me näemme että maa ei joudu sotaan tai kärsi onnettomuuksista ilman syytä. Tämä kaikki tapahtuu oikeudenmukaisuuden lain mukaisesti. Tämä sama on totta myös työpaikkojen ja kirkkojen suhteen.

Meidän tulee siis muistaa, että mitä korkeamman aseman me saavutamme, sitä enemmän vastuuta meidän pitää hyväksyä sekä kirkossa että maailmassa. Keho nauttii vauraudesta kun sen pää on hereillä ja rukoilee. Mahdollisesti kohtaamamme koettelemuksetkin katoavat tällöin nopeasti.

Jumala tutkii jokaisen sydämen perukat palavilla silmillään ja siten kukaan ei voi pettää Häntä. Iisebelin kaltaiset sekä hänen tekoihinsa osallistuvat ihmiset tulevat varmasti saamaan oikeudenmukaisen rangaistuksensa.

Ilmestyskirjan jakeessa 2:23 Herra sanoo näin: *"Ja hänen lapsensa minä tappamalla tapan, ja kaikki seurakunnat saavat tuntea, että minä olen se, joka tutkin munaskuut ja sydämet; ja minä annan teille kullekin tekojenne mukaan."*

Varoitus siitä, että 'minä tappamalla tapan hänen lapsensa', tarkoittaa myös että rangaistus tai koettelemus seuraa oikeudenmukaisesti. Se ei tarkoita aina sitä että tämä rangaistus tai koettelemus kohtaa juuri lapsia.

Henkilön syntien johdosta hänelle rakas aviomiehen tai vaimon kaltainen perheenjäsen saattaa kohdata vaikeuksia tai kärsimystä taloudellisten ongelmien tai sairauksien muodossa. Jumalan oikeudenmukaisuus tulee paljastumaan näiden tuomioiden kautta niin että ihmiset tulevat ymmärtämään selvästi että Jumala tutkii tekojen lisäksi ihmisten mielen, tahdon ja sydämen.

Tietenkin Jumala antaa meidän ymmärtää eri lähteiden kautta meissä olevat vikamme. Hän varoittaa meitä sekä saarnatun sanan että odottamattomien ihmisten tai tapahtumien kautta.

Me voimme tuntea että Jumala tutkii meidän sydämemme ja mielemme ja että Hän toimii puolestamme pienimmissäkin asioissa niin kauan kun meillä on hengelliset korvat joilla kuunnella Häntä. Sananlaskut 15:3 sanoo: *"Herran silmät ovat joka paikassa; ne vartioitsevat hyviä ja pahoja"* ja Psalmi 139:3 sanoo: *"Käynpä tahi makaan, sinä sen havaitset, ja kaikki minun tieni ovat sinulle tutut."*

Kaikkivaltias Jumala tuntee meidän sanojemme ja tekojemme lisäksi myös meidän kaikkien sydämet. Me emme voi salata yhtä ainoaa pahansuopaa kasvonilmettämmekään. Pieninkin salassa tekemämme hyvyyden teko tulee paljastumaan Tuomion päivänä.

Meidän pitää siis kiinnittää huomiota sydämemme tutkivan Jumalan ääneen ja olla hereillä niin että me emme seuraisi Iisebelin opetuksia.

HERRAN TYATIRAN KIRKOLLE ANTAMAT NEUVOT JA LUPAUKSET

Mutta teille muille Tyatirassa oleville, kaikille, joilla ei ole tätä oppia, teille, jotka ette ole tulleet tuntemaan, niinkuin ne sanovat, saatanan syvyyksiä, minä sanon: en minä pane teidän päällenne muuta kuormaa; pitäkää vain, mitä teillä on, siihen asti kuin minä tulen. Ja joka voittaa ja loppuun asti ottaa minun teoistani vaarin, sille minä annan vallan hallita pakanoita, ja hän on kaitseva heitä rautaisella valtikalla, niinkuin saviastiat heidät särjetään -niinkuin minäkin sen vallan Isältäni sainja minä annan hänelle kointähden. Jolla on korva, se kuulkoon, mitä Henki seurakunnille sanoo (Ilmestyskirja 2:24-29).

Jumala on oikeudenmukainen Jumala joka palkitsee tekomme

oikeudenmukaisesti. Samanaikaisesti Hän on rakkauden Jumala joka on pitkämielinen hyvinkin kauan aikaa.

2. Piet. 3:9 sanoo: *"Ei Herra viivytä lupauksensa täyttämistä, niinkuin muutamat pitävät sitä viivyttelemisenä, vaan hän on pitkämielinen teitä kohtaan, sillä hän ei tahdo, että kukaan hukkuu, vaan että kaikki tulevat parannukseen."*

Herran Tyatiran kirkolle antama neuvo pitää sisällään Jumalan sydämen. Herra ei hylännyt katumatonta Tyatiran kirkkoa vaan sen sijaan ohjasti heitä uudelleen.

Katumattoman Tyatiran kirkon saama opastus

Tyatiran kirkon 'kaikki, joilla ei ole tätä oppia' viittaa niihin tuoreisiin uskoviin jotka eivät elä vielä Jumalan sanan mukaan. He kuuntelevat tunnollisesti Jumalan sanaa mutta eivät vielä omaa tarpeeksi vahvaa uskoa sen pitämiseen.

Herra sanoo että he eivät ole tunteneet Saatanan syvyyksiä. Nykyajan kielellä tämä viittaa niihin jotka osallistuvat yhä epäjumalanpalvelukseen ymmärtämättä sen olevan Saatanan tekoja.

Jokaisella maalla on omat lakinsa ja säädöksensä. Kaikki on hyvin niin kauan kun niitä noudatetaan. Ihmiset voivat kuitenkin rikkoa niitä ja saada tästä rangaistuksen jos he eivät ole niistä tietoisia. Sama koskeen hengellistä maailmaa. Me voimme antaa periksi Saatanan kiusauksille ja rikkoa Jumalan lakia jos me emme ole tietoisia tämän lain sisällöstä.

Tämän hintana me saamme rangaistuksen. Saamamme rangaistus kuitenkin vaihtelee sen mukaan millä uskon tasolla me olemme vaikka itse synti olisikin sama. Esimerkiksi tuoreen uskovan ja huomattavan määrän uskoa omaavan henkilön tekemän synnin vakavuus ei ole sama vaikka he molemmat olisivat tehneet saman synnin rikkomalla sapattia vastaan.

Se, että uskon ihminen tuomitsee ja juoruilee on täysin eri asia kuin jos tuore, totuutta vielä tuntematon, uskova tekisi saman. Uskon mies tietää varmasti että toisten tuomitseminen ja juoruilu ovat suurta syntiä, sillä tämänkaltaisessa tilanteessa ihmisestä tulee itsestään tuomari. Saatana tulee syyttämään häntä tästä yhä ankarammin jos hän silti tekee tätä syntiä.

Myös hengellisessä maailmassa on eri syvyyksiä ja samalla tavalla Saatanan työt vaihtelevat tämän syvyyden mukaan. Tuoreet uskovat eivät kuitenkaan tiedä tästä syvästä hengen maailmasta. Tämän tähden Herra sanoo että he eivät tunne Saatanan syvyyksiä.

Syy siihen että Tyatiran kirkko ei katunut

Tyatiran kirkon jäsenet olivat uskon alemmilla tasoilla. He eivät tunteneet Saatanan syvyyksiä eivätkä heidän hengelliset silmänsä olleet vielä avoimia. He kuulivat sanaa mutta eivät pystyneet sulattamaan sitä. Heillä ei ollut tarpeeksi voimaa elää sen mukaisesti. Tämän tähden he rakastivat yhä maailmaa vaikka he tunnustivat rakastavansa Jumalaa. He eivät asettaneet aikaisempaa itseään syrjään vaan tekivät pimeyden kanssa kompromisseja.

Ihmisen fyysisen kasvun vaiheisiin verrattuna nämä ihmiset olivat kuin vauva jota syötetään maidolla tai puurolla. Tämän tähden Herra sanoi Tyatiran kirkolle, että: *"En minä pane teidän päällenne muuta kuormaa"* (jae 24). Hän lisäsi tähän, että: *"Pitäkää vain, mitä teillä on, siihen asti kuin minä tulen"* (jae 25).

Herra ei pyydä heitä saavuttamaan syvempää hengellistä tasoa tulemalla pyhittyneeksi tai saamalla voimaa. Hän sanoo heille että heidän tulee pitää se mitä heillä nyt on, eli uskon nykyinen taso, niin että he voivat saavuttaa pelastuksen (1. Korinttolaiskirje 3:1-2).

Me ei pidä käsittää väärin ja luulla että me voimme pysytellä uskomme nykyisellä tasolla. Jos me laiskistumme ja ajattelemme, että: "Nyt kaikki on hyvin. Minä voin nyt levätä", on kuin jos me lakkaisimme soutamasta venettä joka on menossa virtaa vasten.

Me olemme hyvin lähellä aikojen loppua, ja niin meidän tulee ymmärtää että tämä tulee johtamaan dramaattiseen seestymiseen jos me olemme mielessämme laiskoja ja haluamme vain pitää kiinni uskovan elämämme nykyisestä tasosta.

Herran Tyatiran kirkolle antama lupaus

Herra opasti Tyatiran kirkon jäseniä joiden usko oli pienten lasten uskon kaltaista. Hän myös antoi heille lupauksen. Hän sanoi: *"Ja joka voittaa ja loppuun asti ottaa minun teoistani vaarin, sille minä annan vallan hallita pakanoita"* (jae 26).

Ensinnäkin, 'voittaja' viittaa epätotuuden, pahuuden ja pimeyden päihittämiseen Jumalan sanan pitämisen ja sen mukaan elämisen avulla.

'Minun tekoni' viittaavat Herran tekoihin. Hänen tekojensa pitäminen tarkoittaa että me noudatamme Jumalan sanaa Jeesuksen tavoin ja että me laajennamme Jumalan kuningaskuntaa sieluja pelastamalla.

Herra sanoo: "Sille minä annan vallan hallita pakanoita." Tämä on paholais-vihollisen ja Saatanan hallitsemiseksi. Saatanalla on valta hallita maailman kansoja.

Jumala loi taivaat ja maan sekä ensimmäisen ihmisen, Aatamin. Tämän jälkeen Jumala antoi Aatamille vallan hallita kansoja (Genesis 1:28). Saatana kuitenkin houkutteli Aatamin niskoittelemaan Jumalaa vastaan ja niin Aatamin valta luovutettiin Saatanalle.

Tämä valta on annettu Saatanalle tietenkin vain tilapäisesti ihmisten kasvatuksen ajaksi. Sitä ei pystytä käyttämään meitä vastaan jotka uskomme Herraan ja joista on tullut Jumalan lapsia.

Jeesus kuitenkin saapui tämän maan päälle. Hänet naulattiin ristille ja Hän vuodatti kaiken verensä. Hän nousi kuolleista kolmantena päivänä ja tällöin mursi kuoleman vallan. Hän pelasti meidät paholaisen vallasta. Jeesuksen Kristuksen Pelastajakseen tunnustavat saavat oikeuden tulla Jumalan lapseksi ja siten heidät voidellaan Jumalan lapsiksi ja vapautetaan paholaisesta (Joh. 1:12).

Jumalan lapsiksi tultuaan he eivät enää ystävysty paholaisvihollisen ja Saatanan vallan alla olevan pimeyden kanssa, vaan elävät Jumalan sanan mukaisesti kirkkauteen kuuluvassa totuudessa. He tekevät näin ollakseen voittoisia ja pitääkseen Herran teot ylläolevan mukaisesti.

Paholainen yrittää kuitenkin kaikin mahdollisin tavoin estää meitä elämästä totuudessa niin että me lankeasimme taas takaisin tähän maailmaan. Paholainen istuttaa meihin epäilyksen niin että me emme voi omata uskoa. Tämä saa meidät rakastamaan maailmaa enemmän kuin Jumalaa. Se häiritsee meitä monella tavalla.

Ajettuamme paholaisen pois ja eläessämme sanan mukaisesti me voimme päihittää paholais-vihollisen kerran toisensa jälkeen.

Mitä täydellisemmin me elämme sanan mukaisesti sitä enemmän meille annetaan taivaasta valtaa ja voimaa. Tällöin me voimme hallita helposti paholais-vihollista ja Saatanaa, maailman hallitsijaa. Mikään paha ei voi koskea meihin kun me elämme täysin sanan mukaan, heitämme pois kaiken pahan ja saavutamme pyhittymisen (1. Joh. 5:18).

Tapaus jonka Jumala tulee tuomitsemaan

Pimeyden ruhtinasta vastaan hävinneet tulevat elämään paholaisen vallan alla. Heistä tulee Saatanan orjia erityisesti silloin jos he seuraavat nikolaiittojen, Beliamin tai Iisebelin oppeja. He tulevat kohtaamaan pelottavan tuomion. Näin Herra sanoo Ilmestyskirjan jakeessa 2:27.

Herra sanoo seuraavasti Ilmestyskirjan jakeessa 2:27: *"Ja hän on kaitseva heitä rautaisella valtikalla, niinkuin saviastiat heidät särjetään -niinkuin minäkin sen vallan Isältäni sain."*

Tässä rautainen valtikka viittaa rautaiseen keppiin tai tikkuun. Saviastiat särkyvät jos niitä lyödään tämänkaltaisella esineellä. Joten 'hän on kaitseva heitä rautaisella valtikalla, niinkuin saviastiat heidät särjetään' viittaa tuomitsevan Jumalan valtaan.

Alunperin Jumalan luoma ensimmäinen ihminen oli elävä henki. Hän oli jalo olento. Hän oli hengellinen olento joka oli Jumalan kuvan kaltainen. Hänen henkensä kuitenkin kuoli synnin tähden ja hänestä tuli sielun hallitseman lihan ihminen. Hänestä tuli pelkkä saviastia. Joten 'saviastioiden särkeminen' tarkoittaa niiden rikkomista jotka eivät elä Jumalan sanan mukaan. Saatanalle kuuluvat tulevat lopulta hyljätyiksi.

Joh. 12:48 sanoo: *"Joka katsoo minut ylen eikä ota vastaan minun sanojani, hänellä on tuomitsijansa: se sana, jonka minä olen puhunut, se on tuomitseva hänet viimeisenä päivänä."* Eli ne jotka eivät saaneet Jumalan sanaa tulevat tulemaan tuomituiksi Jumalan sanan mukaisesti viimeisenä päivänä.

Jumalan sanan sydämeensä tallettavat sekä voittoisat ja Herran teot pitävät tulevat saamaan paholais-vihollisen ja Saatanan vallan rikkovan kirkkauden voiman. Herra sanoo näin: "Niinkuin minäkin sen vallan Isältäni sain", ja tämän mukaisesti mekin saamme tämän vallan.

Herra sanoo heille lisäksi näin: "Ja minä annan hänelle kointähden." Kointähti on kaikista kirkkain tähti ja se viittaa Herraan. Ilmestyskirja 22:16 sanoo: *"Minä, Jeesus, lähetin enkelini todistamaan näitä teille seurakunnissa. Minä olen Daavidin juurivesa ja hänen suvustansa, se kirkas kointähti."*

Joten 'kointähden' antaminen tarkoittaa että Herra tunnistaa poikanaan ja rakastaa sanan mukaan eläviä ja Saatanan päihittäviä aivan kuten Hän rakastaa ja tunnistaa Herran.

Meidän luonteemme muistuttaa Herraa ja meistä tulee hengen ihmisiä kun me uskomme Herraan, heitämme pahuuden muodot pois ja elämme tunnollisesti Herran sanan mukaan. Tällöin meistä tulee pyhiä ja täydellisiä kuten Jeesus Kristus, Jumalan poika, ja Jumala tunnustaa meidät pojakseen.

Meille ei kuitenkaan anneta aamunkoin tähteä siitä

huolimatta kuinka monta kertaa me tunnustamme uskovamme Jumalaan jos me emme elä Jumalan sanan mukaan ja me häviämme paholaiselle. Meitä ei tunnusteta Jumalan lapseksi emmekä me voi tulla pelastetuksi.

Rakkauden Jumala tahtoo kaikkien pelastuvan

Jumala palkitsee meidät tekojemme mukaan oikeudenmukaisesti. Jumala ei kuitenkaan anna meille lisää taakkoja jos me ymmärrämme että me olemme seuranneet vääriä tai harhaisia oppeja tietämättä niiden olevan Saatanan työtä ja me kadumme tätä ja käännymme niistä pois.

Me kohtaamme kuitenkin seuraamuksia vaikka me katuisimme perinpohjin ja kääntyisimme synneistämme pois jos me olemme seuranneet Saatanaa tietoisesti. Kyse ei ole siitä että kaikki syntien ongelmat ratkeavat sillä että me otamme Herran vastaan. Me joudumme kohtaamaan seuraamuksia sen mukaan mitä me olemme tehneet menneisyydessämme. Myös tämä on tietenkin osa Jumalan rakkautta jolla Hän tekee meistä täydellisempiä ja jonka avulla Hän voi antaa meille yhä enemmän.

Meidän tulee kuitenkin juosta uskon juoksua siihen saakka että Herra tulee takaisin jotta me emme menettäisi tilaisuutta tulla pelastetuksi. Jumala opettaa meitä totuudella jotta me voisimme pelastaa edes yhden ihmisen enemmän. Hän julistaa vilpittömästi totuutta väärää polkua kohti kulkeville.

Jumalan tahtoo avata tien pelastukseen vilpittömällä sydämellä erityisesti niille ihmisille jotka uskovat Jumalaan mutta ovat matkalla kuolemaan Saatanan kavaluuden tähden.

Synnyttyään vauva alkaa ajallaan kasvaa. Myös uskon saralla meidän pitää jatkaa hengessä kasvamista. Hengellinen kasvu ei ole pelkkiä ulkoisia tekoja. Se on pahan heittämistä pois sydämestä ja pyhittymisen saavuttamista.

Kyseessä ei ole kunnollinen kristillinen elämä jos me emme ympärileikkaa sydäntämme. Pelkkä ulkoinen uskollisuus ja parhaamme tekeminen ulkoisesti ei ole tarpeeksi. Kasvavan lapsen täytyy kasvaa sekä henkisesti että fyysisesti. Samalla tavalla meidän uskomme täytyy kasvaa sekä ulkoisissa teoissa että sisäisessä henkisessä kypsyydessä.

Tyatiran kirkolla ei ollut tätä sisäistä kasvua. He pysyttelivät lapsen uskon tasolla. He eivät saaneet lupausta taivaallisessa kuningaskunnassa annettavista palkkioista. He saivat vain lupauksen pelastuksesta.

Efesolaiskirje 4:12 sanoo: *"Kunnes me kaikki pääsemme yhteyteen uskossa ja Jumalan Pojan tuntemisessa, täyteen miehuuteen, Kristuksen täyteyden täyden iän määrään."* Meidän täytyy kasvaa jatkuvasti jotta meistä voisi tulla Jumalaa miellyttäviä kirkkoja ja uskovia.

LUKU 5

SARDEEN KIRKKO
- Pieni kirkko jolla oli nimi, joka sanoi että se oli elävä mutta joka oli kuollut

Herra torui Sardeen kirkkoa ja sanoi: *"Sinulla on se nimi, että elät, mutta sinä olet kuollut."*

He tunnustivat uskovansa Jumalaan ja Herraan mutta heidän uskonsa oli kuollutta sillä he eivät tehneet lainkaan uskon tekoja.

Osa jäsenistä yritti kuitenkin pitää kiinni uskostaan.

Sardeen kirkolle annettu viesti annetaan tänään niille kirkoille joiden täytyy muuttaa kuollut uskonsa aitoon, uskon tekojen säestämään uskoon. Se annetaan myös niille jotka rukoilevat ja yrittävät elää Jumalan sanan mukaan.

Ilmestyskirja 3:1-6

Ja Sardeen seurakunnan enkelille kirjoita: 'Näin sanoo hän, jolla on ne Jumalan seitsemän henkeä ja ne seitsemän tähteä: Minä tiedän sinun tekosi: sinulla on se nimi, että elät, mutta sinä olet kuollut. Heräjä valvomaan ja vahvista jäljellejääneitä, niitä, jotka ovat olleet kuolemaisillaan; sillä minä en ole havainnut sinun tekojasi täydellisiksi Jumalani edessä. Muista siis, mitä olet saanut ja kuullut, ja ota siitä vaari ja tee parannus. Jos et valvo, niin minä tulen kuin varas, etkä sinä tiedä, millä hetkellä minä sinun päällesi tulen. Kuitenkin on sinulla Sardeessa muutamia harvoja nimiä, jotka eivät ole tahranneet vaatteitaan, ja he saavat käyskennellä minun kanssani valkeissa vaatteissa, sillä he ovat siihen arvolliset. Joka voittaa, se näin puetaan valkeihin vaatteisiin, enkä minä pyyhi pois hänen nimeänsä elämän kirjasta, ja minä olen tunnustava hänen nimensä Isäni edessä ja hänen enkeliensä edessä. Jolla on korva, se kuulkoon, mitä Henki seurakunnille sanoo.'

HERRAN KIRJE SARDEEN KIRKOLLE

Ja Sardeen seurakunnan enkelille kirjoita: 'Näin sanoo hän, jolla on ne Jumalan seitsemän henkeä ja ne seitsemän tähteä' (Ilmestyskirja 3:1).

Sardeen kaupunki oli kukoistava kaupunki jonka vauraus oli peräisin kankaiden värjäysteollisuudesta. Se oli täynnä loistoa ja moraalittomuutta ja se oli epäjumalanpalveluksen keskus. Tämänkaltaisessa ympäristössä Sardeen kirkko ei omannut täydellistä uskoa.

Herralla on seitsemän Jumalan henkeä

Kohta puhuu Sardeen kirkolle kirjoittavasta Herrasta. "Hän, jolla on ne Jumalan seitsemän henkeä ja ne seitsemän tähteä."

Tässä 'seitsemän henkeä' on Jumalan sydän, Jumalan, joka on itsekin henki.
Jumalan sydän löytyy Raamatusta. Se kertoo yksityiskohtaisesti kuinka miellyttää Jumalaa ja kuinka saada Häneltä vastauksia. Seitsemän henkeä näyttävät Jumalan sydämen ja vastausten ehdot.

Tässä numero seitsemän ei tarkoita että Jumalalla olisi tasan seitsemän Henkeä. Hengellisesti 'seitsemän' tarkoittaa 'täyttä, ja täydellistä.' Joh. 4:24 sanoo, että: *"Jumala on Henki."* Jumala on itse henki, joten tämä edustaa täydellisen Jumalan Henkeä. Jumala tutkii ja valvoo jokaista ihmiselämää koko maailmassa. Tämän tutkiskelun aikana Jumala lähettää seitsemän Sydäntä, jotka ovat Jumalan sydän (Ilmestyskirja 5:6).

Seitsemän Henkeä tutkivat jokaisen ihmisen sydämen ja teot. Tämän jälkeen Jumala antaa oikeudenmukaisesti vastauksia ja siunauksia niille jotka ovat Jumalan sydämessä sopivia. Voidaksemme ymmärtää tätä helpommin me voimme ajatella seitsemää Henkeä vaakana jonka avulla Jumala punnitsee punnittavat sisällöt päättääkseen annettavista vastauksista. Ostaessamme tiettyjä asioita me punnitsemme ne ja maksamme niistä niiden painon mukaan. Samalla tavalla meidän täytyy tyydyttää tietyt seitsemän Hengen mukaiset ehdot jos me tahdomme saada vastauksia.

Mitä nämä seitsemän Henkeä sitten mittaavat päättääkseen

saammeko me meidän vastauksemme? Seitsemän Henkeä tutkivat meidän sydämemme, mielemme ja käyttäytymisemme tarkasti ilman virheitä, ja jakavat ne seitsemään osaan.

Herran seitsemän henkeä, seitsemän tähteä ja vastausten ehdot

Ensinnäkin, seitsemän Henkeä mittaavat 'uskoa.'

Se ei kuitenkaan mittaa lihallista uskoa mikä on pelkkää tietoutta, vaan hengellistä uskoa mikä on tekojen säestämää. Hengellinen usko on uskoa jonka avulla todellakin uskoa ilman epäilyksiä vaikka jokin ei kävisikään yhteen ajatustemme tai tietoutemme kanssa. Hengellinen usko on Jumalan antamaa uskoa. Se on uskoa jonka avulla me voimme uskoa että jotakin voidaan luoda tyhjästä. Se on uskoa jota Jumala antaa meille sen mukaan kuinka me hankkiudumme eroon sydämessämme olevasta pahuudesta pyhittymisen kautta.

Toisekseen, seitsemän Henkeä mittaavat rukousta.

Se mittaa kuinka paljon me rukoilemme Jumalan sydämen ja mielen mukaisella tavalla. Ollaksemme Jumalan silmissä kunnollisia meidän tulee rukoilla säännöllisesti, polvistuen Jumalan eteen ja huutaen Häntä koko sydämellämme ja mielellämme ja kaikin voiminemme. Jumala ei myöskään tutki meidän ulkomuotoamme tai näköämme vaan meidän sydämemme syvyyden. Joten meidän tulee rukoilla koko sydämellämme, ei omilla haluillamme. Meidän tulee myös rukoilla uskossa ja rakkaudessa seuraten Jumalan tahtoa.

Kolmas seitsemän Hengen mitta on 'ilo.'

Ilon omaaminen todistaa siitä että meillä on uskoa. Tämä johtuu siitä että me voimme iloita kaikenlaisissa tilanteissa jos me omaamme varman uskon Jumalaan ja me uskomme saavamme Häneltä vastauksia. Hengellinen ilo on lähtöisin rauhasta, ja niin ilo ei jätä meidän sydäntämme jos me emme rakenna synnin muuria meidän ja Jumalan välille.

Neljänneksi, seitsemän Henkeä mittaavat kiitosta.

Me voimme olla kiitollisia kaikissa tilanteissa ja kaikenlaisissa olosuhteissa jos me omaamme uskoa. Me emme läpäise seitsemän Hengen kiitoksen mittaa jos me olemme kiitollisia ainoastaan silloin kun asiat menevät hyvin mutta vain valitamme kun asiat eivät suju tai kun meillä on ongelmia. Tällöin vastausten saapuminen hidastuu.

Viidenneksi, seitsemän Henkeä mittaavat pidämmekö me käskyt.

Raamatussa on useita käskyjä jotka kehottavat meitä tekemään näin, olemaan tekemättä näin, pitämään tämän tai heittämään tämän pois. Näihin kuuluvat kymmenen käskyä ovat yhteenveto kaikista käskyistä. Seitsemän Henkeä mittaavat pidämmekö me kymmenen käskyä. 1. Joh. 5:3 sanoo: *"Sillä rakkaus Jumalaan on se, että pidämme hänen käskynsä. Ja hänen käskynsä eivät ole raskaat."* Joten Jumalan rakastamisen todiste on Hänen käskyjensä pitäminen.

Kuudenneksi, seitsemän Henkeä mittaavat uskollisuutta.

Kyse ei ole ainoastaan uskollisuudesta Jumalan kuningaskuntaa kohtaan vaan myös uskollisuudesta henkilön perheen ja työpaikan jokaisella osa-alueella. Meidän ensimmäinen prioriteettimme on tietenkin Herran työ jos meillä on uskoa. Meidän ei pidä kuitenkaan laiminlyödä perheen tai työpaikan töitä. Meidän pitää olla uskollisia koko Jumalan talossa.

Kaikista tärkein asia uskollisuudessa on, että meidän pitää olla hengellisesti uskollisia. Tämä tarkoittaa sitä että meidän pitää ympärileikata sydämemme. Me voimme omata täydellisen ja hengellisen uskollisuuden kun me olemme Jumalan sydämen kaltaisia ja me omistamme elämämme, voiden jopa uhrata oman elämämme.

Seitsemänneksi, seitsemän Henkeä mittaavat rakkautta

Rakkaus on kuin lanka joka yhdistää kaikki aikaisemmin

mainitut mittaukset. Ei ole väliä kuinka paljon me rukoilemme tai kuinka uskollisesti me teemme työtä Jumalan sanoman eteen ellemme me tee näitä tekoja aidossa rakkaudessa Jumalaa sekä uskon veljiämme ja sisariamme kohtaan. Vasta sitten näillä teoilla on merkitystä.

Seitsemän Henkeä mittaavat uskoa, rukousta, iloa, käskyjen pitämistä, uskollisuutta sekä rakkautta päättääkseen saako henkilö vastauksen rukoukseensa. Vaadittavat mittaukset eivät kuitenkaan ole kaikille sama. Nämä mittaukset mitataan oikeudenmukaisesti ottaen lukuun jokaisen uskon määrän.

Vähäisen uskon määrän omaavilta vaaditaan vähäisempiä mittaustuloksia. Nämä vaatimukset ovat kuitenkin korkeampia niille jotka ovat eläneet kristittyä elämää pitkän ajan ja joiden uskon määrä on suurempaa.

Seitsemän henkeä omaavalla Herralla on myös seitsemän tähteä. Tässä 'tähti' viittaa ihmiseen. Genesiksen jakeessa 15:5 Jumala sanoi Aabrahamille näin: *"Ja hän vei hänet ulos ja sanoi: 'Katso taivaalle ja lue tähdet, jos ne taidat lukea.' Ja hän sanoi hänelle: 'Niin paljon on sinulla oleva jälkeläisiä'"* Jumala vertasi Aabrahamin jälkeläisiä tähtiin.

Joten seitsemän tähteä viittaavat kaikki Jumalan Vanhan ja Uuden testamentin aikana valitsemiin palvelijoihin. He ovat Jumalan palvelijoita joita Hän pitää kaikkivaltiaissa käsissään ja käyttää töihinsä. Herra toimittaa Isä Jumalan sydämen ja tahdon näiden ihmisten kautta, ja Hän näyttää elävän Jumalan tekoja niin että Jumalan lapset voivat kulkea totuuden tietä.

Joten 'Herra jolla on seitsemän Henkeä ja seitsemän tähteä' tarkoittaa, että Hän tutkii kaiken seitsemän Hengen avulla ja ohjaa Jumalan lapsia totuuden tielle seitsemän tähden avulla.

Sardeen kirkon kaltaiset kirkot

Sardeen kirkko kuuli Jumalan sanaa ja tunsi sen tietoutena panematta sitä kuitenkaan käytäntöön. Heillä oli siis 'kuolleeksi' kutsuttua uskoa. Tämän tähden Herra torui heitä, sanoen *"sinulla on se nimi, että elät, mutta sinä olet kuollut"* (jae 1). He luulivat olevansa pelastettuja mutta Herran näkökulmasta heillä ei ollut mitään tekemistä pelastuksen kanssa.

Nykyään on yllättävän monia kirkkoja ja uskovia joiden usko on Sardeen kirkon tavoin kuollutta. Heitä kutsutaan 'uskoviksi' mutta ei ole helppoa löytää heidän joukostaan sellaisia jotka pyhittäisivät koko sapatin, Herran päivän, ja antaisivat täydet kymmenykset. Nämä ovat kristillisen elämän peruspylväitä.

On vieläkin valitettavaa että suuri osa pastoreista ei opeta uskovia heittämään syntejä pois ja elämään Jumalan sanan mukaan. Laumaa johtavien paimeneiden täytyy omata aitoa ja todellista uskoa ja heidän täytyy todistaa elävästä Jumalasta voimallisten tekojen avulla. Näin ei kuitenkaan tapahdu tänä päivänä. Moni pastori opettaa pelkän teologisen tietouden perusteella. He opettavat teorioita ja ideologioita. Tämä ei eroa paljoakaan tilanteesta jossa sokea ihminen johdattaa toista sokeaa, kuten Matteus mainitsi jakeessa 15:14.

Matteus 23:26 kertoo kuinka Jeesus puhui fariseuksille jotka eivät noudattaneet Jumalan sanaa muutoin kuin suullaan. Kohta sanoo: *"Sinä sokea fariseus, puhdista ensin maljan sisus, että sen ulkopuolikin tulisi puhtaaksi."* Matteuksen jakeessa 23:3 Hän sanoi opetuslapsilleen näin: *"Sentähden, kaikki, mitä he sanovat teille, se tehkää ja pitäkää; mutta heidän tekojensa mukaan älkää tehkö, sillä he sanovat, mutta eivät tee."*

Rukouksen voima tai Jumalan voimalliset teot eivät voi käydä toteen tämänkaltaisen paimenen kautta. Jopa kirkon Pyhän Hengen tuli voi tukahtua eikä sen sielut eroa kovinkaan paljoa kuolleista sieluista. Näillä kirkoilla on kyllä jäseniä, mutta ne ovat kirkkoja vain nimellisesti ja ne ovat kaukana herätyksestä.

Matteus 7:21 sanoo: *"Ei jokainen, joka sanoo minulle: 'Herra, Herra!', pääse taivasten valtakuntaan, vaan se, joka tekee minun taivaallisen Isäni tahdon."*

Kuvittele, että henkilö on tehnyt työtä Jumalan kuningaskunnan ja vanhurskauden eteen ja omistanut tämän maailman elämänsä. Kuinka traagista olisikaan jos seisoessaan Tuomiopäivänä Jumalan edessä Hän sanoisi: "Minä en tuntenut sinua koskaan, lähde luotani, sinä, joka harjoitat laittomuutta."

Henkilö saattaa vaikuttaa siltä että hän elää uskollista kristillistä elämää ja tekee vapaaehtoistyötä Jumalan eteen, mutta jos hänen sisäinen sydämensä ei muutu me emme voi sanoa että hän elää kristillistä elämää.

Voidaksemme omata elävää uskoa, todellista uskoa, meidän täytyy ympärileikata sydämemme. Sydämen ympärileikkaaminen tarkoittaa sydämen esinahan leikkaamista, kuten Jeremia 4:4 kirjaa: *"Ympärileikatkaa itsenne Herralle ja poistakaa sydämenne esinahka, te Juudan miehet ja Jerusalemin asukkaat, ettei minun vihani syttyisi kuin tuli ja palaisi, eikä olisi sammuttajaa, teidän tekojenne pahuuden tähden."*

Sydämen esinahan poistaminen tarkoittaa epävanhurskauden, laittomuuden sekä epätotuuksien poisheittämistä sen mukaan kuinka Jumala käskee meitä olemaan tekemättä tiettyjä asioita tai heittämään tiettyjä asioita pois. Tämän jälkeen meidän tulee elää totuuden mukaan ja pitämään tietyt asiat niinkuin Jumalan sana meitä kehottaa.

Täten meille annetaan todellista uskoa jonka Jumala voi tunnustaa sen mukaan kuinka me elämme Jumalan sanan mukaan ja kuinka pyhittyneeksi me tulemme. Meidän tulee siis tarkistella itseämme Sardeen kirkolle annetun sanoman avulla ja siten omata hengellistä ja oikeaa, ei kuollutta uskoa.

HERRAN SARDEEN KIRKOLLE ANTAMAT TORUT

Ja Sardeen seurakunnan enkelille kirjoita: Näin sanoo hän, jolla on ne Jumalan seitsemän henkeä ja ne seitsemän tähteä: Minä tiedän sinun tekosi: sinulla on se nimi, että elät, mutta sinä olet kuollut. Heräjä valvomaan ja vahvista jäljellejääneitä, niitä, jotka ovat olleet kuolemaisillaan; sillä minä en ole havainnut sinun tekojasi täydellisiksi Jumalani edessä. Muista siis, mitä olet saanut ja kuullut, ja ota siitä vaari ja tee parannus. Jos et valvo, niin minä tulen kuin varas, etkä sinä tiedä, millä hetkellä minä sinun päällesi tulen (Ilmestyskirja 3:1-3).

Me emme voi salata mitään Jumalalta joka mittaa seitsemällä Hengellä ja tutkii palavilla silmillään. Herra sanoi Sardeen kirkolle: "Minä tiedän sinun tekosi." Jumala tutkii sekä meidän tekomme että pienimmätkin sydämessämme olevat asiat.

Leikatut ja asetellut kukat vaikuttavat eläviltä. Ne ovat oikeasti kuitenkin kuolleita sillä ne ovat joutuneet eroon juuristaan. Samalla tavalla Sardeen kirkon jäsenet voivat näyttää eläviltä, mutta he ovat kuin kuolleita kun Herra mittaa heitä.

Sardeen kirkko, jolla on elävä nimi mutta on kuollut

Mitä sitten tarkoittaa ilmaisu: "Sinulla on se nimi, että elät, mutta sinä olet kuollut" (jae 1)? Lyhyesti sanottuna, Sardeen kirkon usko on 'kuollutta uskoa ilman tekoja.'

Aatamin tehtyä syntiä hänen jälkeläistensä henget sekä hänen oma henkensä kuolivat. Herran Pelastajakseen hyväksyneiden ja Pyhän Hengen saaneiden henget kuitenkin virkoavat. Raamattu sanoo, että kun henkilö jonka henki on herännyt kokee fyysisen kuoleman hän ei ole 'kuollut', vaan 'nukkuu' (Matteus 9:24). Tämä johtuu siitä että Herran palatessa takaisin hän tulee nousemaan kuolleista ja nauttimaan ikuisesta elämästä.

Sardeen kirkolle kuitenkin sanottiin että he olivat 'kuolleita.' Tämä tarkoittaa sitä että heitä ei voitaisi pelastaa. He sanoivat omaavansa uskoa mutta tämä oli kuitenkin kuollutta sellaista, ja he eivät voineet saada pelastusta 'kuolleella uskolla.'

Jaak. 2:14 sanoo: *"Mitä hyötyä, veljeni, siitä on, jos joku sanoo itsellään olevan uskon, mutta hänellä ei ole tekoja? Ei kaiketi usko voi häntä pelastaa?"* Jae 17 taas sanoo: *"Samoin uskokin, jos sillä ei ole tekoja, on itsessään kuollut."*

Saarnaaja 12:14 sanoo: *"Sillä Jumala tuo kaikki teot tuomiolle, joka kohtaa kaikkea salassa olevaa, olkoon se hyvää tai pahaa."* 2. Korinttolaiskirje 5:10 sanoo: *"Sillä kaikkien meidän pitää ilmestymän Kristuksen tuomioistuimen eteen, että kukin saisi sen mukaan, kuin hän ruumiissa ollessaan on tehnyt, joko hyvää tai pahaa."*

Jumalaan ja Herraan uskovat uskovat myös hyvän ja pahan tuomitsemiseen, ja niin he elävät Jumalan sanan mukaisesti. Ihmiset jotka eivät usko tähän eivät kuitenkaan elä sanan mukaan. Meidän tulee ymmärtää että Jumalasta tietoisena olemisen ja Häneen uskomisen välillä on suuri ero.

Tietämisen ja uskomisen välinen ero

Jaak. 2:19 sanoo: *"Sinä uskot, että Jumala on yksi. Siinä teet oikein; riivaajatkin sen uskovat ja vapisevat."* "Myös riivaajat uskovat ja vapisevat" tarkoittaa että jopa riivaajat tietävät kuka Jumala on ja kuka Jeesus Kristus on. Tämä on syy heidän vapinaansa.

Monessa kohtaa Raamattua riivaajat tunnistavat Jeesuksen

ja huutavat. Luukaksen jakeissa 8:27-28 Jeesus kohtasi riivatun miehen. Hän parkaisi ja lankesi hänen edessään, sanoen kovalla äänellä: "Jeesus, Jumalan, Korkeimman, Poika." Voimmeko me siis sanoa että myös riivaajat uskovat Jeesukseen ainoastaan sen tähden että he tunnistavat Jumalan Pojan ja tunnustavat Hänen olevan Pelastaja? Näin ei tietenkään ole! Riivaajat kyllä tunnistavat Jeesuksen mutta ne eivät elä Hänen sanassaan tai hyvyydessä. He eivät usko Häneen vaan ainoastaan tuntevat Hänet ja pelkkä 'tunteminen' ei tuo pelastusta.

Jos me emme elä sen mukaan mitä me tiedämme, me emme todella 'usko', olimme me sitten kuinka tietäväisiä Raamatun suhteen tahansa. Aito usko on tekojen säestämää. Meidän syntimme on suurempi jos me tunnemme sanan mutta emme tee tekoja, kuin jos me emme elä sanan mukaan sen tähden että me emme ole siitä tietoisia (Luukas 12:47-48).

Yhä useammat eivät kuitenkaan harjoita Jumalan sanaa. Jotkut uskovat näyttävät ulospäin elävänsä uskovaa elämää, mutta tästä huolimatta heidän elämänsä eivät eroa maailmallisten ihmisten elämistä.

He voivat esimerkiksi käydä kirkossa ja palvoa Jumalaa sunnuntaisin. Todellisessa elämässään he kuitenkin suuttuvat toisiin ja kutsuvat heitä rumilla nimillä. He toimivat oman tahtonsa mukaan aivan kuten maailmalliset ihmiset. Jaak 2:20 sanoo: *"Mutta tahdotko tietää, sinä turha ihminen, että usko ilman tekoja on voimaton?"* Näin heidän uskonsa on siis hyödytöntä.

Minä painotan uskon tekoja, mutta tarkoitukseni ei ole kuitenkaan sanoa että ainoastaan teoilla om merkitystä. 'Uskon teoissa' teot tarkoittavat syvältä sydämestä lähtöisin olevia tekoja. Todellista uskoa omaava jalostaa sydäntään Jumalan sanalla. Näiden tekojen tulee virrata näistä totuuden jalostamista sydämistä.

Todelliset uskon teot

Joten teot eivät itsessään ole tärkeitä. Tärkeintä on, että sydän on näissä teoissa mukana. Teot seuraavat luonnostaan kun sydän on jalostettu hengeksi. Kuolleen uskon ilman tekoja omaavat eivät edes yritä kasvattaa sydämeään hengeksi. Tämän tähden he eivät pane sanojaan käytäntöön, ja vaikka he tekisivätkin näin, nämä teot olisivat vain ulkoisia tekoja. Nämä ovat tekopyhyyden tekoja.

He voivat tehdä muiden merkille panemia tekoja. Teeskennellen ihmiset toimivat tavalla joka perustuu heidän tietouteensa. Herra sanoo Matteuksen jakeessa 6:1: *"Kavahtakaa, ettette harjoita vanhurskauttanne ihmisten nähden, että he teitä katselisivat; muutoin ette saa palkkaa Isältänne, joka on taivaissa."* Nämä ovat tekoja joita ihmiset tekevät jotta muut voisivat huomata ne.

Jesaja 29:13 sanoo puolestaan näin: *"Ja Herra sanoi: 'Koska tämä kansa lähestyy minua suullaan ja kunnioittaa minua huulillaan, mutta pitää sydämensä minusta kaukana, ja koska heidän jumalanpelkonsa on vain opittuja ihmiskäskyjä.'"* He voivat sanoa huulillaan että he rakastavat Jumalaa. He voivat laulaa suullaan ylistystä. Ilman rakkautta ja kunnioitusta tämä on kuitenkin hyödytöntä.

Eräät kunnioituksen teot virtaavat sydämestämme jos me esimerkiksi todellakin rakastamme vanhempiamme. Me emme kenties ole kovin rikkaita, mutta me silti teemme parhaamme palvellaksemme vanhempiamme teoillamme.

On kuitenkin lapsia jotka ovat hyvin varakkaita mutta jotka tekevät kunnioituksen tekoja vain vastentahtoisesti sen tähden että heidän on pakko tehdä niitä. He tekevät niitä velvollisuudentunnosta ja salatuin motiivein. Se on kenties halu periä vanhempiensa omaisuus. Nämä teot eivät voi olla todellisia kunnioituksen tekoja. Vanhempien sydämet särkyisivät jos he tietäisivät lastensa aikeet.

Entä sitten Jumala, joka voi tutkia jokaisen ihmisen sydämen syvyydet? Jumala tutkii aina ihmisen sydämen hänen tekojensa lisäksi. Meidän täytyy siis osoittaa rakkautemme ja uskomme sydämemme teoilla jos me sanomme rakastavamme Jumalaa ja omaavamme uskoa.

Sardeen kirkon epätäydelliset teot

Toruttuaan kirkkoa Herra sanoi: *"Heräjä valvomaan ja vahvista jäljellejääneitä, niitä, jotka ovat olleet kuolemaisillaan"* (jae 2). Tämä tarkoittaa että heidän täytyy ymmärtää että heidän kuollut uskonsa ei voi pelastaa heitä, ja että heidän täytyy elää totuudessa tästä eteenpäin.

Hän jatkoi: *"Sillä minä en ole havainnut sinun tekojasi täydellisiksi Jumalani edessä"* (jae 2). Tämä tarkoittaa sitä että he lankesivat maailmaan ja elivät samaa elämää kuin maailmalliset elämät. Toisin sanoen heidän täytyy löytää täydellisiä ja täysiä tekoja.

Kohta myös kertoo mitä on tehtävä täydellisten tekojen löytämiseksi. Hän sanoo: *"Muista siis, mitä olet saanut ja kuullut, ja ota siitä vaari ja tee parannus"* (jae 3). Filippiläiskirje 4:9 sanoo: *"Mitä myös olette oppineet ja saaneet ja minulta kuulleet ja minussa nähneet, sitä tehkää, niin rauhan Jumala on oleva teidän kanssanne."* Me panemme käytäntöön mitä me olemme oppineet, kuulleet ja nähneet, ja niin Jumalan rauha tulee aina olemaan kanssamme. Jos me emme ole kuitenkaan tehneet näin, meidän tulee katua, kääntyä synneistämme ja elää aina sanan mukaan. Niinkuin Herra sanoo: "Pidä se ja kadu."

Katuminen ei tarkoita sitä että me sanomme huulillamme: "Anteeksi, en tee sitä uudelleen." Meidän täytyy kääntyä täysin vääristä teoistamme ja kulkea oikeaa polkua. Me pidämme sanan muuttumatta jos me olemme aidosti katuneet tekojamme.

Katuessamme meidän täytyy ensin ajatella sitä kuinka me kohtasimme Jumalan alussa. Meidän tulisi muistella kuinka me aloimme uskoa Jeesukseen Kristukseen, ja kuinka tulisesti me uskoimme kun me saimme Pyhän Hengen. Meidän pitää muistella sitä kuinka me olimme ensirakkauden vaiheessa. Me saimme osaksemme suuren laupeuden ja olimme täynnä ensirakkautta. Olemmeko me arvostaneet tätä ensirakkauttamme ja pitäneet siitä kiinni?

Useat ihmiset eivät pidä kiinni ensirakkaudestaan tai sen teoista vaan palaavat takaisin maailmaan. He sanovat kyllä uskovansa mutta heidän elämänsä eivät eroa muun maailmallisen maailman elämästä. Meidän pitää katua kaikkia näitä asioita, löytää uudelleen alun täyteys ja palo sekä elää Jumalan sanan mukaan.

Katumattomuuden seuraamukset

Herra sanoo: *"Jos et valvo, niin minä tulen kuin varas, etkä sinä tiedä, millä hetkellä minä sinun päällesi tulen"* (jae 3). Hän puhuu seuraamuksista jotka tulevat kohtaamaan niitä jotka eivät kadu.

On liian myöhäistä jos me todistamme Herran toisen

tulemisen ennen kuin me olemme kääntyneet synneistämme. Varas murtautuu paikkoihin joissa ei ole murtohälyttimiä. Toinen tuleminen tulee saapumaan kuin varas niille jotka eivät ole valmistautuneet Herran vastaanottamiseen.

1 Tessalonikalaiskirje 5:4-5 sanoo: *"Mutta te, veljet, ette ole pimeydessä, niin että se päivä voisi yllättää teidät niinkuin varas; sillä kaikki te olette valkeuden lapsia ja päivän lapsia; me emme ole yön emmekä pimeyden lapsia."* Tämä sanoo, että Herra ei tule ilmestymään kuin varas niille jotka elävät kirkkaudessa eivätkä asu pimeydessä.

Meidän pitää kuitenkin muistaa mitä Herra sanoi Matteuksen jakeessa 24:36: *"Mutta siitä päivästä ja hetkestä ei tiedä kukaan, eivät taivasten enkelit, eikä myöskään Poika, vaan Isä yksin."* Ainoastaan Isä Jumala tietää sen päivän ja hetken jona Herra on palaava takaisin.

Raamattu kertoo meille suunnilleen milloin Herra palaa takaisin. Me emme voi tietää tarkalleen minä päivänä ja mihin aikaan raskaana oleva nainen synnyttää lapsensa, mutta me voimme kuitenkin arvata suunnilleen milloin tämän tapahtuu noin kuukauden tarkkuudella.

Herra kertoi meille lopun aikojen merkit Matteuksen 24. luvussa. Meidän täytyy olla hereillä ja valppaina valmistautuaksemme Herran paluuseen rukouksin (1. Piet. 4:7).

Jumalan sana on uskon mitta

1. Piet. 1:23 sanoo: *"Te, jotka olette uudestisyntyneet, ette katoavasta, vaan katoamattomasta siemenestä, Jumalan elävän ja pysyvän sanan kautta."*

Kaikki ei pääty katoamattoman siemenen, eli Jumalan sanan, saamiseen. Meistä voi tulla uudestisyntyneitä ja 'eläviä' ihmisiä vasta sitten kun me huolehdimme sanan siemenestä sydämessämme voidaksemme kantaa runsaasti hedelmiä.

Pelkkä sanan kuuleminen ja sen säilöminen pelkkänä tietoutena ei ole todellista uskoa. Sana itää ja antaa 30, 60 tai 100-kertaisesti hedelmää kun me pidämme siitä kiinni, rukoilemme ja panemme sen käytäntöön elämässämme.

Henkilön usko voi olla kuollutta vaikka hänen asemansa kirkossa onkin korkea ja hän vaikuttaa omaavan paljon uskoa. Ulkoisesti Juudas Iskariot oli asemassa jossa hänet tunnustettiin Herran opetuslapseksi. Hän kuitenkin hylkäsi saamansa laupeuden ja lopulta lankesi kuolemaan hänen hirvittävän syntinsä tähden.

Erääseen aikaan kuningas Saul oli myös Jumalan tunnustama ja hänet voideltiin Israelin kuninkaaksi. Hänestä tuli kuitenkin niin ylpeä että hän vastusti Jumalan tahtoa. Tämän tähden myös hän joutui kuoleman tielle.

Uskon mitta ei siis ole ulkoinen vaikutelma tai henkilön asema. Ainut mitta on Jumalan sana. Meidän ei pidä kuunnella sellaista henkilöä joka opettaa tai tekee jotakin mikä on Jumalan sanan vastaista vaikka hän sitten olisikin kirkon johtaja tai jopa pastori. Ei ole tärkeää onko hän sellaisessa asemassa missä missä hän voi opettaa. Ainut mikä on tärkeää on se että hän noudattaa Sanaa.

Taivaan kuningaskunnassa kutsutaan suuriksi kaikkia niitä jotka pitävät pienimmätkin käskyt ja opettavat muita tekemään samoin. Nämä henkilöt saavat vallan käyttää sanoja saadakseen monet maailman ihmiset muuttumaan.

SARDEEN KIRKOLLE ANNETUT NEUVOT JA LUPAUKSET

Kuitenkin on sinulla Sardeessa muutamia harvoja nimiä, jotka eivät ole tahranneet vaatteitaan, ja he saavat käyskennellä minun kanssani valkeissa vaatteissa, sillä he ovat siihen arvolliset. Joka voittaa, se näin puetaan valkeihin vaatteisiin, enkä minä pyyhi pois hänen nimeänsä elämän kirjasta, ja minä olen tunnustava hänen nimensä Isäni edessä ja hänen enkeliensä edessä. Jolla on korva, se kuulkoon, mitä Henki seurakunnille sanoo (Ilmestyskirja 3:4-6).

Sardeen kirkko sanoi uskovansa Jumalaan elämättä kuitenkaan sanan mukaan. He kuulivat kuinka heitä toruttiin ankarasti ja heistä sanottiin että heillä oli nimi joka oli elävä mutta että he olivat oikeasti kuollut. Herra sanoi että oli kuitenkin muutama jotka eivät olleet tahranneet vaatteitaan ja olivat arvollisia.

Herra sanoi 'muutamia harvoja', ja tämän tähden nämä sanat pätivät vain muutamaan Sardeen kirkon jäseneen. Näin kyseessä ei ollut koko kirkon kehuminen.

Ne harvat jotka eivät olleet tahranneet vaatteitaan

Tässä 'vaate' symboloi henkilön sydäntä. Tämän mukaan 'tahraamattomat vaatteet' tarkoittaa 'eivät ole saastuttaneet sydämiään.' Toisin sanoen, he elivät uskossa sanan mukaan totuudessa niin että maailmallinen synti ja pahuus eivät olleet tahranneet heidän sydämiään.

Se tarkoittaa myös ennen totuuden oppimista tahraantuneen sydämen puhdistamista kamppailemalla syntiä vastaan aina veren vuodattamiseen saakka. Tämä tarkoittaa myös pidättäytymistä puhdistetun sydämen tahraamisesta uudestaan synneillä ja epätotuuksilla. Tämä pätee siis niihin jotka yrittävät pysytellä hereillä ja rukoilevat ja pitävät kiinni uskostaan.

Sardeen kirkko oli tilanteessa jossa sokea opastaa sokeaa niin että molemmat ovat lankeamassa kuoppaan. Muutama jäsen kuitenkin kuunteli hyvää omatuntoaan ja yritti saavuttaa mitä Jumala halusi. Herra sanoi näistä näin: *"Ja he saavat käyskennellä minun kanssani valkeissa vaatteissa, sillä he ovat siihen arvolliset"* (jae 4).

Kutsuminen heitä arvolliseksi ei kuitenkaan tarkoita sitä että he olisivat saavuttaneet täyden pyhittymisen. Kokonaisuudessaan Sardeen kirkkossa oli vain muutamia jotka rukoilivat ja yrittivät pitää kiinni aidosta uskosta. Tämä oli Herran silmissä arvollinen asia.

Suurin osa Sardeen kirkon jäsenistä omasi kuolleen uskon. Oli kuitenkin muutama jotka pitivät kiinni uskostaan ja elivät sanan mukaan. Nämä ihmiset olivat Herran silmissä arvollisia. Me näemme tästä että heidän uskonsa oli hyvää. Ei ollut helppoa pitää kiinni uskostaan Sardeen kaupungissa, varsinkin jos henkilö kuului joukkoon joka oli ystävystynyt maailman kanssa ja tullut synnin tahraamaksi. Silti he pitivät kiinni uskostaan, ja tämä oli todella suuri siunaus.

On olemassa monia joita vainotaan perheensä toimesta sen tähden että he ovat kristittyjä. Heistä saattaa tuntua että heidän elämänsä on vaikeaa, mutta näiden vainojen kautta heitä herätetään yhä suuremmissa määrin rukoilemaan. He oppivat myös pitkämielisyyttä. Heissä oleva hengellinen rakkaus kasvaa kun he rukoilevat palavasti perheensä puolesta. Saatuaan hengellistä rakkautta he voivat antaa kiitosta kaikissa tilanteissa ja he pitävät perheenjäseniään Jumalan heille uskomina arvokkaina sieluina.

He saavat kuitenkin palkkioita sillä heidän vainonsa johtuu Herran nimestä, ja nämä palkkiot säilötään taivaaseen. Heidän uskonsa juurtuu syvemmälle sen tähden että he ovat pitäneet kiinni uskostaan näin vaikealla hetkellä. Jumala jalostaa jokaista eri tavalla sen mukaan minkälaista heidän sydämensä maaperä on ja minkälainen astia he ovat. Tämän jalostuksen kautta Jumala johdattaa meidät täydentämään vajavaisuuksiamme ja tekee meidän sielumme kukoistaviksi.

Vaatteensa valkeina säilyttäneiden Sardeen kirkon jäsenten on täytynyt rukoilla muita palavammin voidakseen pitää kiinni uskostaan. Tämän johdosta Herra saattoi tunnustaa heidän olevan arvoisia.

Harva uskova kulkee Herran kanssa valkeissa vaatteissa

Nämä muutama harva Herran Sardeen kirkossa arvoiseksi tunnustama tuli siunatuksi saamalla käydä Herran kanssa valkoisissa vaatteissa.

Meidän pitää kuitenkin muistaa tässä että "Herran kanssa oleminen" ei ole sama asia kuin "Herran kanssa käyminen" tai "kulkeminen." Me voimme olla Herran kanssa siitä huolimatta mihin taivaalliseen asuinsijaan me päädymme, sillä Herra voi mennä taivaassa mihin tahansa. Herra tulee luoksemme ja viettää aikaa kanssamme jopa Paratiisissa. Paratiisiin päässeet ovat kuitenkin saaneet häpeällisen pelastuksen, ja niin he ovat liian häpeissään voidakseen kohdata Herraa tai käydä Hänen kanssaan.

Herran kanssa käyminen on kuitenkin merkityksellisempää kuin Hänen kanssaan oleminen. Van taivaan kuningaskunnan kolmanteen kuningaskuntaan ja sen Uuteen Jerusalemiin pääsevät voivat kulkea Herran kanssa.

Herran kanssa käyminen tarkoittaa Herran kanssa olemista missä tahanssa ja milloin tahansa. Voidaksemme kävellä Hänen kanssaan taivaallisessa kuningaskunnassa meidän täytyy täyttää siihen vaadittavat pääsyvaatimukset. Herra on varmasti totuudessa elävien Jumalan lasten kanssa. Hän kuitenkin kulkee niiden kanssa jotka rakastavat Jumalaa äärettömästi, heittävät pois kaikenlaisen pahan ja ovat tulleet pyhittyneiksi. Herran takuu, valta sekä voima näkyvät henkilössä jonka kanssa Herra käy todistuksena Hänen huomiostaan.

Valkeiden vaatteiden merkitys

Herra antoi neuvoja lupauksia muutamille Sardeen kirkon uskoville, ja sanoi: *"Joka voittaa, se näin puetaan valkeihin vaatteisiin"* (jae 5).

Tässä 'voittaminen' tarkoittaa 'uskon pitämistä ja totuudessa elämisestä.' 'Valkeat vaatteet' viitaavat kaikkien pelastuneiden päälle puettuihin vaatteisiin, ja se on pelastuksen symboli. Myös ne jotka eivät tule temmatuiksi Herran toisen tulemisen aikaan ja jotka joutuvat kokemaan seitsenvuotisen Suuren ahdistuksen ja pelastumaan sitä kautta tulevat saamaan valkeat vaatteensa myöhemmin. Valkeat vaatteet eivät ole ainoastaan pelastuksen symboli vaan ne annetaan sen mukaan kuinka pyhittyneeksi henkilö on tullut maan päällä. Mitä korkeamman asteen pyhittymisen henkilö on saavuttanut sitä kirkkaammat heidän vaatteensa tulevat olemaan. Joten taivaallisessa kuningaskunnassa henkilön vaatteet kertovat kuinka pyhän sydämen hän on tämän maan päällä saavuttanut.

Koristeista me näemme kuinka paljon palkkioita henkilö on kerännyt ollessaan maan päällä. Tämä johtuu siitä että Jumala, joka maksaa jokaiselle heidän tekojensa mukaan, antaa kauniita koristeita tämän maan päällisten tekojen mukaan.

Siunaus jonka ansiosta nimeä ei pyyhitä elämän kirjasta

Herra sanoi, että voittoisat saavat valkeiden vaatteiden lisäksi siunauksen, jonka ansiosta heidän nimeään ei pyyhitä elämän kirjasta (jae 5).

Henkilö voi vaikuttaa siltä että hän hengittää mutta tämä ei kuitenkaan tarkoita sitä että hän olisi elävä. Ihmisessä ei ole oikeaa elämää ennen kuin aikaisemmin Aatamin tähden kuollut henki on vironnut. Pimeydessä elävien ihmisten ja Herran vastaan ottamisesta kieltäytyneiden henki on kuollutta. Kuollessaan nämä ihmiset joutuvat siis helvettiin, ikuiseen kuolemaan.

Ottaessaan Jeesuksen Kristuksen vastaan ja saadessaan Pyhän Hengen heidän kuolleet sielunsa kuitenkin heräävät eloon ja he saavat ikuisen elämän. Heidän nimensä kirjataan taivaassa olevaan elämän kirjaan. Tämän tähden Ilmestyskirja 20:15 sanoo: *"Ja joka ei ollut elämän kirjaan kirjoitettu, se heitettiin tuliseen järveen."* Vain ihmiset joiden nimi on kirjattu elämän kirjaan voivat pelastua.

Se, että meidän nimemme löytyy tällä hetkellä elämän kirjasta ei kuitenkaan takaa meidän pelastumistamme. Ihmiset voivat pelastua vain jos heidän nimensä löytyvät elämän kirjasta sillä hetkellä kun Jumala avaa sen Valkean valtaistuimen tuomion hetkellä. Hän sanoo että Hän ei tule pyyhkimään nimeä elämän kirjasta. Jos me ajattelemme tätä toisin päin me voimme ymmärtää että elämän kirjaan kirjattu nimi voidaan siis pyyhkiä pois.

Monet uskovat luulevat että he voivat mennä taivaaseen ja että heidän elämän kirjaan kirjattu nimensä on pysyvää heidän elämäntavoistaan huolimatta. Tämä ei ole kuitenkaan totta. Me astumme ikuisen elämän tielle sillä samalla hetkellä kun meidän nimemme kirjataan elämän kirjaan. Pyhä Henki voi kuitenkin tukahtua jos me astumme taivaan ikuisen elämän polulta (1. Tessalonikalaiskirje 5:19) ja meidän nimemme voidaan pyyhkiä elämän kirjasta (Exodus 32:33).

1. Korinttolaiskirje 15:2 sanoo lisäksi seuraavasti: *"Ja jonka kautta te myös pelastutte, jos pidätte siitä kiinni semmoisena, kuin minä sen teille julistin, ellette turhaan ole uskoneet."* "Turhaan uskominen" tarkoittaa "lihallista uskoa." Tämä on kuollutta uskoa ilman totuuden tekoja. Meidän uskomme on "kuollutta" jos me emme elä Jumalan sanan mukaan vaan samalla tavalla maailmallisten ihmisten kanssa. Tämä on siitä huolimatta, että me olemme saattaneet käydä kirkossa pitkän aikaa ja me saatamme omata syvääkin tietoutta Raamatusta.

Raamattu sanoo myös että me emme voi periä taivaallista kuningaskuntaa (Galatalaiskirje 5:19-21) jos me teemme lihan tekoja, kuten esimerkiksi moraalittomia, epäpuhtaita, aistillisia ja epäjumalallisia tekoja.

Raamattu puhuu myös "kuolemaan johtavista synneistä." Nämä ovat "Pyhää Henkeä pilkkaavia" syntejä, "Pyhää Henkeä vastaan puhumisen syntejä" (Matteus 12:31-32), "luopumista Pyhän Hengen saamisen jälkeen" ja Herran uudelleen ristiinnaulitsemisen ja häpäisemisen syntejä" (Heprealaiskirje 6:6) ja "tahallaan synnin tekemistä totuuden tuntoon päästyämme" (Heprealaiskirje 10:26).

Raamattu kertoo kuinka me voimme pelastua. Samanaikaisesti se kuitenkin kertoo yksityiskohtaisesti kuinka me voimme langeta kuolemaan. Pelastusta ei päätetä missään tietyssä vaiheessa elämää. Meidän täytyy ymmärtää että tämä on jatkuva prosessi aina Herran paluuseen saakka.

Me voimme olla pelastuksen rajojen sisällä mutta silti joutua niiden ulkopuolelle oman vapaan tahtomme tähden. Me voimme myös päästä pelastuksen rajojen sisälle tietyssä vaiheessa elämäämme vaikka me olisimmekin niiden ulkopuolella.

Meidän nimemme tunnustamisen siunaus Jumalan ja Hänen enkeleidensä edessä

Herra antoi muutamille Sardeen kirkolle lupauksen sanoen: *"Minä olen tunnustava hänen nimensä Isäni edessä ja hänen enkeliensä edessä"* (jae 5). Valkean valtaistuimen tuomiolla meidän täytyy saada Jumalan edessä tunnustus Herralta sanoilla "Tämä on Jumalan lapsi."

Tämän Herran tunnustuksen pitää tulla myös enkeleiden tunnustamaksi. On enkeleitä jotka tutkivat meidän tekomme, sydämemme ja jopa mielemme ja sitten raportoivat ja kirjaavat ne ylös (Matteus 18:10). He vievät myös meidän rukouksemme kultaiselle alttarille (Ilmestyskirja 8:3-4).

On tietenkin myös enkeleitä jotka Jumala on lähettänyt lastensa suojelemiseksi. Enkelit myös tarkistavat jokaisen ihmisen. Näiden enkeleiden raportteja käytetään todisteena Valkean valtaistuimen tuomiolla.

Nämä enkelit eivät voi itse toimia todistajina tai tunnustaa meitä Tuomion päivänä. Meidän tulee kuitenkin tulla näiden enkeleiden raporttien kautta tunnustetuksi siitä että me olemme eläneet Jumalan lapsena. Enkelit tarkkailevat meitä hyvin lyhyeltä etäisyydeltä ja niin niiden tunnustus on erittäin tärkeä.

Herra tahtoo Sardeen kirkon muuttuvan

Herra päättää sanansa sanoen: *"Jolla on korva, se kuulkoon, mitä Henki seurakunnille sanoo."* Näin Hän sanoi myös muille kirkoille (jae 6). Herra vetoaa taas Sardeen kirkkoon vilpitömin ja kaipaavin sydämin jotta he kantaisivat sydämessään kuulemiaan sanoja ja muuttuisivat.

Sardeen kirkko oli kuollutta uskoa omaava kirkko. Heillä ei tulisi olemaan mitään tekemistä pelastumisen kanssa jos he eivät katuisi ja kääntyisi synneistään. He kuitenkin kuulivat ja oppivat totuutta ja niin he omasivat uskoa ainakin tietoutena. Nyt heidän oli aika muuttaa uskon tietoutensa eläväksi ja tekojen säestämäksi uskoksi.

Heidän täytyi myös pitää kiinni uskostaan ja olla voittoisia Herran paluuseen saakka jos he omasivat uskoa jolla pelastua. Vasta sitten he voisivat tulla puetuiksi valkeisiin vaatteisiin, pelastuksen symboliin, ja saada osakseen taivaan kirkkautta ja palkkioita tämän maailman tekojensa mukaan.

Monet nykyajan kirkot eivät kuitenkaan ymmärrä tätä. Ne eivät herää hengellisestä unestaan ja niiden usko on kuollutta.

Mikä pahempaa, näillä uskovilla ei ole paimenta joka voisi opettaa heille totuutta. He ovat kuin sokean johdattamia sokeita.

Jumala tahtoo kaikkien korvan omaavien kuuntelevan Hänen sanaansa ja tulevan pelastetuksi. Hän tahtoo myös Isä Jumalaa todella rakastavien etsivän Herraa ja kaipaavan totuutta. Hän haluaa että heitä johdetaan hyvin jotta he voisivat saavuttaa paremman asuinsijan taivaassa.

Meidän tulee siis ymmärtää kuinka siunattua onkaan omata aitoa uskoa ja tulla Herran täydelliseksi ja tahrattomaksi morsiameksi niin että me voimme kulkea Hänen kanssaan ikuisesti taivaassa.

Luku 6

Filadelfian kirkko
- Pelkkiä kehuja uskossa toimimisen tähden

Filadelfian kirkko oli seitsemästä kirkosta ainoa joka sai osakseen pelkkiä kehuja. Heillä oli vain vähän valtaa mutta he eivät olleet maailman tahraamia ja he pitivät kiinni uskostaan. Tämän tähden he saivat Daavidin avaimen joka avaa portin siunauksiin. He saivat todisteita Jumalan rakkaudesta ja heitä siunattiin lupauksella siitä että heistä tulisi Uuden Jerusalemin pylväs.

Filadelfian kirkolle annettu sanoma annetaan kirkoille ja kirkon jäsenille jotka yrittävät pitää kiinni Jumalan sanasta siitä huolimatta että he omaavat vain vähän uskoa, ja tämän tähden näyttävät merkkejä, ihmeitä ja voimallisia tekoja.

Ilmestyskirja 3:7-13

Ja Filadelfian seurakunnan enkelille kirjoita: 'Näin sanoo Pyhä, Totinen, jolla on Daavidin avain, hän, joka avaa, eikä kukaan sulje, ja joka sulkee, eikä kukaan avaa: Minä tiedän sinun tekosi. Katso, minä olen avannut sinun eteesi oven, eikä kukaan voi sitä sulkea; sillä tosin on sinun voimasi vähäinen, mutta sinä olet ottanut vaarin minun sanastani etkä ole minun nimeäni kieltänyt. Katso, minä annan sinulle saatanan synagoogasta niitä, jotka sanovat olevansa juutalaisia, eivätkä ole, vaan valhettelevat; katso, minä olen saattava heidät siihen, että he tulevat ja kumartuvat sinun jalkojesi eteen ja ymmärtävät, että minä sinua rakastan. Koska sinä olet ottanut minun kärsivällisyyteni sanasta vaarin, niin minä myös otan sinusta vaarin ja pelastan sinut koetuksen hetkestä, joka on tuleva yli koko maanpiirin koettelemaan niitä, jotka maan päällä asuvat. Minä tulen pian; pidä, mitä sinulla on, ettei kukaan ottaisi sinun kruunuasi. Joka voittaa, sen minä teen pylvääksi Jumalani temppeliin, eikä hän koskaan enää lähde sieltä ulos, ja minä kirjoitan häneen Jumalani nimen ja Jumalani kaupungin nimen, sen uuden Jerusalemin, joka laskeutuu alas taivaasta minun Jumalani tyköä, ja oman uuden nimeni. Jolla on korva, se kuulkoon, mitä Henki seurakunnille sanoo.'

HERRAN KIRJE FILADELFIAN KIRKOLLE

Ja Filadelfian seurakunnan enkelille kirjoita: 'Näin sanoo Pyhä, Totinen, jolla on Daavidin avain, hän, joka avaa, eikä kukaan sulje, ja joka sulkee, eikä kukaan avaa' (Ilmestyskirja 3:7).

Apostolien tehdessä Filadelfiassa työtään se oli vain pieni, noin 1000 asukkaan kokoinen kaupunki. Maanjäristykset olivat tavallisia ja niin suurin osa väestöstä oli maanviljelijöitä. He nauttivat viinistä ja tanssimisesta, ja he palvoivat Dionysosta, kreikkalaista viinin jumalaa. Filadelfia oli myös portti joka yhdisti Sardeen, Pergamon, Troijan sekä Rooman.

Filadelfian kirkko oli ainoa seitsemästä kirkosta joka sai

Herralta osakseen ainoastaan kehuja. Se on hyvä esimerkki monelle nykyajan kirkoista.

Herra on Pyhä ja totinen

Filadelfian kirkolle puhuva Herra on 'pyhä ja totinen.' Tässä 'pyhä' tarkoittaa että Hän on kaikkien ihmisten yläpuolella ja syntien tahraamaton. Hän kirkastaa Jumalaa sillä Hän elää ainoastaan Jumalan sanan mukaan ilman tahraa tai nuhdetta. Alunperin termiä 'pyhä' ei voitu käyttää ihmisten kohdalla. Vain Jumala on pyhä ja totinen. Sanaa 'pyhä' voidaan kuitenkin käyttää ilmaisemaan tilannetta jossa henkilö löytää uudelleen Jumalan kadonneen kuvan joka on aikaisemmin ollut synnin tähden kadoksissa ja hän alkaa muistuttaa Jumalan pyhyyttä. Tämä perustuu siihen mikä on kirjattu jakeeseen 1. Piet. 1:16.

Jakeissa Joh. 10:34-36 Jeesus sanoi näin: *"Eikö teidän laissanne ole kirjoitettuna: 'Minä sanoin: te olette jumalia'? Jos hän sanoo jumaliksi niitä, joille Jumalan sana tuli-ja Raamattu ei voi raueta tyhjiin-niin kuinka te sanotte sille, jonka Isä on pyhittänyt ja lähettänyt maailmaan: 'Sinä pilkkaat Jumalaa', sentähden että minä sanoin: 'Minä olen Jumalan Poika?'"*

Tässä 'joille Jumalan sana tuli' viittaa niihin jotka pitävät Jumalan totuuden sanan ja elävät sanan mukaisesti. Tämä tarkoittaa, että Jumala pitää näitä ihmisiä jumalallisina.

Tämä ei kuitenkaan tarkoita sitä että he olisivat samalla tasolla Jumalan kanssa ainoastaan sen tähden että Jumala pitää heitä jumalallisina. Hän pitää heitä hengen ihmisinä, totuuden ihmisinä.

Tämän tähden Herra Jeesus sanoi Matteuksen jakeessa 5:48 näin: *"Olkaa siis te täydelliset, niinkuin teidän taivaallinen Isänne täydellinen on."* Hän sanoi lisäksi seuraavasti jakeissa Joh. 17:17-19: *"Pyhitä heidät totuudessa; sinun sanasi on totuus. Niinkuin sinä olet lähettänyt minut maailmaan, niin olen minäkin lähettänyt heidät maailmaan; ja minä pyhitän itseni heidän tähtensä, että myös he olisivat pyhitetyt totuudessa."* On siis Jumalan tahto että me tulemme yhtä pyhiksi kuin Hän.

Lisäksi 'totinen' tarkoittaa ilman epätotuutta tai valetta. Muuttumattomuus, pidättäytyminen oikealle tai vasemmalle ajautumisesta, pidättäytyminen valehtelusta, pettämisestä tai lupausten rikkomisesta, kavaluuden välttäminen ja alati muuttumattomana oleminen ovat kaikki jotakin mikä on 'totista.' Totisena oleminen erittäin tärkeää. Me voimme pitää kiinni uskosta vasta sitten kun me olemme totisia. Tällöin Jumalan sana voi olla meissä elävä ja aktiivinen ja me voimme kokea Jumalan voimaa. Tämän tähden Jumalan sana on itse totuus.

Me voimme kuitenkin epäillä ja tulla epätotuuden

kiusaamaksi jos me emme ole totisia. Me emme voi koskaan myöskään ymmärtää totista sydäntä (1. Korinttolaiskirje 2:13). Mitä sitten tarkoittaa että Herralla on Daavidin avain?

Herralla on Daavidin avain

Daavid oli Israelin kuningas. Aikaisista vuosistaan alkaen hän pelkäsi ja rakasti Jumalaa. Israel oli kaikista kukoistavin Daavidin vallan aikana. Se laajensi aluettaan ja nautti suuresta vauraudesta niin että jopa sen naapurimaatkin toivat sille lahjoja. Sekä Jumala että Israelin kansa rakasti ja suosi Daavidia.

Me tarvitsemme avaimen avataksemme oven aarteita täynnä olevaan varastoaittaan. Vain aitan avaimen omaavat voivat avata sen oven ja nauttia sen aarteista. Jumala antoi Daavidille avaimen jolla hän saattoi avata minkä tahansa siunauksen oven jotta hän voisi nauttia kaikista siunauksista. Tämä oli mahdollista sen ansiosta että Daavid oli Jumalan sydämen mukainen mies.

Daavidin täytyi kuitenkin käydä läpi monia koettelemuksia ennen kuin hän oli sopiva saamaan avaimen itselleen. Daavid aiheutti Uurian kuoleman salatakseen että hän oli itse maannut Uurian vaimon kanssa ja tehnyt tämän raskaaksi. Tästä alkoivat hänen koettelemuksensa. Tämä oli suuri synti, mutta Daavidin ei kuitenkaan täytynyt olla paha henkilö toimiakseen näin.

Daavid kuitenkin rakasti Jumalaa yli kaiken. Hänen luonteessaan oli kuitenkin syvä pahuuden juuri joka tuli esiin suurena syntinä.

Jumala tiesi että Daavidin luonteessa oli vielä pahuutta jäljellä ja tämän tähden Hän salli Daavidin kohdata koettelemuksia jotta hän saattaisi löytää uuden itsensä kokonaisuudessaan ja tulla täydellisen pyhittyneeksi.

Jopa näiden koettelemusten aikana Daavid jätti kaiken Jumalan käsiin. Hänen täytyi paeta kovassa kiireessä poikansa Absalonin kapinan tähden. Tällöin Siimei, tavallinen mies, kirosi häntä, sanoen *"Pois sinä siitä, sinä kelvoton murhamies"* (2 Samuel 16:7). Daavid ei kuitenkaan rangaissut häntä. Sen sijaan hän nöyrti itsensä voittaakseen puolelleen Jumalan myötätunnon. Tämä erosi hyvin paljon hänen aikaisemmasta asenteestaan, jolla hän oli aiheuttanut Uurian kuoleman kuninkaan asemansa voimalla.

Näiden koettelemusten kautta hän saattoi muuttua Jumalan sydämen mukaiseksi mieheksi. Jumala jalosti hänestä paremman astian siunausten saamiseksi ja tämän jälkeen Hän antoi Daavidille avaimen suurten siunausten oveen. Erityisesti hän sai käsittämättömän suuren siunauksen olla osa sukupuuta joka tuotti Jeesuksen joka oli avaava oven pelastukseen.

Daavidin avainta ei anneta vain muutamalle valitulle ihmiselle. Se annetaan kaikille Jumalaa rakastaville ja Herraa muistuttaville ihmisille jotka ovat tulleet pyhiksi ja totisiksi. Me saavutamme tämän avaimen täyttämällä Jumalan tahtomat ehdot ja niin ovi aukeaa terveyden sekä muiden vaurauden, kunnian ja vallan kaltaisiin siunauksiin. Lopulta meille annetaan myös avain kaikimpaan suurimpaan siunaukseen; Uuden Jerusalemin oveen.

Avaimen kaikkiin siunauksiin omaavasta Herrasta sanotaan, että: "Hän, joka avaa, eikä kukaan sulje, ja joka sulkee, eikä kukaan avaa." Tämä johtuu siitä että ovi pelastukseen voidaan avata ainoastaan Herran Jeesuksen Kristuksen nimessä. Tätä ovea ei voida enää sulkea sen jälkeen kun se on avattu. Ap.t. 4:12 sanoi tästä: "*Eikä ole pelastusta yhdessäkään toisessa; sillä ei ole taivaan alla muuta nimeä ihmisille annettu, jossa meidän pitäisi pelastuman.*"

Edes paholais-vihollinen ei voi sulkea tätä ovea! Herra avaa ja sulkee kaiken Jumalan tahdon mukaisesti ja Hän tekee kaiken Jumalan suunnitelman mukaisesti ilman pienintäkään virhettä.

Nykyajan Filadelfian kirkon kaltaiset tapaukset

Filadelfian kirkolle annettu sanoma pitää sisällään Jumalan valitseman ja Hänen valvomansa kirkon piirteet. Tämä on kirkko jonka Hän tunnustaa ja jota Hän ohjaa. Tämä Herran ylistämä nykyajan kirkko omaa vain vähän voimaa Filadelfian kirkon tavoin tekemättä silti kompromissia maailman kanssa. He pitävät kiinni Jumalan sanasta ja kestävät loppuun saakka kaikenlaisten vainojen ja koettelemusten keskellä ja voittavat kaiken rakkaudella ja uskossa.

Tämänkaltainen kirkko saa samanlaisia siunauksia kuin mitä Filadelfian kirkolle annettiin. He saavat todisteita Jumalan rakkaudesta heitä kohtaan ja he saavat tehdä Jumalan ihmeellisiä tekoja. Jumala avaa monia siunausten ovia mukaan lukien oven hengelliseen valtaan jolla hallita paholais-vihollista ja Saatanaa. Hän avaa oven Jumalan voimaan tehdä suuria ihmeitä, merkkejä ja ihmeellisiä tekoja. Näiden ovien kautta he voivat johdattaa myös useita sieluja pelastukseen.

Mitä enemmän kirkon jäsenet täyttävät vaaditut vaatimukset sitä lähemmäksi uuden Jerusalemin avainta he pääsevät kun siunausten ovet avataan kirkolle.

Siitä lähtien kun me avasimme tämän kirkon ovet me olemme pitäneet Filadelfian kirkkoa mallinamme ja tehneet parhaamme tullaksemme kauniiksi kirkoksi jota Herra voi ylistää. Me olemme sietäneet monenlaisia vainoja ja koettelemuksia pitääksemme Jumalan sanan ja välttääksemme tekemästä maailman kanssa kompromisseja.

Tämän johdosta Jumala on sallinut luomisen voiman ja kuvittelemattomien asioiden tapahtua tässä kirkossa. Tietenkään tällä hetkellä tapahtuvat voimalliset teot eivät ole tapahtuneet aina alusta saakka. Me olemme voittaneet polttouunien kaltaiset jalostuksen uskolla, ja niin Jumala on johdattanut meidät korkeammalle tasolle.

Jumala on saattanut antaa avaimen siunauksiin mutta tästä huolimatta on yksittäisestä uskovasta ja kirkosta kiinni avaavatko he oven aittaan ja nauttivatko he sen sisällä olevista siunauksista.

Haggai 2:9 sanoo: *"Tämän temppelin myöhempi kunnia on oleva suurempi kuin aikaisempi, sanoo Herra Sebaot."* Meidän tulee siis tehdä kaiken minkä me asemassamme voimme voidaksemme tehdä aikaisempia suurempia asioita Jumalan kunniaksi.

HERRAN FILADELFIAN KIRKOLLE ANTAMA YLISTYS

Minä tiedän sinun tekosi. Katso, minä olen avannut sinun eteesi oven, eikä kukaan voi sitä sulkea; sillä tosin on sinun voimasi vähäinen, mutta sinä olet ottanut vaarin minun sanastani etkä ole minun nimeäni kieltänyt. Katso, minä annan sinulle saatanan synagoogasta niitä, jotka sanovat olevansa juutalaisia, eivätkä ole, vaan valhettelevat; katso, minä olen saattava heidät siihen, että he tulevat ja kumartuvat sinun jalkojesi eteen ja ymmärtävät, että minä sinua rakastan. Koska sinä olet ottanut minun kärsivällisyyteni sanasta vaarin, niin minä myös otan sinusta vaarin ja pelastan sinut koetuksen hetkestä, joka on tuleva yli koko maanpiirin koettelemaan niitä, jotka maan päällä asuvat (Ilmestyskirja 3:8-10).

Ihmisten nimistä tulee ikimuistoisia ja heitä ylistetään halki sukupolvien kun he tekevät suuria suorituksia eri aloilla ihmiskunnan sivilisaation kehittymisen eduksi tai jos he tekevät hyveellisiä rakkauden tekoja.

On hyvin riemullista kun me meidän naapurimme rakastavat ja tunnustavat meidät tällä tavalla. On jotakin ikuista ja totista jos Herra ylistää meitä niinkuin Hän ylisti Filadelfian kirkkoa. Tämän arvoa tai onnellisuutta ei voida verrata mihinkään muuhun.

Herra on avannut heidän eteensä oven

Ennen kuin Herra kehui Filadelfian kirkkoa Hän lupasi heille että Hän tulisi siunaamaan heitä.

Hän sanoi erikseen, että: *"Minä olen avannut sinun eteesi oven, eikä kukaan voi sitä sulkea"* (jae 8). Yksikään ihminen tai enkeli eikä edes paholais-vihollinen tai Saatana voi sulkea ovea kun Herra avaa oven siunaukseen. Herra oli kuuliainen kuolemaan saakka Jumalan tahtoa noudattaen. Hän mursi kuoleman vallan. Tämän voiton kautta Jumala nimitti Hänet kuninkaiden Kuninkaaksi ja herrojen Herraksi.

Joh. 14:13 sanoo lisäksi: *"Ja mitä hyvänsä te anotte minun nimessäni, sen minä teen, että Isä kirkastettaisiin Pojassa."* Jumala lupasi meille että Hän antaisi meille mitä tahansa me sitten Jeesuksen Kristuksen nimessä pyydämme.

Pietari, Jeesuksen opetuslapsi, tunnusti Jeesuksen edessä: *"Sinä olet Kristus, elävän Jumalan Poika"* (Matteus 16:16). Jeesus sanoi sitten Pietarille näin: *"Ja minä sanon sinulle: sinä olet Pietari, ja tälle kalliolle minä rakennan seurakuntani, ja tuonelan portit eivät sitä voita. Minä olen antava sinulle taivasten valtakunnan avaimet, ja minkä sinä sidot maan päällä, se on oleva sidottu taivaissa, ja minkä sinä päästät maan päällä, se on oleva päästetty taivaissa"* (jakeet 18-19).

Hänen sanoihinsa sisältyy suuri valta. "Minä olen avannut sinun eteesi oven, eikä kukaan voi sitä sulkea." Tämä on Pietarille annettu valta minkä kautta kaikki maassa sidottu on myös taivaassa sidottu ja minkä kautta kaikki maassa päästetty on myös taivaassa päästetty.

Tätä siunauksen sanomaa ei ole tarkoitettu ainoastaan Filadelfian kirkolle vaan kaikille ihmisille ja kirkoille jotka ovat Herran tunnustamia. Jumalan itsensä valitsemat ja ohjaamat kirkot ja ihmiset ovat Jumalan kaitselmuksessa, ja niin kukaan ei voi enää sulkea ovea missään olosuhteissa kun Herra on sen kerran avannut.

Kun Jumala on kerran tehnyt päätöksensä ja antanut käskyn jonkun tapahtumiseksi tämä tulee varmasti täytetyksi Jumalan kunniaksi, yrittivät paholais-vihollinen ja Saatana sitten kuinka kovasti tahansa estää tätä.

Herra on sama eilen, tänään ja ikuisesti. Hän tulee olemaan

kanssamme aina siihen saakka että Hän tulee viemään meidät kanssaan. Hän takaa Jumalan perustaman kirkon ja sen jäsenet.

Filadelfian kirkko piti kiinni Jumalan sanasta omaten vain vähän voimaa

Filadelfian kirkko sai kaikki siunaukset sen tähden että he pitivät Jumalan sanan eivätkä kieltäneet Herraa siitä huolimatta että he omasivat vain vähän uskoa. Herra oli kehunut heitä siitä että he olivat hyvin pärjäävä kirkko joten miksi Hän sitten mainitsi että heillä oli vain vähän uskoa?

Tämä pitää sisällään kaksi eri merkitystä. Ensinnäkin, 'vähän voimaa' viittaa tilaan missä meillä on vain sinapinsiemenen verran uskoa heti sen jälkeen kun me olemme ottaneet Herran vastaan. Pienestä sinapinsiemenestä kasvaa kuitenkin suuri puu, jonka oksille monet linnut saapuvat lepäämään. Samalla tavalla meidän uskostamme kasvaa suuri usko edetessämme kristillisessä elämässämme eteenpäin.

Filadelfian kirkko piti siis kiinni oppimastaan Jumalan sanasta ja kasvoi uskossaan heti siitä alkaen kun he omasivat vähän uskoa, eli siitä lähtien kun he omasivat pienen mitan uskoa.

Ei ole helppoa aloitella kristillistä elämää Jumalan sanan pitämiseksi tämänkaltaisella pienellä voimalla. Heillä oli vain vähän voimaa jolla voittaa maailma, ja tämän tähden he eivät voineet panna sanaa täytäntöön elämässään siitä huolimatta että he kyllä tiesivät mitä totuus oli.

He voivat esimerkiksi kuunnella sanomaa joka käskee hankkiutumaan eroon äkkipikaisuudesta. He siis päättävät elää ainoastaan sanan mukaan. Kohdatessaan heitä vihastuttavan tapahtuman he menettävät malttinsa sillä heillä on vain vähän uskoa. He voivat kuitenkin voittaa tämän Pyhän Hengen avulla jos he omaavat edes vähän voimaa ja kantavat sanaa sydämessään rukoillen samalla palavasti.

Filadelfian kirkolla oli vain vähän voimaa mutta he rukoilivat palavasti ja pitivät sanan niin että heidän uskonsa saattoi kasvaa nopeasti. Heistä saattoi näin tulla kirkko joka saattoi tulla Herran ylistämäksi.

Seuraavaksi Jumalan sanan pitäminen vähäisellä voimalla tarkoittaa myös sitä että siitä huolimatta että heillä oli paljon voimaa he täyttivät Jumalan tahtoa nöyrästi niinkuin heillä olisi ollut vain vähän voimaa. Tarkistelkaamme tätä meidän Herramme Jeesuksen esimerkin kautta.

Jeesus oli alunperin yhtä Jumalan kanssa. Hän on Jumalan ainoa Poika ja Hänen valtansa ja voimansa vastaavat ja Jumalan valtaa ja voimaa. Jeesus kuitenkin otti alhaisen ihmisen lihallisen muodon tullessaan tämän maan päälle. Hän eli samalla tavalla kuin ihmiset. Hänen täytyi kärsiä samaa nälkää, väsymystä, kylmyyttä ja lihan kipuja kuin muidenkin ihmisten. Hän täytti Pelastajaksi tulemisen tehtävän mutta Hän ei tehnyt tätä kuninkaallisena ja mahtavana Jumalan Poikana, vaan vähävoimaisen ihmisen muodossa.

Jeesuksella oli rajattomasti voimaa ja valtaa mutta Hän kuitenkin saavutti kaiken oikeudenmukaisesti pelkkänä ihmisenä jolla oli vain hieman voimaa ja rajoitetusti valtaa. Jumala ei anna meille alusta saakka ehdotonta valtaa vaikka jotkut meistä saattavatkin omata hyvän sydämen ja paljon potentiaalia.

Jumala johdattaa meidät askel kerrallaan oikeudenmukaisesti niin että meidän omaamamme vähäinen voima voi kypsyä suureksi voimaksi.

Vähäisen voimansa kautta Filadelfian kirkko välttyi kieltämästä Herran nimeä

Filadelfian kirkkoa kehuttiin siitä että he pitivät Herran sanan ja siitä että he eivät kieltäneet Hänen nimeään. Tässä 'Hänen nimensä kieltäminen' ei tarkoita ainoastaan Hänen nimensä fyysistä kieltämistä vaan Hänen hylkäämistään.

On yleisesti ottaen Herran nimen kieltämistä jos henkilö on tietoinen Jumalan tahdosta mutta ei siitä huolimatta elä Hänen sanansa mukaan. On olemassa ihmisiä jotka tunnustavat uskoaan huulillaan. He kuitenkin ajautuvat niin vasemmalle kuin oikeallekin, epäilevät sitä ja tätä ja lopulta palaavat maailmaan yrittämättä seurata Hänen tahtoaan.

Henkilö ei pysty olemaan voittoisa koettelemuksissa tai vaikeuksissa jos hän tietää Jumalan tahdon mutta silti toimii sitä vastaan koska hän pitää aihetta liian vähäpätöisenä. Sen sijaan hän valittaa ja nurisee Jumalaa vastaan. Hän saattaa jopa lähteä kirkosta. Hän saattaa ajatella: "Kyse on kuitenkin niin pienestä asiasta", ja tämä tähden niskoitella totuutta vastaan. Lopulta tämä johtaa tilanteen jossa hän pettää Herran.

Filadelfian kirkko aloitti vähäisellä voimalla joka vastasi hyvin pientä määrää uskoa. Heidän tekonsa olivat tarpeeksi saadakseen Herran kehumaan niitä jopa sinä aikana kun heidän uskonsa oli vielä kasvamassa. He elivät pelkästään sanaan nojaten kaikissa tilanteissa. He eivät kieltäneet Jumalaa edes silloin kun he kohtasivat vaikeuksia ja koettelemuksia vaan pitivät kiinni uskostaan ja seisoivat uskon kalliolla yhä vakaammin.

Voidakseen pitää Herran sanan ja välttyä kieltämästä Herran nimeä tämän 'vähäisen uskon' takia meidän pitää rukoilla lakkaamatta.

Me emme voi heittää epätotuutta pois ja voittaa pimeyttä pelkästään omin voiminemme. Me voimme tehdä tämän ainoastaan Jumalan armosta ja Hänen voimallaan, ja niin meidän täytyy saada ne rukouksen kautta.

Meidän pitää myös ymmärtää kunnolla Herran tahtoa.

Meidän täytyy olla tietoisia siitä mitä synti on, mitä pimeys on ja mitä tarkoitetaan 'lihalla.' Meidän täytyy heittää kaikki nämä pois nopeasti. Jos me emme tee näin, me saatamme langeta vanhurskauden polulta ja kulkea kohti väärää suuntaa sen tähden että me emme tunne Herran tahtoa.

Vilpittömästi Herran tahdon tuntemista tahtovat voivat olla kiitollisia ja iloisia kun heitä torutaan ja rangaistaan. Tämä johtuu siitä että tämä saa heidät ymmärtämään Herran tahtoa yhä selvemmin ja siten elämään tarkemmin sen mukaisesti.

Filadelfian kirkko sai todisteita Herran rakkaudesta

Herra sanoi: "Minä tiedän sinun tekosi." Herra tiesi kaiken mitä he olivat tehneet Hänen sanansa pitämiseksi. Heillä oli vain hieman pienen uskonsa voimaa ja niin he eivät kieltäneet Hänen nimeään ja Hän näytti heille todisteita Hänen rakkaudestaan.

Hän sanoi: *"Katso, minä annan sinulle saatanan synagoogasta niitä, jotka sanovat olevansa juutalaisia, eivätkä ole, vaan valhettelevat; katso, minä olen saattava heidät siihen, että he tulevat ja kumartuvat sinun jalkojesi eteen ja ymmärtävät, että minä sinua rakastan"* (Ilmestyskirja 3:9).

Kuten aikaisemmin mainittiin, "Saatanan synagooga" on kahdesta tai useammasta henkilöstä muodostuva joukko joka puhuu totuutta vastaan ja aiheuttaa ongelmia kirkossa. Ne, 'jotka sanovat olevansa juutalaisia, eivätkä ole', ovat niitä jotka sanovat uskovansa Jumalaan ja olevansa Jumalan lapsia mutta kuuluvat silti Saatanan synagoogaan. He estävät Jumalan kuningaskuntaa.

He kutsuvat itseään Jumalan lapsiksi huulillaan mutta he eivät elä totuudessa vaan juoruavat, tuomitsevat ja arvostelevat muita. He tuottavat kirkolle vaikeuksia ja riitoja. 'Ne, jotka sanovat olevansa juutalaisia mutta eivät ole' sanovat kyllä olevansa uskovia mutta vainoavat Jumalan itsensä valitsemia kirkkoja ja pastoreita ja estävät Jumalan kuningaskuntaa.

Raamattu sanoo että Jeesuksen Kristuksen kieltävä on valehtelija ja antikristus (1. Joh. 2:22). On kuitenkin ihmisiä jotka valehtelevat siitä huolimatta että he väittävät uskovansa.

He tuomitsevat jopa ihmeiden ja merkkien kautta Jumalan kirkkautta paljastavia ihmisiä jos jokin ei sovi yhteen heidän ajatusmalliensa kanssa.

1 Joh. 1:6 sanoo: *"Jos sanomme, että meillä on yhteys hänen kanssaan, mutta vaellamme pimeydessä, niin me valhettelemme emmekä tee totuutta."* Valehtelijat siis sanovat uskovansa mutta eivät elä Jumalan sanan mukaan.

Herra sanoi: "Minä olen saattava heidät siihen, että he tulevat ja kumartuvat sinun jalkojesi eteen." Tämä tarkoittaa sitä että jopa tämänkaltaiset ihmiset ymmärtävät lopulta väärät tekonsa Jumalan voiman edessä, katuvat ja kääntyvät oikealle tielle.

Tämän kautta Jumala vahvistaa rakastavansa kirkkoa ja Hänen palvelijoitaan.

Myös Filadelfian kirkko kärsi juutalaisiksi itseään väittävien aiheuttamista vainoista ja vaikeuksista. Jumala sai kuitenkin tämänkaltaiset ihmiset tulemaan kirkkoon ja katumaan sen edessä. He eivät kuitenkaan kaikki katuneet tai kääntyneet synneistään. He tekivät syntiä pilkkaamalla Pyhää Henkeä puhumalla sitä vastaan. Heidän ei ollut helppoa katua, kääntyä synneistään ja saada anteeksi (Matteus 12:31-32). Mutta myös itseään juutalaisiksi kutsuvien joukossa on hyväsydämisiä ihmisiä. He tulevat ymmärtämään syntinsä ja katumaan kun he kuulevat totuuden sanan ja näkevät Jumalan voiman työt.

Jumala näyttää rakkauden todistuksen koettelemusten kautta

Joskus Jumala sallii rakkaiden lastensa tulevan jalostetuksi vainojen tai koettelemusten kautta. Lopulta tämä on kuitenkin siunaukseksi, mikä tulee takuuvarmasti todistetuksi. Vainoajat ja ongelmien aiheuttajat tulevat kuitenkin kohtaamaan oikeudenmukaisen tuomion.

Tämä johtuu siitä Jumalan rakastaman ja takaaman kirkon tai henkilön vastustaminen on sama kuin itse Jumalan vastustaminen. Joten lukiessamme Raamattua me näemme kuinka tämänkaltaiset ihmiset ovat kohdanneet traagisen lopun. Ihmisten täytyy todistaa rakkautensa sitä seuraavilla teoilla kun he tunnustavat rakastavansa Jumalaa. Myöskään Jumala ei sano lapsilleen vain, että 'Minä rakastan sinua', vaan Hän esittää rakkaudestaan vankkoja todisteita.

Raamattu kertoo kuinka monet Jumalan rakastamat henkilöt pystyivät näyttämään todisteita tästä Jumalan rakkaudesta. Jumala on sama eilen, tänään ja ikuisesti, ja jopa tänäkin päivänä Jumala näyttää eri tavalla todisteita rakastamilleen kirkoille ja pastoreille.

Ensinnäkin, Jumala näytti lukemattomia todisteita siitä että Hän on elävä Jumala. Pyhän Hengen hurmiossa Jumala tulkitsee hengellinen maailman syviä salaisuuksia joita ihmiset eivät voi edes ymmärtää. Paholais-vihollinen ja Saatana saattavat yrittää häirintää mutta Jumala osoittaa todisteensa suojelemalla omiaan.

Tämän lisäksi juutalaisiksi itseään valheellisesti kutsuvien estelyt saattavat tulla astinkiviksi Jumalan suurille töille.

Paholais-vihollinen ja Saatana saattavat usuttaa pahoja ihmisiä aiheuttaakseen Jumalan ihmisille vaikeuksia ja koettelemuksia. Tämän kautta he voivat kuitenkin saada yhä suuremman määrän Jumalan voimaa oikeudenmukaisuuden lain mukaisesti. He saavat sitä enemmän Jumalan voimaa mitä enemmän he voittavat koettelemuksia hyvyydellä, rakkaudella ja uskolla. Lopulta

Jumalan lapset voivat saavutta ihmeellisen Jumalan voiman tason.

Filadelfian kirkko vältti koetuksen hetken

Filadelfian kirkon uskovat pitivät Jumalan sanan ja välttivät kieltämästä Herran nimeä pelkän pienen voimansa avulla. He olivat myös kärsivällisiä ja välttyivät koetuksen hetkeltä (Ilmestyskirja 3:10). Miksi kohta puhuu 'kärsivällisyyden sanasta?'

Jumalan sanan pitämiseen tarvitaan joskus paljon kärsivällisyyttä. Näin on varsinkin silloin jos meillä on vain vähän voimaa tai heikko usko. Tässä heikon vaiheen uskossa epätotuuden seuraamista tahtovat piirteet ovat sydämessämme totuuden seuraamista tahtovia piirteitä voimakkaampia, ja niin meidän pitää olla pitkämielisiä rukoillen ja paastoten voidaksemme voittaa tämän ja taistella syntiä vastaan totuutta seuraten.

Totuuden seuraamisesta tulee kuitenkin paljon helpompaa kun meidän totuuden sydämemme kasvaa epätotuuden sydäntä vahvemmaksi. Meidän ei tarvitse olla pitkämielisiä tai tukahduttaa lihan himoja niinkuin aikaisemmin. Totuuden teot virtaavat luonnostaan vähäisellä vaivannäöllä.

Meidän ei pidä kuitenkaan sallia itsemme levätä ainoastaan sen tähden että totuuden sydän on epätotuuden sydäntä vahvempi. Meidän täytyy olla pitkämielisiä ja hallita kaikkea meistä lähtevää kunnes me olemme heittäneet pois kaikenlaisen pahan.

Jumala pitää tekojamme uskon tekoina kun me yritämme olla kärsivällisesti pitkämielisiä ja me teemme parhaamme eläksemme Jumalan sanan mukaisesti oman uskon mittamme mukaisesti. Jumala suojelee näitä lapsia ja siunaa heitä välttämään koettelemuksia.

Mitä sitten tarkoittaa "Minä pelastan sinut koetuksen hetkeltä?" Jumala maksaa ihmisille takaisin heidän tekojensa mukaisesti. Jumala suojelee lapsiaan pimeyden vallalta sen mukaan kuinka he elävät sanan mukaan kirkkaudessa.

Jumala voi esimerkiksi suojella heitä perusasiossa niin kauan kun he pyhittävät lepopäivän ja antavat täydet kymmenykset. Jumala suojelee heitä niin että he eivät vahingoitu vaikka he joutuisivat oman virheensä takia onnettomuuteen. Entä mitä sitten jos he pitävät sanan pitkämielisesti ja elävät totuudessa? Tällöin Jumala tietenkin suojelee heitä kaikilla osa-alueilla.

Syitä koettelemusten ja vaikeuksien kokemiseen

Jotkut kristityt näyttävät elävän hyvää kristillistä elämää mutta joutuvat silti kärsimään erilaisista koettelemuksista ja vaikeuksista. Heidän ympärillään olevat ihmiset voivat puhua seuraavasti: "He ovat saattanet tehdä syntiä Jumalan edessä", tai "He tekevät työtä ainoastaan silloin kun muut näkevät heidät."

Nämä ihmiset alkavat juoruta, mitata, tuomita ja arvostella. Jumala tietenkin suojelee Jumalan lapsia niin että he välttävät vaivat ja koettelemukset jos he pitävät Hänen sanansa ja elävät totuudessa. Jumala kääntää kaiken hyväksi vaikka Hänen lapsensa kohtaisivat ongelmia (Roomalaiskirje 8:28). Meidän täytyy siis tutkiskella olemmeko me kulkeneet Jumalan silmissä oikein jos Hän ei suojelee meitä ja me kärsimme vaikeuksista ja koettelemuksista.

Joskus me voimme kuitenkin kohdata koettelemuksia vaikka me olemmekin eläneet kunnollista kristillistä elämää. Tällaisissa tapauksissa Jumala on sallinut tämän meille antaakseen meille enemmän siunauksia. Joten meidän ei pidä tuomita koettelemuksista kärsivää henkilöä sen mukaan mitä me näemme ulospäin luullen tietävämme mitä totuus on.

Joosef esimerkiksi myytiin orjaksi toiseen maahan, ja lihallisesta näkökulmasta katsottuna näytti siltä kuin hän olisi kärsinyt vaikeuksista kun hänet suljettiin syyttömänä vankilaan. Kaikki nämä koettelemukset kuitenkin sallittiin hänelle Jumalan johdatuksesta, sillä Hän aikoi tehdä Joosefista johtajan ja luoda Israelin valtion perustat. Nämä koettelemukset eivät olleet ainoastaan Joosefin henkilökohtaiseksi siunaukseksi vaan myös Jumalan suureksi kunniaksi.

Kyseessä on sama asia kun uskollisia kristittyjä vainotaan ja tehdään marttyyreiksi. Ei ole kyse siitä etteikö Jumala olisi suojellut heitä, vaan kyse on pikemminkin siitä että he saavat voittaa nämä koettelemukset.

Roomalaiskirjeeseen 8:18 on kirjoitettu seuraavasti: *"Sillä minä päätän, että tämän nykyisen ajan kärsimykset eivät ole verrattavat siihen kirkkauteen, joka on ilmestyvä meihin."* Näin he voivat siis saada osakseen kunniaa jota ei voida edes verrata maanpäälliseen ja katoavaisiin kärsimyksiin.

Tämä 'koetuksen hetki' viittaa yksityiskohtaisemmin seitsemänvuotiseen suureen ahdistukseen. Me elämme maailman lopun aikaa, ja niin meidän tulee olla hereillä ja elää raitista uskon elämää niin että me emme lankea koetuksen hetkellä.

Meitä ei temmata ilmaan jos me lopun aikoina käymme vain kirkossa noudattamatta Jumalan sanaa maailman kanssa ystävystyen. Tämän sijaan me joudumme Herramme palatessa keskellä seitsemänvuotista Suurta ahdistusta. Me voimme kuitenkin välttyä tältä koetuksen hetkeltä ja päästä Herran järjestämiin seitsenvuotisiin hääpitoihin jos me vain pidämme kiinni sanasta pitkämielisesti.

Herran palatessa ilman halki ensimmäisenä nousevat Herrassa nukkuvat. Tämän jälkeen elossa olevat ja Herran hyväksyneet saavat taivaallisen kehonsa ja tempautuvat ilmaan. Ilmassa he viettävät seitsenvuotista hääjuhlaa.

Tuohon aikaan Pyhä Henki otetaan maan päältä pois ja maailma luisuu seitsenvuotiseen ahdistukseen. Pimeyden voimilla on täysi valta ja antikristus ilmestyy. Antikristuksen väki yrittää löytää kaikki jotka yrittävät pitää kiinni uskostaan Jeesukseen Kristukseen. He yrittävät saada nämä kieltämään Herran ankaran kidutuksen avulla.

Voidaksemme välttää tämän seitsemänvuotisen ahdistuksen meidän pitää pysytellä hereillä, rukoilla ja kaunistaa itsemme Herran morsiameksi. Meidän pitää heittää pois kaikenlainen pahuus voidaksemme muistuttaa Herran sydäntä.

FILADELFIAN KIRKON HERRALTA SAAMA LUPAUS

Minä tulen pian; pidä, mitä sinulla on, ettei kukaan ottaisi sinun kruunuasi. Joka voittaa, sen minä teen pylvääksi Jumalani temppeliin, eikä hän koskaan enää lähde sieltä ulos, ja minä kirjoitan häneen Jumalani nimen ja Jumalani kaupungin nimen, sen uuden Jerusalemin, joka laskeutuu alas taivaasta minun Jumalani tyköä, ja oman uuden nimeni. Jolla on korva, se kuulkoon, mitä Henki seurakunnille sanoo (Ilmestyskirja 3:11-13).

Filadelfian kirkko piti kiinni sanasta pitkämielisesti aina siitä lähtien kun heillä oli vain vähän voimaa, ja niin Herra avasi heille siunausten portin ja todisti heille että Hän rakastaa heitä. Hän myös sanoi heille että Hän oli palaava pian ja kertoi heille kuinka heidän oli käyttäydyttävä (Ilmestyskirja 3:11).

Herran lupaus, "Minä tulen pian" päti sekä 2000 vuotta sitten että tänään. Jotkut saattavat sanoa: "Hän sanoi palaavansa pian mutta ei ole kuitenkaan vieläkään palannut." Hän ei ole kuitenkaan hidas palaamaan. Herran sana on käynyt jatkuvasti toteen aina tähän päivään saakka. Useimmat ihmiset elävät vain 70 tai 80 vuoden ikään saakka terveenä, minkä jälkeen he kohtaavat Herran joka sanoi "Minä tulen pian."

Meidän ei pidä siis ajatella että Herran paluu kestää kauan aikaa (1. Piet. 3:9-10) vaan sen sijaan valmistaa itsemme niin että me olemme valmiita ottamaan Herran vastaan minä hetkenä hyvänsä.

Mitä neuvoja ja siunauksia Herra sitten antoi Filadelfian kirkolle?

Herra tahtoo meidän pitävän kiinni siitä mitä meillä on

Ensiksi Herra sanoi Filadelfian kirkolle seuraavasti: *"Pidä, mitä sinulla on, ettei kukaan ottaisi sinun kruunuasi"* (jae 11). Herramme sanoi kerra Tyatiran kirkolle, että: *"Pitäkää vain, mitä teillä on, siihen asti kuin minä tulen"* (Ilmestyskirja 2:25). Tämä tarkoittaa että heidän tulee pitää kiinni omaamastaan uskosta niin etteivät he menetä tilaisuutta pelastua.

Herra ei kuitenkaan puhunut ainoastaan pelastuksesta

240

sanoessaan Filadelfian kirkolle: "Pidä, mitä sinulla on."

Filadelfian kirkon jäsenet pitivät kiinni Jumalan sanasta aina siitä lähtien kun he omasivat vähäistä uskoa. Tässä tarkoitetaan siis sitä että heidän pitäisi täyttää Jumalan antamat velvollisuutensa saadakseen Jumalan heille lupaamat kruunut ja palkkiot taivaassa. Meidän Herramme siis varoitti heitä jotta he eivät menettäisi kruunujaan tahraantumalla matkan aikana. Meille annettuja kruunuja ei tietenkään koskaan oteta pois sen jälkeen kun me olemme päässeet taivaaseen. Niin kauan kun me olemme tämän maan päällä me voimme kuitenkin vielä menettää meitä taivaassa odottavat kruunumme.

Meidän ei tule välttää Jumalan antamia velvollisuuksiamme tai luopua niistä jos me todellakin omaamme uskoa ja toivoa taivaasta. Meidän ei pidä myöskään olla ylpeitä velvollisuuksia täyttäessämme ja luulla, että niitä ei voitaisi täyttää ilman meitä. Lampunjalat voidaan siirtää. Meidän täytyy pitää kiinni noyrasta asenteesta, ensirakkaudesta ja alun palosta.

Jumala ei koskaan lakkaa täyttämästä Hänen tekojaan. Joten Jumala siis täyttää tekonsa jonkun toisen valmistamansa ihmisen kautta jos me emme täytä velvollisuuksiamme kaikissa olosuhteissa.

Jumala ei ota velvollisuuksiamme pois saman tien ainoastaan sen tähden että me olemme laiminlyöneet sen kerran tai pari.

241

Hän antaa meille uusia tilaisuuksia katua yhä uudelleen. Hän kuitenkin korvaa meidät toisella henkilöllä saavuttaaksen valtakuntansa jos me pysymme samana useista saamistamme mahdollisuuksista huolimatta.

Me olemme heittäneet syntejämme pois tunnollisesti ja marssineet kohti taivasta toivossamme. Joten meidän ei tule koskaan menettää taivaaseen keräämiämme palkkioita katsomalla taaksepäin maailmaan.

Kuvittele, että me olemme olleet uskollisia kristillisessä elämässämme ja että me saamme astua hyvään taivaalliseen asuinsijaan jos me teemme kuolemaan johtavaa syntiä. Jos me teemme kuolemaan johtavaa syntiä meidän tulee kuitenkin aloittaa alusta Paratiisista, taivaan alimmasta asuinsijasta, siitä huolimatta että me kadumme ja käännymme synneistämme.

Me voimme kuitenkin saavuttaa aikaisemman asemamme jos me käännymme aidosti synneistämme ja Jumala armahtaa meitä vaivannäkömme ansiosta. Vaivannäkömme mukaisesti me voimme myös odottaa saavamme hyvän asuinsijan taivaassa.

Temppelin pylvääksi tulemisen siunaus

Herra lupasi Filadelfian kirkolle että Hän tekisi heistä pylvään Hänen temppeliinsä kun he olivat pitäneet kiinni teoistaan ja olleet voittoisia (Ilmestyskirja 3:12).

'Jumalani temppeli' viittaa tässä paikkaan jossa Jumalan valtaistuin sijaitsee. Tämä on Uusi Jerusalem. Uuden Jerusalemin pylvääksi tuleminen tarkoittaa tarkoittaa tärkeäksi Uuden Jerusalemin henkilöksi tulemista. Tämä on suuri siunaus.

Tätä siunausta ei kuitenkaan anneta kenelle tahansa vaan ainoastaan niille jotka ovat voittoisia. Filadelfian kirkon jäsenillä oli vain vähän uskoa mutta he pitivät kiinni Jumalan sanasta eivätkä he kieltäneet Herran nimeä. Tämän mukaisesti heidän uskonsa kasvaessa he saattoivat elää vakaasti totuudessa ja saavuttaa täydellisen pyhittymisen. He pystyivät myös täyttämään uskollisesti Jumalan antamat velvollisuutensa.

Tämä on voittoisan henkilön elämä. Lisäksi sellaisista henkilöstä tulee Uuden Jerusalemin pylväitä joiden uskon Herra on tunnustanut olevan täydellinen. Jumala on antanut meille siunauksen lupauksen mutta tämä lupaus otetaan kuitenkin pois jos me emme pidä kiinni Hänen lupauksestaan ja omasta sydämestämme.

Me saamme sekä luvatut kruunut ja palkkiot että siunauksen tulla Uuden Jerusalemin pylvääksi jos me täytämme velvollisuutemme muuttumatta ja olemme voittoisia siihen saakka että meille annetty lupaus tulee täyteen.

Jumala ei koskaan muutu ja tämän tähden Hän ei koskaan ota näitä siunauksia pois. Näitä siunauksia ei koskaan viedä pois ja tämän tähden Herra sanoi: "Eikä hän koskaan enää lähde sieltä ulos."

Herra jatkoi sanoen: *"Minä kirjoitan häneen Jumalani nimen ja Jumalani kaupungin nimen, sen uuden Jerusalemin joka laskeutuu alas taivaasta minun Jumalani tyköä, ja oman uuden nimeni"* (jae 12). Tämä tarkoittaa sitä että Jumala vahvistaa ja takaa lupauksensa sinetöimällä sen täysin Jumalan nimessä, Uuden Jerusalemin nimessä sekä meidän Herramme uuden nimen nimessä.

Meidän Herramme uusi nimi on "kuninkaiden Kuningas ja herrain Herra." Tämä on kunniakas nimi joka annettiin Herra Jeesukselle, joka täytti ihmisten pelastuksen suunnitelman lunastamalla meidät synneistämme ja joka nousi kuolleista ja astui taivaaseen (Filippiläiskirje 2:9-11).

Uuteen Jerusalemiin pääsemisen vaatimukset

Jerusalem oli Israelin pääkaupunki. Täällä asuivat Israelin kuninkaat. Kaikki Jumalalle annetut uhrit annettiin Jerusalemissa olevassa Jumalan Pyhässä temppelissä. Uusi Jerusalem ei ole kuitenkaan tässä maailmassa olevan ja katoavaisen Jerusalemin kaltainen. Pyhä kaupunki, Uusi Jerusalem, on ikuinen Jerusalem missä itse pyhä Jumala asuu (Ilmestyskirja 21:1-2).

Vain täysin pyhittyneet ja tämän maan päällä uskollisena

olevat voivat päästä Uuteen Jerusalemiin. Täällä Jumala sallii heille ikuisen kirkkauden. Tämän tähden kaupunkia kutsutaan 'Kirkkauden kaupungiksi.' Tämän toivon lupaus ei koske ainoastaan Filadelfian kirkkoa vaan myös muita kirkkoja ja uskovia jotka toimivat Filadelfian kirkon ja sen jäsenten tavoin.

Me emme kuitenkaan pääse sisälle jos me emme ole olleet täysin uskollisia uskon täydessä mitassa. Meidän täytyy saavuttaa täydellinen pyhittyminen ilman mitään pahuuden muotoa ja meidän tulee olla uskollinen koko Jumalan talossa. Me voimme astua sisään ainoastaan korkeimman tason uskolla. Meidän uskomme ei voi saavuttaa tätä tasoa yhdessä päivässä. Tämän tason uskon saavuttaminen ei voi myöskään tapahtua ainoastaan omin voiminemme.

Raamattu kertoo kuinka niistä uskon isistä joiden katsottiin olevan tarpeeksi arvollisia astumaan Uuteen Jerusalemiin jalostettiin kultaakin puhtaampia Jumalan johdatuksen mukaisten ankarien koettelemusten kautta. He täyttivät velvollisuutensa tavalla johon tavalliset ihmiset eivät olisi pystyneet aina kuolemaankin saakka. Vasta sitten he olivat tarpeeksi arvollisia astumaan Uuteen Jerusalemiin.

Joten meidän tulee kärsivällisesti pitää kiinni sanasta muuttumatta siitä huolimatta että me saatamme kenties omata vain vähäisesti uskoa. Ottakaamme vastaan todiste siitä että Jumala rakastaa meitä tulemalla täysin pyhittyneeksi ja olemalla täysin uskollinen sekä ottamalla vastaan siunaus tulla Uuden Jerusalemin pylvääksi.

LUKU 7

LAODIKEAN KIRKKO
- Kirkko joka ei ollut kylmä eikä palava

Laodikean kirkko oli taloudellisesti rikas mutta muuten kurjassa tilassa. Hengellisesti he kärsivät koettelemuksista ja olivat sekä sokeita että alastomia. Herra torui heitä siitä että he eivät olleet kylmiä eivätkä palavia, ja Hän kehoitti heitä olemaan palavampia sekä katumaan.

Tämä sanoma annetaan niille nykyajan kirkoille jotka eivät yritä olla innokkaampia tai muuttaa itseään sanoen: "Me olemme rikkaita, eikä meiltä puutu mitään."

Ilmestyskirja 3:14-22

Ja Laodikean seurakunnan enkelille kirjoita: 'Näin sanoo Amen, se uskollinen ja totinen todistaja, Jumalan luomakunnan alku: Minä tiedän sinun tekosi: sinä et ole kylmä etkä palava; oi, jospa olisit kylmä tai palava! Mutta nyt, koska olet penseä, etkä ole palava etkä kylmä, olen minä oksentava sinut suustani ulos. Sillä sinä sanot: Minä olen rikas, minä olen rikastunut enkä mitään tarvitse; etkä tiedä, että juuri sinä olet viheliäinen ja kurja ja köyhä ja sokea ja alaston. Minä neuvon sinua ostamaan minulta kultaa, tulessa puhdistettua, että rikastuisit, ja valkeat vaatteet, että niihin pukeutuisit eikä alastomuutesi häpeä näkyisi, ja silmävoidetta voidellaksesi silmäsi, että näkisit. Kaikkia niitä, joita minä pidän rakkaina, minä nuhtelen ja kuritan; ahkeroitse siis ja tee parannus. Katso, minä seison ovella ja kolkutan; jos joku kuulee minun ääneni ja avaa oven, niin minä käyn hänen tykönsä sisälle ja aterioitsen hänen kanssaan, ja hän minun kanssani. Joka voittaa, sen minä annan istua kanssani valtaistuimellani, niinkuin minäkin olen voittanut ja istunut Isäni kanssa hänen valtaistuimellensa. Jolla on korva, se kuulkoon, mitä Henki seurakunnille sanoo.'

HERRAN KIRJE LAODIKEAN KIRKOLLE

Ja Laodikean seurakunnan enkelille kirjoita: Näin sanoo Amen, se uskollinen ja totinen todistaja, Jumalan luomakunnan alku (Ilmestyskirja 3:14).

Evankeliumia levitti Laodikeassa apostoli Paavalin työtoveri Epafroditus. Myös apostoli Paavali oli kiinnostunut Laodikeasta (Kolossalaiskirje 4:15-16). Laodikean kirkko perustettiin suotuisiin olosuhteisiin. Heillä oli hyvä ympäristö mutta sen sijaan että he olisivat kasvaneet hengellisessä elämässään he vain taantuivat rahan ja heidän elämässään olevien mukavuuksien kiusaamina. Herran täytyi torua heitä siitä että he olivat haaleita. Tämä oli ainoa kirkko joka ei saanut Herralta muuta kuin toruja. Sardeen kirkkoa toruttiin mutta siihenkin kuului jäseniä jotka eivät olleet tahranneet vaatteitaan. Laodikean kirkko sai osakseen kuitenkin ainoastaan toruja.

Amen, uskollinen ja totinen todistaja

Kirjoitukset puhuvat Herrasta joka kirjoittaa Laodikean kirkon enkelille. *"Amen, se uskollinen ja totinen todistaja, Jumalan luomakunnan alku"* (jae 14). Herra sanoi Jumalan edessä vain 'Kyllä' tai 'Aamen.' Hän ei koskaan niskoitellut, sanoen 'Ei.' Jeesus on luonnoltaan Jumala mutta Hän ei kuitenkaan kaivannut yhdenvertaisuutta Jumalan kanssa. Sen sijaan Hän saapui tähän maahan ihmisen muodossa.

Herra sanoi vain 'Kyllä' siihen saakka kunnes tämä kirkas Jumalan Poika hyljättiin Jumalan luomien toimesta ja sitten ristiinnaulittiin (Filippiläiskirje 2:6-8). Tämän tähden 2. Korinttolaiskirje 1:19 sanoo: *"Sillä Jumalan Poika, Kristus Jeesus, jota me, minä ja Silvanus ja Timoteus, olemme teidän keskellänne saarnanneet, ei tullut ollakseen 'on' ja 'ei', vaan hänessä tuli 'on.'"*

Jumalan lapsina meidän pitää pystyä sanomaan vain 'Kyllä' ja 'Aamen' Jumalan edessä. Meidän täytyy pitää omia ajatuksiamme ja teorioitamme yhtenä tyhjän kanssa, ja noudattaa ainoastaan Jumalan sanaa. Monet uskovat eivät todella usko tai noudata sanaa kun tämä Jumalan sana ei käy yhteen heidän omien ajatusmalliensa kanssa.

Joskus he näyttävät noudattavan sanaa alussa mutta

kohdatessaan vaikeuksia he muuttuvat lihallisissa ajatuksissaan. Tästä tulee syy siihen että he eivät pysty kokemaan Jumalan töitä tai tuottamaan Hänelle kunniaa.

2. Korinttolaiskirje 1:20 sanoo: *"Sillä niin monta kuin Jumalan lupausta on, kaikki ne ovat hänessä 'on'; sentähden tulee hänen kauttaan myös niiden 'amen', Jumalalle kunniaksi meidän kauttamme."* Meidän täytyy olla kuuliaisia lausuen vain 'Kyllä' tai 'Aamen', niinkuin Herra teki. Jumala takaa meidän kuuliaisuutemme tuloksen. Tällä tavoin me voimme elää elämän joka tuottaa vain kunniaa Jumalalle.

Herra on myös "uskollinen ja totinen todistaja." Uskollinen ihminen ei tyrkytä omia mielipiteitään. Hän ei edes etsi omaa etuaan. Hän sanoo vain 'Kyllä' tai 'Aamen.' Kun kuningas esimerkiksi antaa käskyn, hänen uskollinen palvelijansa noudattaa tätä vaikka hän tietää että hän saattaa kuolla.

Meidän Herramme Jeesus oli uskollinen, ja Hän oli kuuliainen sanoen vain 'Aamen' aina kuolemaansa saakka. Lopulta Hän täytti kaikki Messiasta koskevat Vanhassa testamentissa mainitut profetiat. Hänestä tuli totinen todistaja sille että Jumalan lupaus on täytetty täysin kun Hän uskollisesti täytti Jumalan sanan.

Herra ja luomakunnan alku

Herra on "Jumalan luomakunnan alku." Kolossalaiskirje 1:15-

17 sanoo: *"Ja hän on näkymättömän Jumalan kuva, esikoinen ennen kaikkea luomakuntaa. Sillä hänessä luotiin kaikki, mikä taivaissa ja mikä maan päällä on, näkyväiset ja näkymättömät, olkoot ne valtaistuimia tai herrauksia, hallituksia tai valtoja, kaikki on luotu hänen kauttansa ja häneen, ja hän on ennen kaikkia, ja hänessä pysyy kaikki voimassa."*

Koko luomakunta ja kaikki siinä oleva luotiin alussa Jumalan sanalla. Johanneksen evankeliumi 1:1 sanoo: *"Alussa oli Sana, ja Sana oli Jumalan tykönä, ja Sana oli Jumala."* Herralla on sama alkuperä kuin Jumalalla ja Sana tuli tähän maailmaan lihana Jeesuksessa. Näin Herra on Jumalan luomakunnan alku.

Miksi Herra sitten sanoo, että Hän on "Amen, se uskollinen ja totinen todistaja, Jumalan luomakunnan alku" ennen kuin Hän puhuttelee Laodikean kirkkoa? Hän tekee näin vahvistaakseen että koko Jumalan sana tulee varmasti täytetyksi ja että Jumalan tuomio on oikeudenmukainen ja oikea.

Herra, joka on koko Jumalan luomakunnan alku, ja kuka on täyttänyt Jumalan sanan kokonaan sanoen vain 'Aamen' ja 'Kyllä', tahtoo myös muistuttaa meitä siitä että myös Laodikean kirkolle annettu sana tullaan täyttämään.

Nykyajan Laodikean kirkon kaltaiset tapaukset

Jumala antaa kirkolle herätystä ja taloudellisia siunauksia

kun se rukoilee ahkerasti ja tekee uskollisesti työtä Jumalan valtakunnan eteen. Hän antaa jokaiselle jäsenelle heidän ansaitsemansa siunaukset. Nykyään on olemassa kirkkoja jotka käyttävät Jumalan antamia siunauksia väärin. Tämä tarkoittaa sitä että kirkko ja sen jäsenet tekevät maailman kanssa kompromisseja heidän saamiensa siunausten kanssa.

Kirkon koon kasvaessa jonkin verran se saa myös vaurautta, mainetta ja sosiaalista valtaa. He toimivat, elävät ja leikkivät Jumalan ja maailman välillä jos he lyövät laimin Jumalan töitä ja seuraavat ennemmin mainetta ja vaurautta. He tekevät maailman kanssa kompromisseja sen sijaan että he keskittyisivät pelastamaan sieluja ja laajentamaan Jumalan valtakuntaa. Liittyessään tiukemmin yhteen maailman kanssa he yhtyvät mainetta, valtaa ja vaurautta omaavien kanssa.

Tämä ei tietenkään tarkoita sitä että meidän pitäisi boikotoida tai välttää tässä maailmassa vaurautta, mainetta ja valtaa omaavia ihmisiä. Meidän täytyy tietenkin hyväksyä heidän Kristuksen rakkaudessa, olla heidän kanssaan liitossa ja istuttaa heihin uskoa Jumalan kirkastamiseksi. Tämä on hyvä asia.

Osa kirkoista kuitenkin tekee maailman kanssa kompromisseja sillä he eivät halua kirkasta Jumalaa vaan ainoastaan saada lisää vauratta, valtaa ja mainetta. Herra toruu näitä kirkkoja sanoen niiden olevan penseitä, tai haaleita.

Herra toruu Laodikean kirkkoa

Minä tiedän sinun tekosi: sinä et ole kylmä etkä palava; oi, jospa olisit kylmä tai palava! Mutta nyt, koska olet penseä, etkä ole palava etkä kylmä, olen minä oksentava sinut suustani ulos. Sillä sinä sanot: Minä olen rikas, minä olen rikastunut enkä mitään tarvitse; etkä tiedä, että juuri sinä olet viheliäinen ja kurja ja köyhä ja sokea ja alaston (Ilmestyskirja 3:15-17).

Tuohon aikaan Laodikeassa oli paljon villaa. He olivat niin rikkaita että heillä oli liikepankkeja jo historian alkuhämärissä. Toisin kuin muut kaupungit, Laodikea pystyi nousemaan takaisin jaloilleen omin avuin ilman apua Rooman valtakunnan keskushallinnolta vuoden 17 jKr. suuren maanjäristyksen jälkeen.

Laodikean kirkko kasvoi tämän vaurauden keskellä ja Herra torui heistä siitä että he eivät olleet kylmiä tai kuumia vaan ainoastaan haaleita. Herra sanoi että Hän olisi oksentava heidät suustaan jos he eivät olleet kylmiä tai kuumia.

Haalea usko, ei kylmä eikä kuuma

Vesi kuumenee kun me lämmitämme sitä tulen yllä. Jos me lopetamme tämän kuumentamisen se aluksi haalenee ja sitten muuttuu lopulta kylmäksi. Mitä sitten tarkoittavat kylmä, kuuma tai haalea usko? Hengellinen 'kylmä' tarkoittaa sitä että henkilön sydämessä ei ole Pyhän Hengen tekoja. Tämä on tila jossa henkilöllä ei ole yhteyttä pelastukseen.

Joskus kirkossa käyvien joukossa on sellaisia jotka eivät ole saaneet Pyhää Henkeä. Näin he eivät ole tietoisia siitä mitä aito usko on eivätkä he ymmärrä mitä pelastus on. Pyhän Hengen kerran saaneiden kristittyjen joukossa on myös sellaisia jotka eivät hankkiudu eroon maailmallisista himoistaan. Tämän johdosta he tukahduttavat Pyhän Henkensä kääntymällä myöhemmin takaisin maailmaan. Herra sanoo tämänkaltaisista pelastuksesta loitonneista ihmisistä, että he ovat 'kylmiä.'

'Kuuma' taas viittaa uskon tilaan jossa Pyhän Hengen saanut henkilö kasvaa saaden joka päivä uutta hengellistä voimaa. Me pystymme ymmärtämään Jumalan sanan Pyhän Hengen avulla kun me avaamme sydämemme oven ja saamme Pyhän

Hengen päällemme. Me opimme Jumalasta yhä enemmän ja yrittäessämme seurata totuutta me täytymme hiljalleen Pyhällä Hengellä ja saamme Jumalalta armoa ja voimaa. Lopulta me etsimme henkeä kaikissa tilanteissa.

Me kamppailemme syntiä vastaan Jumalan sanan avulla aina veremme vuodattamiseen saakka, ja niin meidän lihamme kuolee mutta meidän henkemme kasvaa meidän uhratessa itsemme palavasti Jumalan kuningaskunnan saavuttamiseksi. Markuksen evankeliumin 12:30 mukaisesti me voimme myös rakastaa Jumalaa koko sydämellämme, mielellämme ja voimallamme. Tämä on 'kuumaa' uskoa.

Kuuma tai kylmä ei kerro mitään meidän uskomme tasosta. Maallikkouskovat eivät välttämättä omaa kylmää uskoa eivätkä kirkossa kauan aikaa käyneet tai korkean aseman kirkossa omaavat välttämättä omaa kuumaa uskoa.

Henkilön voidaan katsoa omaavan kuumaa uskoa siitä huolimatta että hänen uskonsa on vähäistä eikä hän seuraa totuutta täydellisesti kunhan hän vain tekee parhaansa seuratakseen Jumalan tahtoa oman uskonsa mitan mukaan.

Vain vähäisen määrän uskoa omaava henkilö tulee aina ajoittain tekemään lihallisten asioiden lisäksi myös lihallisia tekoja. Henkilöt eivät esimerkiksi pysty välttämättä hallitsemaan itseään jos he eivät ole vielä heittäneet kiivauden syntiä pois. Tällöin 'lihan asiasta' tulee 'lihan teko' heidän kiivastuessa ja alkaessa riitelemään.

Mutta myöskään tällaisessa tapauksessa hänen uskoaan ei pidetä kylmänä jos hän katuu saman tien, kääntyy teostaan ja jatkaa muuttumistaan. Toisin sanoen Jumala pitää hänen uskoaan kuumana jos hän tarkistelee itseään jatkuvasti, rukoilee, paastoaa ja yrittää noudattaa Jumalan sanaa.

Kyse on kuitenkin kylmästä uskosta jos joku ei yritä muuttaa itseään lainkaan siitä huolimatta että hän on ollut kristitty jo kauan aikaa, tai jos joku harhaantuu siitä huolimatta että hän tietää varmasti mikä Jumalan tahto on. Ongelma on, että hänen uskonsa ei muutu kylmäksi yhtäkkiä. Aluksi usko muuttuu huomaamattomasti haaleaksi, ja sitten se lopulta muuttuu vain kylmäksi.

Haalea usko viittaa uskoon joka kuumentumisen sijasta seestyy huolimatta siitä että henkilö tietää että Jumala on elossa ja että taivas ja helvetti ovat olemassa. Tämänkaltaisen uskon avulla ei voida kommunikoida Pyhän Hengen kanssa vaikka henkilö kävisikin kirkossa luullen omaavansa uskoa. Tästä syystä hän ei voi kuulla Pyhän Hengen ääntä, eikä Pyhä Henki voi ohjata häntä. Hän ei voi löytää itseään kuunnellessaan Jumalan sanaa.

Hän käy kirkossa sen tähden että hän tietää joutuvansa helvettiin jos hänen uskonsa kylmenee. Hän ei kuitenkaan uhraa itseään Herralle. Hän ei yritä antaa Herralle ja niin hänen uskonsa ei kuumene. Tämän lisäksi hänen elämänsä ei muutu sillä hän ei yritä ympärileikata sydäntään. Hän saattaa vaikuttaa uskolliselta ulospäin mutta tämän hetken ja 1, 5, tai 10 vuoden takaisen hetken välillä ei ole mitään eroa sillä hän ei ympärileikkaa sydäntään. Hänestä tulee samanlainen kuin muista maailmallisista ihmisistä.

Hänen uskonsa muuttuu lopulta kylmäksi jos hän on tyytyväinen haaleaan uskoonsa eikä hän käänny takaisin oikealle polulle. Haalea vesi ei pysy haaleana vaan muuttuu ajan mittaan kylmäksi. Tämän tähden kauan aikaa haalean uskon omanneilla ihmisillä ei ole mitään tekemistä pelastuksen kanssa ja he lopulta lankeavat kuolemaan. Tämän tähden Herra sanoo: "Minä olen oksentava sinut suustani."

Herran vakava varoitus haalesta uskosta

Uskovien ei tulisi koskaan tukahduttaa Pyhää Henkeä antamalla uskonsa kylmetä. Kylmä usko leikkaa pelastuksemme mahdollistavan uskomme Jumalaan. Meidän ei pidä myöskään omata haaleaa uskoa. Miksi Herra sanoi varoittaessaan haaleasta uskosta että Hän haluaisi mielummin että meillä on joko kylmää tai kuumaa uskoa? Miksei Hän sanonut että Hän haluaa meidän omaavan kuumaa uskoa? Tämä johtuu siitä että Herra haluaa meidän ymmärtävän kuinka tarkasti meidän pitää suojautua haaleaa uskoa vastaan.

Sanokaamme, että meidän uskomme on kylmennyt. Me

saatamme saada mahdollisuuden katumiseen ja paluuseen kuumaan uskoon kurin kautta. Me saatamme esimerkiksi sairastua jos Jumala kääntää kasvonsa meistä kun me olemme tehneet syntiä. Me voimme joutua onnettomuuteen tai jopa kokea katastrofin. Tämän kaltaisen kurin kautta me voimme saada mahdollisuuden riipiä sydäntämme katuen ja löytää taas uskomme. Tällaisen tilaisuuden saaminen ei ole kuitenkaan helppoa jos meidän uskomme on haaleaa. Tämä ei kuitenkaan tarkoita että meidän pitäisi omata kylmää uskoa. Ei ole helppoa katua ja kääntyä koettelemustenkaan kautta jos meidän uskomme on kylmää. Tämä johtuu siitä että me saatamme olla peloissamme tai lannistuneita sen sijaan että me tuntisimme Jumalan rakkautta. Kuinka typerää ja kivuliasta onkaan katua ja kääntyä pois sen jälkeen kun me olemme kokeneet jotakin traagista ja katastrofaalista! Jumala voi antaa meille anteeksi, mutta ei ole kuitenkaan helppoa saada takaisin suhdetta Jumalaan sen jälkeen kun se on kertalleen rikottu.

Haalea usko on vakava taantuneen uskon tila

Toisesta näkökulmasta katsottuna haaleaa uskoa voidaan pitää uskon äärimmäisenä taantumisena. Tämä pitää paikkansa erityisesti niiden kohdalla jotka ovat uskon kolmannella tasolla ja joiden pitäisi pystyä tarkistelemaan itseään kriittisemmin. Uskon ensimmäinen taso on taso, jossa me olemme juuri ottaneet Herran vastaan ja jossa me omaamme uskoa pelastuksen saamiseen. Uskon toinen taso on niille ihmisille jotka kuuntelevat

Jumalan sanaa ja yrittävät elää Hänen sanansa mukaan. Uskon kolmas taso on kypsää uskoa. Uskon kolmannella tasolla henkilö harjoittaa kuulemaansa Jumalan sanaa.

On suhteellisen helppoa saavuttaa uskon kolmas taso sen jälkeen kun me olemme saaneet Pyhän Hengen ja me elämme tunnollisesti uskon elämää. Meidän uskomme voi kasvaa nopeasti sangen lyhyessä ajassa jos me otamme osaa Hengen täyttämiin tapahtumiin ja totuuden sanan rukouksiin.

Saavutettuamme uskon kolmannen tason meidän on aika alkaa jalostaa näkyväisten tekojen sijaan näkymätöntä sydäntä. Meidän sydämemme, mielemme ja voimiemme täytyy siis nähdä enemmän vaivaa. Jumalanpalveluksissa meidän täytyy palvoa hengessä ja totuudessa täysin sydämin ja alttiilla mielellä. Meidän täytyy rukoilla yhä palavammin sydämemme pohjasta voidaksemme näin tuottaa sydämen kaunista tuoksua.

Uskollisuuden mitan täytyy muuttua kun me itse muutumme tuoreesta uskovasta ja saavutamme hieman uskon kasvua täytettyämme velvollisuuksiamme. Toisin sanoen, mitä suuremmaksi meidän uskomme muuttuu, sitä uskollisempia meidän tulee olla täyttäessämme velvollisuuksissamme yhä suuremmalla rakkaudella ja hyvyydellä.

Vanhempien odotukset lapsiensa suhteet muuttuvat kun nämä kasvavat pienistä lapsiksi aikuisiksi. Jopa saman parfyymin hinta vaihtelee sen väkevyyden mukaan.

Pieni määrä alkuperäistä parfyymia on hyvin kallista. Hinta kuitenkin laskee kun sitä laimennetaan vaikka parfyymin tilavuus kuitenkin kasvaa. Samalla tavalla meidän Isä Jumalan edesssä olevat tekomme saattavat kyllä näyttää samoilta meidän uskomme kasvaessa mutta niiden laadun täytyy parantua hengellisen rakkauden ja hyvyyden kasvaessa.

Esimerkkejä uskon taantumisesta

Näiden asioiden teoreettinen ymmärtäminen on helppoa mutta ne on myös helppo unohtaa jokapäiväisessä elämässämme. Meidän ulkoiset tekomme näyttävät samalta kuin aikaisemmin, mutta me emme kenties ymmärrä että meidän täytyy uhrata Jumalalle enemmän näkymätöntä sydäntämme. Me olemme saattaneet elää tunnollista kristillistä elämää Jumalan armosta mutta töllöin me saatamme menettää Pyhän Hengen täyteyden ja meidän uskon elämästämme tulee ainoastaan tapa.

Me saatamme jättää palveluksen tai rukoushetken väliin kerran tai pari vaikka me ennen otimme niihin osaa tunnollisesti. Meidän palvonnastammekin tulee enemmänkin tapa kun me otamme osaa kirkon tapahtumiin. Me emme täyty ilolla tai Pyhän Hengen hurmiolla. Vain meidän fyysinen kehomme on läsnä.

Me annoimme Jumalalle aikaisemmin iloiten mutta nyt me annamme Hänelle velvollisuudentunnosta. Joskus tämäkin tuntuu meistä vaikealta tai taakalta. Pyhän Hengen täyteyden kadotessa meidän sydämestämme tulee tyhjä ja levoton. Lopulta me käännymme maailmaan ja yritämme lohduttaa ja täyttää sydäntämme maailmallisilla asioilla. Pienetkin asiat saavat meidät tekemään lihan tekoja ja rakentamaan suuren synnin muurin meidän ja Jumalan välille.

Tässä vaiheessa on vaikea löytää uudelleen aikaisempaa intoamme vaikka me tajuaisimmekin itse mihin tilaan me olemme päätyneet. Meidän sydämessämme ei ole Jumalan laupeutta, ja niin me emme pysty edes sisäistämään ajatusta kuuman uskon kanssa marssimisesta. Me tahdomme vain nauttia tyytyväisenä lihan iloista.

Tällöin me luovumme toivosta päästä Uuteen Jerusalemiin. Me luovumme unelmasta astua sinne minne sydämestään kaiken pyhän pois heittäneet ja koko Jumalan talossa uskollisena olleet saavat mennä. Sen sijaan me ajattelemme, että "No, ainakin minä pääsen tavaan ensimmäiseen kuningaskuntaan" tai "Pelkästään pelastetuksi tulemisessa on tarpeeksi."

Haalea usko on hyvin vaarallista sen tähden että me emme voi pitää siitä kiinni sillä se tulee lopulta viilenemään ja muuttumaan kylmäksi uskoksi. Kuuma vesi viilenee ensin haaleaksi ja sitten lopulta kylmäksi. Toinen tähän verrattavissa oleva asia on soutuveneessä oleminen keskellä virtaa ilman soutamista. Tämä soutuvene ei vain pysyttele itsestään paikallaan vaan ajelehtii virran mukana alas.

Näin kävi myös kuningas Asalle, Juudan eteläisen kuningaskunnan kuninkaalle. Ensimmäisten 35 vuoden aikana hän oli Jumalasta riippuvainen kuningas. Hän poisti kaikki epäjumalat kun hänen äitinsä palvoi niitä. Hän jopa otti äidiltään kuningataräidin aseman pois sillä hän oli huolissaan että hänen kansansa saattaisi seurata tämän esimerkkiä.

Hallituskautensa viimeisinä vuosina hän kuitenkin taantui. Aikaisemmin hän oli aina luottanut vain Jumalaan ja päihittänyt kaikki vihollisensa, olivat he sitten kuinka vahvoja tahansa. Myöhemmin hän alkoi kuitenkin luottaa ihmisiin kun vihollinen hyökkäsi hänen maahansa. Hän pyysi jopa ei-juutalaiselta kuninkaalta apua. Jumala torui kuningasta profeetta Hananin kautta, mutta tämä ei katunut tai kääntynyt pois. Tämän sijaan hän vangitsi ja vainosi kyseistä profeettaa. Tämän tapauksen tähden kuningas Asaa rangaistiin ja hänen jalkansa sairastuivat vakavasti.

Hän olisi ymmärtänyt että Jumala rankaisi häntä sen tähden että Hän rakasti häntä jos hän olisi vain pitänyt kiinni uskostaan ja luottanut Jumalaan rakkauden ja armon Jumalana. Hän olisi voinut ymmärtää että Jumala rankaisi häntä antaakseen hänelle mahdollisuuden kääntyä pois synneistään. Kuningas ei kuitenkaan pystynyt pitämään kiinni Jumalan rakkaudesta edes silloin kun Jumala rankaisi häntä. Tämän sijaan hän yritti välttää Jumalan kasvoja. Hän oli riippuvainen tämän maailman lääkäreistä, ja niin hän lopulta kohtasi kuoleman. Tämä tapaus näyttää selvästi mikä on haalean uskon lopputulos.

Haalean uskon omaamisen vaara

Vanha sanonta kuuluu: "Vanhan lehmän mielestä se ei ole koskaan ollut vasikka." Tämä tarkoittaa sitä että henkilö joka on selviytynyt vaikeista ajoista muiden avulla ei muista näitä hankalia aikoja. Hän jopa unohtaa saamansa avun. Sama saattaa koskea kristittyjen elämää. Sanotaan että henkilö on ollut vaikeassa tilanteessa jossa hänellä on ollut paljon ongelmia. Hän on kuitenkin rukoillut tunnollisesti uskoen elämään ja saanut Jumalalta armoa ja siunauksia. Sen sijaan että hän kuitenkin eläisi tunnollista ja uskovaa elämää hän on luisunut pois Jumalan luota ja ystävystynyt taas maailman kanssa.

Tämän tähden Jumala haluaa antaa ensin siunauksia jotta meidän sielumme voi olla kukoistava ja vasta sitten Hän antaa siunauksia myös kaikkien muiden asioiden sujumiseksi. Tämä on näin siitä syystä että ihmisten usko ei koskaan viilene tai muutu jos heidän sielunsa kukoistavat.

Sanotaan, että on henkilö jonka sielu ei ole vielä kukoistava. Jumalan oikeudenmukaisuuden lain mukaan hän kuitenkin saa korjata runsaan sadon jos hän osoittaa uskonsa parhaansa mukaan ja kylvää rukoillen uskossa oman uskonsa tason mukaan.

Jumala antaa hänelle varmasti kukoistavan sielun siunauksen ja Hän myös sallii tämän henkilön korjata mitä hän on uskollaan kylvänyt. Kuka voisi saada vastauksia ja siunauksia jos kaikki saisivat siunauksia vasta sitten kun heidän sielunsa kukoistaisivat?

Tärkeintä on kuitenkin mitä tapahtuu sen JÄLKEEN kun me olemme saaneet vastauksia ja siunauksia. Riippuen siitä kuinka nämä ihmiset elävät uskovaa elämäänsä heidän vastauksensa ja siunauksensa voivat antaa joko täyden sadon tai sitten kadota kokonaan.

Tapa jolla me elämme elämäämme saatuamme Jumalalta siunauksia on siis erittäin tärkeä. Herra toruu meitä jos me siunauksia saatuamme olemme tilanteeseen tyytyväisiä ja annamme uskomme viiletä ja samalla ystävystymme maailman kanssa kerätäksemme itsellemme enemmän vaurautta ja mainetta.

Haalean uskon tärkein ja perimmäisin piirre on se että se yrittää ratsastaa Jumalan ja maailman välillä olevan aidan päällä. Toisin sanoen, tämän uskon omaava henkilö yrittää pitää toisen jalan maailmassa näyttäen samalla ulospäin siltä kuin hän seisoisi uskossa. Tämän kaltainen henkilö valitsee sen puolen joka hyödyttää häntä eniten ajankohdasta ja tilanteesta riippuen.

Herra sanoo Luukaksen jakeessa 16:13: *"Ei kukaan palvelija voi palvella kahta herraa; sillä hän on joko tätä vihaava ja toista rakastava, taikka tähän liittyvä ja toista halveksiva. Ette voi palvella Jumalaa ja mammonaa."*

Tässä 'mammona' ei viittaa ainoastaan maailman

materiaaleihin. Se symboloi maailmaa ja maailmallisia asioita. Hän sanoo että me emme voi rakastaa samaan aikaan maailmaa ja sen asioita sekä Jumalaa (1. Joh. 2:15).

Joidenkin mielestä on parempi "istua aidalla" heidän eläessään uskovaa elämäänsä. Tämä ei ole kuitenkaan koskaan viisasta, vaan aina hölmöä. Jumala sanoo että Hän on oksentavat tämän kaltaiset ulos suustaan (Ilmestyskirja 3:16). Ulos oksentaminen tarkoittaa että Hän ei tule tunnustamaan Jumalan lapsiksi eivätkä he tule pelastumaan. Tämä on erittäin ankara varoitus.

Laodikean kirkko oli hengessään rikas

Ensimmäinen hyve sanoo: *"Autuaita ovat hengellisesti köyhät, sillä heidän on taivasten valtakunta"* (Matteus 5:3). Hengellisesti köyhät omaavat nöyrän sydämen. He janoavat Jumalaa ja etsivät ainoastaan Häntä.

Hengessään rikkaat ovat kuitenkin täynnä ylpeyttä, röyhkeyttä, itsekkyyttä ja himoja. He eivät etsi Jumalaa vaan yrittävät täyttää sydämensä maailmallisilla asioilla.

Osa ihmisistä aloittaa kristillisen elämänsä hengessä köyhällä sydämellä. Ajan kuluessa heidän henkensä muuttuu kuitenkin rikkaaksi. Heidän aikaisemmin tukahduttamansa lihalliset piirteet nousevat taas pinnalle ja niin heidän sydämensä ohjautuvat taas maallisiin asioihin. Ei ole mikään yllätys että heidän uskonsa voi muuttua lihan uskoksi jos heille kasaantuu vaurautta, mainetta ja valtaa.

Nämä ihmiset näyttävät siltä että he elävät uskon elämää mutta he eivät kuitenkaan janoa totuutta. Hiljalleen he alkavat rukoilla vähemmän kunnes he lopulta lakkaavat rukoilemasta kokonaan. Nyt heillä ei ole mitään tekemistä uskon kanssa ja heidän näkyväinen uskonsa on pelkkä muodollisuus. He pitävät omaa työtään ja maailmallisia töitä Jumalaa ja Hänen töitään tärkeämpinä, sanoen: "Minä olen rikas eikä minulta puutu mitään."

Hengellisesti köyhä, sokea ja alaston

Herra sanoo: *"Etkä tiedä, että juuri sinä olet viheliäinen ja kurja ja köyhä ja sokea ja alaston"* (jae 17). He saavat tilaisuuden kääntyä pois ja takertua Jumalaan jos he ymmärtävät omat virheensä. Haalean uskon omaavat luulevat kuitenkin olevansa rikkaita. Tällöin he eivät ymmärrä omia virheitään eikä heitä siten voida tunnustaa.

He eivät kuule kuinka Pyhä Henki huokailee. He eivät siis yritä olla palavia tai muuttaa itseään. Heiltä ei kenties puutu mitään fyysisessä mielessä, mutta he päätyvät lopulta kauas pelastuksesta jos he jatkavat valitsemallaan polulla. Tämän takia he ovat kurjia. Tämän maailman vauraus on myös vain väliaikaista. Taivaan kuningaskuntaan aarteita varastoivat ovat todellisia rikkaita.

Haalean uskon omaavat eivät ole Jumalan silmissä uskollisia. He eivät kylvä Jumalan edessä sillä he haluavat vain rahaa. Heillä ei siis ole mitään mitä he olisivat kasanneet taivaaseen. Täten he eivät saa siis palkkioita vaikka he katuisivatkin, tulisivat vain vaivoin pelastuneeksi ja pääsisivät taivaaseen. Tämän tähden heitä kutsutaan köyhiksi.

Maailmaa hengellisesti ymmärtävät omaavat toivon ikuisesta elämästä. He siis tukivat itseään tunnollisesti sanan avulla ja astuvat pimeydestä ulos kirkkauteen. Saadakseen taivaaseen palkkioita he tulevat uskolliseksi ja kylvävät innolla Jumalan kuningaskunnan puolesta.

Haalean uskon omaavat eivät kuitenkaan tunne hengellistä maailmaa. Sen sijaan että he unelmoisivat tulevasta elämästä he näkevät vain heidän ympärillään olevan maailman todellisuuden. Tätä tarkoittaa se, että heitä kutsutaan hengellisesti sokeiksi.

Hengellisesti sokeat eivät pysty löytämään sisällään olevaa pimeyttä, ja niin he pysyvät pimeydessä (Matteus 6:22-23). Tämän tähden he eivät voi pukeutua Jumalan arvollisille lapsille annettaviin vanhurskauden vaatteisiin. Tämän tähden heitä kutsutaan myös 'alastomiksi.' Vaatteet edustavat ihmisen sydäntä. Vanhurskauden vaatteet tarkoittavat sydämen ympärileikkaamista ja vanhurskauden saavuttamista sydämessä.

Haalean uskon omaavat ihmiset eivät ympärileikkaa sydäntään eivätkä he elä sanan mukaan, ja niin heidän sydämensä ovat yhä täynnä pahuutta ja he elävät pimeydessä. Tämä on näin että heidän alastomuuden häpeänsä tulisi esiin hengellisessä mielessä.

Loistavan kauniiden vaatteiden pitäminen ulkoisesti ei tarkoita sitä että henkilö olisi todella kaunis. Ihmiset paljastavat alastomuutensa häpeän Jumalan silmissä jos he eivät ympärileikkaa sydäntään vaan pitävät kiinni pahasta sydämestään. Tällöin ei ole mitään väliä sillä kuinka kauniita vaatteita he pitävät yllään.

Me tulemme pukeutumaan valkoisiin vaatteisiin taivaassa jossa ei ole lainkaan pimeyttä, ja tämä hieno pellava on pyhien vanhurskaita tekoja (Ilmestyskirja 19:8). Taivas on vain niitä varten jotka ovat eläneet Jumalan sanan mukaan, riisuneet syntien tahraamat lihalliset vaatteensa ja pukeutuneet vanhurskauden kauniisiin vaatteisiin (Matteus 22:10-14).

Joten voidaksemme astua taivaaseen Herran tervetulleeksi toivottavina morsiamina meidän täytyy kaunistaa itsemme tunnollisesti morsiameksi ja pukeutua hienoon pellavaan. Voidaksemme tehdä näin meidän täytyy elää uskovaa elämää joka ei ole missään vaiheessa haaleaa. Meidän ei pidä olla missään tekemisissä kurjan, sokean tai alastoman elämän kanssa.

Herran Laodikean kirkolle antamat neuvot

Minä neuvon sinua ostamaan minulta kultaa, tulessa puhdistettua, että rikastuisit, ja valkeat vaatteet, että niihin pukeutuisit eikä alastomuutesi häpeä näkyisi, ja silmävoidetta voidellaksesi silmäsi, että näkisit. Kaikkia niitä, joita minä pidän rakkaina, minä nuhtelen ja kuritan; ahkeroitse siis ja tee parannus (Ilmestyskirja 3:18-19).

Laodikean kirkko ei ymmärtänyt mitä heiltä puuttui. He luulivat vain että he olivat rikkaita. Herra tahtoi heidän kuitenkin katuvan ja kääntyvän synneistään. Neuvoillaan Hän kertoi heille yksityiskohtaisesti kuinka köyhiä, sokeita ja alastomia he ovat hengellisesti.

Herra tahtoo meidän omaavan puhtaan kullan uskoa

Aluksi Hän sanoo näin: *"Minä neuvon sinua ostamaan minulta kultaa, tulessa puhdistettua, että rikastuisit"* (jae 18). Maailman ihmiset arvostavat kultaa kaikesta eniten, ja niin Herrakin vertaa uskoa 'tulessa puhdistettuun kultaan' sillä usko on kristillisessä elämässä kaikkein arvokkain asia.

Joten 'tulessa puhdistetun kullan ostaminen minulta että rikastuisitte' tarkoittaa 'muuttumattoman kullan kaltaisen uskon omaamista.' Me voimme pelastua ja päästä taivaaseen vasta sitten kun me omaamme uskoa. Vasta sitten me voimme saada vastauksia kaikkeen siihen mitä tahansa me sitten pyydämmekin (Matteus 9:29).

Tämän uskon ei pidä olla pelkkää suun avulla tunnustamista. Meidän uskomme tulee olla Jumalan sanan mukaan elämisen tekojen säestämää. Tällaista uskoa kutsutaan hengelliseksi uskoksi. Raamatussa tätä hengellistä uskoa verrataan usein kultaan tai puhtaaseen kultaan

Joten hengellistä uskoa omaavat uskovat täysin Jumalan sanaan kaikissa tilanteissa ja he seuraavat Hänen sanaansa. 1. Kuninkaiden kirjan luvussa 18 esiintyvä profeetta Elia omasi tämänkaltaista hengellistä uskoa. Elia oli profeetta joka teki työtä Israelin pohjoisen kuningaskunnan kuningas Aahabin valtakaudella.

Eräänä päivänä Jumala sanoi profeetta Elialle että Hän lähettäisi kolmen ja puolen vuoden ajan kuivuudesta kärsineeseen Israeliin sadetta. Elia uskoi Herran sanaan. Hän nousi Karmelin vuorelle, polvistui maahan ja rukoili palavasti niin kauan että hänen kasvonsa olivat hänen polviensa välissä. Hän rukoili seitsemän kertaa ja lopulta sai vastaukseksi suuren sateen.

Numero seitsemän tarkoittaa täydellistä ja täyttä. Se, että Elia sai vastauksen seitsemännen kerran jälkeen tarkoittaa että hän uskoi loppuun saakka, rukoili ja sai vastauksen. Elia olisi jatkanut rukoilemista siihen saakka että hän saisi vastauksen vaikka näin ei olisikaan käynyt seitsemännen kerran jälkeen.

Tämä johtui siitä että Elia uskoi ehdottomasti siihen Jumalan sanaan minkä Hän oli aikaisemmin hänelle ilmoittanut. Kerran uskomaamme Jumalaan uskominen loppuun saakka on puhtaan kullan kaltaista hengellistä uskoa.

Tämänkaltaista uskoa ei kuitenkaan anneta helposti. Maailman ihmisten täytyy jalostaa kultaa tulen avulla kunnes se muuttuu puhtaaseen muotoon, ja samalla tavalla myös uskon täytyy tulla jalostetuksi ennen kuin se muuttuu puhtaaksi.

Meidän täytyy voittaa monia koettelemuksia ja vaikeuksia, kamppailla syntejä vastaan veren vuodattamiseen saakka ja olla kärsivällisesti pitkämielisiä sanan mukaisesti eläksemme. Tämän jalostuksen prosessin kautta me voimme saada puhtaan kullan kaltaista uskoa.

Hengelliset silmät ja sydämen pyhyys

Laodikean kirkko oli sydämeltään rikas ja hengellisesti alaston. Herra käski heitä ostamaan: *"Valkeat vaatteet, että niihin pukeutuisit eikä alastomuutesi häpeä näkyisi"* (jae 18). Tässä valkeat vaatteet viittaavat pyhien pyhiin tekoihin. Pyhät teot virtaavat pyhästä sydämestä.

Tämän tähden Herra sanoi Matteuksen jakeessa 12:34: *"Sillä sydämen kyllyydestä suu puhuu."* Meidän sydämemme sisältö tulee siis esiin meidän huuliemme ja tekojemme kautta. Ulkoisesti pyhältä näyttävät tekopyhät jotka eivät yritä tehdä sydämestään pyhää eivät voi piiloutua Jumalalta. Jumala tutkii heidän sydämensä. Lopulta heidän sydämessään oleva pahuus tulee paljastumaan.

Joten 'valkeisiin vaatteisiin pukeutuminen' tarkoittaa 'epätotuuden pimeyden poistamista sydämestä ja sydämen jalostamista totuuden valkeaksi sydämeksi.' Me voimme pukeutua vanhurskauden vaatteisiin vasta sitten kun me teemme näin, ja niin meidän alastomuutemme häpeä ei tule paljastumaan.

Kuinka monet nykyään kuitenkin paljastavat alastomuutensa häpeän ymmärtämättä olevansa alastomia? On jopa ihmisiä jotka häpeilemättä tekevät asioita jotka ovat niin pahoja että edes eläimet eivät tekisi niin.

Me voimme omata 'mustan' syntien tahraaman sydämen ymmärtämättä silti meissä olevaa pimeyttä. Me olemme saattaneet kadottaa Jumalan kuvaksi luotujen ihmisten velvollisuutemme. Meidän tulee tietää että nämä asiat ovat hengellistä alastomuutta sekä häpeällisiä asioita.

Jotkut tunnustavat uskovansa Jumalaan tajuamatta olevansa hengellisesti alastomia. Nämä ihmiset ovat hengellisesti sokeita. Herra neuvoi näitä ihmisiä näin: *"Osta silmävoidetta voidellaksesi silmäsi, että näkisit"* (jae 18).

Eläessämme uskossa Jumalan sanan mukaan me alamme hiljalleen kuunnella Pyhän Hengen ääntä. Me tulemme tietoiseksi siitä mitä totuus ja synti ovat. Hengellisten aistien saaminen tarkoittaa että meidän hengelliset silmämme ovat avoimet.

Me voimme ymmärtää Jumalan sanaa, unelmoida taivaasta, löytää 'itsemme' sanan avulla ja muuttaa itsemme totuudeksi kun me elämme Jumalan sanan mukaisesti uskossa.

"Avointen hengellisten silmien" voi tarkoittaa sitä että me pystymme näkemään todellisen hengellisen maailman näiden hengellisten silmien avulla. Tärkeämpi merkitys on kuitenkin se että me voimme ymmärtää Jumalan tahdon kuuntelemalla Hänen sanaansa, ja että me voimme muuttaa itsemme totuudeksi saamamme ymmärryksen avulla.

Ihminen ei ystävysty maailman kanssa jos hänen hengelliset silmänsä ovat avoimet ja hän on Jumalasta tietoinen ja ymmärtää Hänen tahtonsa. Tämän sijaan hän yrittää parhaansa löytääkseen sanan avulla oman pimeytensä ja muuttuakseen totuudeksi. Tämänkaltainen ihminen on kirkkaudessa elävä ihminen. Hänen liittonsa Jumalan kanssa on syvempi ja Jumala rakastaa häntä tämän tähden entistä enemmän.

Jumalan rangaistuksen rakkaus

Herra neuvoi ja torui ankarasti Laodikean kirkkoa. Sitten Herra kehotti heitä kääntymään riittämättömästä uskosta, sanoen: *"Kaikkia niitä, joita minä pidän rakkaina, minä nuhtelen ja kuritan; ahkeroitse siis ja tee parannus"* (jae 19).

Tämä lause kertoo selvästi syyn siihen miksi Jumala toruu kirkkoa. Hän toruu heitä koska Hän rakastaa heitä, ja tämän torumisen tarkoitus on saada heidät katumaan ja tulemaan palavauskoisemmaksi (Heprealaiskirje 12:6-8).

Jos lasten vanhemmat rakastavat lapsiaan, he yrittävät ohjata heitä vaikka vitsan avulla jos he harhaantuvat väärille poluille. Vanhemmat voivat rangaista lastaan niin että hän ei unohda sitä ja muistaa tämän kauan aikaa jos hän ei ole kuunnellut heidän neuvojaan. Me emme voi sanoa että vanhemmat todella rakastavat lapsiaan jos he murehtivat lapsen kohtaaman kivun tähden eivätkä siten rankaise häntä.

Myös Raamatussa oli tämänkaltainen henkilö. Hän oli tuomareiden aikaan elänyt pappi, Eeli. Hänen kaksi poikaansa tekivät pahaa saastuttamalla Jumalan pyhättöä. Eeli oli pappi, mutta tästä huolimatta hän vain sanoi heille että heidän ei pitänyt tehdä näin. Hän ei antanut pojilleen mitään rangaistusta. Hänen pojat jatkoivat pahoja tekojaan ja lopulta Jumalan suuttumus lankesi heidän ylleen. Hänen kaksi poikaansa kuolivat taistelussa, ja kuultuaan tästä kertovan uutisen Eeli järkyttyi niin kovasti että hän putosi tuoliltaan ja mursi niskansa, aiheuttaen näin oman kuolemansa.

Jumala sallii lastensa kohtaavan rangaistuksia sen tähden että Hän rakastaa heitä. Lapsi ei ymmärrä tehneensä väärin jos häntä ei rangaista tai toruta kun hän tekee syntiä. Lopulta lapsi lankeaa vakavampiin synteihin eikä hän voi muuta kun kulkea kuoleman tiellä hengellisen maailman lain mukaan, joka sanoo: "Synnin palkka on kuolema." Meidän tulee omata tämänkaltaista Isä Jumalan rakkautta sydämessämme. Me voimme katua, kääntyä synneistämme ja muuttua jos me pystymme tuntemaan tämän Jumalan rakkauden Hänen rangaistuksissaan.

Jumalan rangaistuksella ei ole kuitenkaan mitään syytä jos me emme ymmärrä mitään edes parin rangaistuksen jälkeen. Näin meitä ei siis enää rangaista vaikka me teemme myöhemmin lisää syntiä. Jos uskova elää kukoistavaa elämää eikä häntä rangaista siitä huolimatta että hän ei elä sanan mukaan vaan tekee syntiä, tämä kertoo siitä että Jumala on kääntänyt kasvonsa hänestä pois. Ei ole olemassa mitään tätä surullisempaa tilannetta.

Jumala ei anna rakkaan ja rakastavan lapsena käyttäytyä kuin äpärän vaan rankaisee häntä jos hän joutuu väärille teille. Tämä on siunaus lapselle jota rangaistaan. Rangaistus voi olla pelottava sen tapahtumahetkellä. Henkilö kuitenkin tuntee ja ymmärtää Isä Jumalan rakkauden rangaistuksen kautta jos hän ajattelee itsekseen seuraavasti: "Mitä minusta olisi tullut ilman tätä rakkautta?"

Tämä ei kuitenkaan tarkoita sitä että meidän pitää saada rangaistus joka kerta kun me teemme jotakin väärin. Jumala antaa meille varmasti useita mahdollisuuksia ennen kuin Hän rankaisee meitä. Jumala antaa meille ymmärrystä sanan kautta ja Hän opettaa tai toruu meitä tarpeen mukaan jotta me voisimme katua.

On hyvä jos me ymmärrämme meissä olevat vikamme suhteellisen nopeasti. Jos näin ei kuitenkaan käy ja meitä rangaistaan, meidän tulee silti ymmärtää että kyseessä on Isä Jumalan rakkaus, katua sydämemme pohjasta ja kääntyä teoistamme. Tämä jälkeen meidän tulee löytää uudelleen kadotettu luottamuksen suhde Jumalan kanssa ja alkaa taas kerätä palkkioita taivaaseen.

HERRAN LAODIKEAN KIRKOLLE ANTAMA LUPAUS

Katso, minä seison ovella ja kolkutan; jos joku kuulee minun ääneni ja avaa oven, niin minä käyn hänen tykönsä sisälle ja aterioitsen hänen kanssaan, ja hän minun kanssani. Joka voittaa, sen minä annan istua kanssani valtaistuimellani, niinkuin minäkin olen voittanut ja istunut Isäni kanssa hänen valtaistuimellensa. Jolla on korva, se kuulkoon, mitä Henki seurakunnille sanoo (Ilmestyskirja 3:20-22).

Sekä Sardeen että Laodikean kirkot saivat toruja mutta Laodikean kirkko oli ainoa kirkko joka sai Herralta pelkkiä nuhteita. Tämä oli kuitenkin kaikki Jumalan rakkauden tähden. Joten Herra antoi heille lupauksen antaakseen heille toivoa. He olivat hengellisessä unessa haalean uskon vallassa. Joten

Herra pyysi heitä heräämään Hänen ääneensä. Hän lupasi että Hän antaisi voittoisien istua Hänen kanssaan valtaistuimellaan.

Avaa sydän ja elä totuuden mukaan

William Holman Huntin maalaus kuvaa kuinka Herra seisoo oven ulkopuolella ja koputtaa siihen. Maalauksen ovessa ei ole mitään kahvaa tai lukkoa jolla avata ovea.

Tämä tarkoittaa että kun Herra koputtaa ovelle tätä ei voida avata kuin sisältäpäin. Tämä symboloi Herraa joka koputtaa meidän sydämemme ovea.

Herra sanoi Laodikean kirkon jäsenille näin: *"Katso, minä seison ovella ja kolkutan; jos joku kuulee minun ääneni ja avaa oven, niin minä käyn hänen tykönsä sisälle ja aterioitsen hänen kanssaan, ja hän minun kanssani"* (jae 20).

Ensinnäkin "Minä seison ovella ja kolkutan" tarjoittaa sitä että Herra kolkuttaa sydäntämme totuuden sanalla. Kuullessamme Jumalan sanaa meidän tulee pitää se sydämessämme. Jotta näin voisi tapahtua, tämän totuuden sanan pitää ensinnäkin astua ajatustemme oven lävitse. Tämän jälkeen sen täytyy kulkea meidän sydämemme oven läpi.

Me voimme hiljalleen alkaa elämään sanan mukaan sen jälkeen kun se on asettunut tällä tavoin sydämeemme. Tätä kutsutaan "Herran kanssa aterioimiseksi." Sana tulee pysymään pelkkänä tietoutensa aivoissamme jos meidän sydämemme ovi ei ole avoinna. Ei ole tarpeeksi että meidän ajatustemme ovi on avoin ja että me olemme hyväksyneet kuulemamme sanan.

Tätä kutsutaan "tietouden uskoksi." Se on kuollutta uskoa jota teot eivät säestä. Tämänkaltaisen uskon omaavien usko päätyy lopulta haaleaksi. He ovat onnistuneet elämään uskovaa elämää pitkän ajan verran ja kuulleet paljon sanaa, mutta he eivät voi kuitenkaan saada hengellistä uskoa jolla uskoa sydämensä pohjasta elleivät he ole jalostaneet tätä sanaa sydämessään. Heistä tulee pelkkiä kirkossa kävijöitä.

Herra on kaikkivaltias mutta Hän ei pakota ketään avaamaan sydämensä ovea. Olisiko tässä maailmassa ketään joka ei voisi pelastua jos Jumala pakottaisi henkilön avaamaan sydämensä oven ja omaamaan hengellistä uskoa? Kyseessä ei olisi tällöin oikeudenmukainen ihmiskunnan kasvatus.

Jumala on antanut meille vapaan tahdon. Hän tahtoo uskollisia lapsia jotka uskovat Jumalaan ja rakastavat Häntä sydämensä pohjasta omasta vapaasta tahdostaan. Tämän tähden meidän tulee ymmärtää että oven avaaminen on meistä itsestämme kiinni vaikka Herra koputtaakin ovella.

Me avaamme oven sydämeemme ja aterioimme Herran kanssa totuudessa eläen jos me todella rakastamme Jumalaa.

Herran kanssa istumisen siunaus

Me voimme olla voittoisia tässä maailmassa ja päihittää paholais-vihollisen ja Saatanan jos me avaamme oven sydämeemme, otamme totuuden sanan vastaan ja aterioimme Herran kanssa sanaa noudattamalla.

Näille ihmisille Herra sanoi: *"Joka voittaa, sen minä annan istua kanssani valtaistuimellani, niinkuin minäkin olen voittanut ja istunut Isäni kanssa hänen valtaistuimellensa"* (Ilmestyskirja 2:21). Voittoisat ihmiset saavat istua pelastuksen valtaistuimella aivan kuten kuoleman vallan murtanut ja Jumalaan oikealla puolella istuva Herra.

Herra torui Laodikean kirkkoa heidän haaleasta uskostaan mutta sanoi myös että ovi pelastukseen oli heille yhä avoin jos he vain katuisivat ja kääntyisivät pois synneistään. Mahdollisuudet ovat yhä avoinna siihen saakka kunnes pelastuksen arkki suljetaan lopullisesti. Tämän tähden Herra puhui heille tällä tavoin palavalla sydämellään.

Meidän täytyy olla voittoisia ja jatkaa tätä aina loppuun saakka. Meidän täytyy kulkea samaa kapeaa polkua jolla Jeesus kulki kiittäen, iloiten ja rakastaen muuttumattomasti aina loppuun saakka. Vasta sitten me voimme seistä Herran kanssa ja nauttia Hänen kanssaan kirkkaudesta viimeisenä päivänä,

On kuitenkin sellaisia ihmisiä jotka vaikuttavat olevan jossakin vaiheessa voittoisia mutta sitten antavat periksi, kieltäen näin itseltään osallistumisen siunauksiin ja kirkkauteen.

Meidän tulee tarkistaa uskomme Herran Laodikean kirkon antaman sanan avulla. Meidän pitää katua ja kääntyä pois jos meidän uskomme on haaleaa. Meidän tulee seistä loppuun asti voittoisien joukossa tai pysytellä lähellä Herran valtaistuinta ryntäämällä kohti parempaa taivaallista asuinsijaa.

Loppusanat

SEITSEMÄN KIRKON SANOMIIN SISÄLTYVÄ JUMALAN RAKKAUS

Ja katso, minä tulen pian. Autuas se, joka ottaa tämän kirjan ennustuksen sanoista vaarin! (Ilmestyskirja 22:7).

Ihmisten aistit eivät ole täydellisiä. Taisteluhävittäjiä lentävät pilotit voivat kärsiä hallusinaatioista jotka aiheuttavat erilaisia onnettomuuksia.

He eivät aina pysty erottamaan mikä on merta ja mikä on taivasta jos he esimerkiksi kierähtelevät useaan otteeseen meren yllä lentäessään. He saattavat myös lentää nopeaa vauhtia pystysuunnassa ja sitten hidastaa yhtäkkiä vauhtia. Tällöin pilotista voi tuntua siltä kuin hän olisi putoamassa maahan.

Pilottien täytyy luottaa mittareihinsa ja instrumentteihinsa välttääkseen harhojen aiheuttamia vahinkoja. Heidän täytyy arvioida koneen nopeus ja suunta mittareiden avulla eikä omien aistien avulla.

Sama koskee myös meidän uskoamme. Ihmisten ajatukset ovat luotuina olentoina hyvin erilaisia Jumalan, Luojan, ajatuksiin. Tämän tähden me voimme harhaantua jos me elämme kristittyä elämää tavalla joka sopii meille itsellemme. Näin tapahtui suurimmalle osalle Ilmestyskirjassa mainituista seitsemästä kirkosta.

Jokaisella kirkolla oli oma palonsa ja he luulivat tekevänsä Jumalan työtä. Osa kirkoista sai Herralta nuhteita ja osa opastusta.

Myös nykyään useat kirkot sanovat palvovansa Herraa, rukoilevansa Jumalaa ja rakastavansa Häntä, mutta kuinka moni näistä kirkoista on aidosti Jumalan silmiä miellyttävä? Seitsemälle kirkolle annetut sanomat ovat hyvä mittari jonka mukaan tarkistaa uskoamme.

Tämä kertoo meille selvästi mitä kirkkoa Herra ylistää ja kehuu ja mitä kirkkoja Hän nuhtelee. Meidän tulee siis ymmärtää minkälaisessa kirkossa me käymme tällä hetkellä.

Meidän pitää myös tutkia tulisiko meidän saada samanlaisia nuhteita kuin mitä Herra antoi eräille näistä kirkoista. Jos me löydämme tähän jotakin aihetta meidän tule epäröimättä katua ja kääntyä takaisin sanan mukaan elämiseen.

Meidän tulee myös ymmärtää että seitsemän kirkon sanomat on kirjoitettu Ilmestyskirjaan. Tämä on tehty hengellisesti uinuvien kirkkojen herätykseksi lopun aikoina. On Jumalan rakkautta saada heidät valmistautumaan Herran toiseen tulemiseen.

Herra on näyttänyt meille selvästi näille seitsemälle kirkolle annetun sanoman kautta kuinka saada Häneltä ylistystä. Tästä ei ole kuitenkaan mitään hyötyä jos me emme kuuntele Hänen sanomaansa.

Kuolleista nousseen ja taivaaseen astuneen Herran paluun hetki ei ole kaukana. Lopussa kirkot ja niitä edustavat pastorit tullaan tuomitsemaan tarkasti. Minä rukoilen Herran nimessä että kaikki lukijat ymmärtäisivät tämän ja muuttuisivat Herran ylistämien kirkkojen ja pastoreiden kaltaisiksi.

Kirjailija:
Dr. Jaerock Lee

Dr. Jaerock Lee syntyi Muanissa, Jeonnamin maakunnassa, Korean tasavallassa vuonna 1943. Kaksikymppisenä Dr. Lee kärsi erilaisista parantumattomista sairauksista seitsemän vuoden ajan ja odotti kuolemaa ilman toivoa parantumisesta. Eräänä päivänä keväällä 1974 hänen siskonsa johdatti hänet kirkkoon, ja kun hän kumartui rukoilemaan, elävä Jumala paransi hänet välittömästi kaikista hänen sairauksistaan.

Siitä hetkestä lähtien, kun hän kohtasi elävän Jumalan tuon ihmeellisen tapahtuman kautta, Dr. Lee on rakastanut Jumalaa vilpittömästi koko sydämellään, ja vuonna 1978 hänet kutsuttiin Jumalan palvelijaksi. Hän noudatti Jumalan sanaa ja rukoili kuumeisesti saadakseen selvyyden Jumalan tahdosta voidakseen toteuttaa sitä. Vuonna 1982 hän perusti Manminin keskuskirkon Soulissa, Koreassa, ja siitä lähtien kirkossa on tapahtunut lukemattomia Jumalan töitä mukaan lukien parantumisia ja muita ihmeitä.

Vuonna 1986 Dr. Lee vihittiin papiksi Korean Jeesuksen Sungkyul-kirkon vuotuisessa kirkkokokouksessa ja neljä vuotta myöhemmin vuonna 1990 hänen saarnojansa alettiin lähettää Australiassa, Venäjällä, ja Filippiineillä ja useisiin muihin maihin Far East Broadcasting Companyn, Asia Broadcast Stationin ja Washington Christian Radio Systemin kautta.

Kolme vuotta myöhemmin vuonna 1993 *Christian World* Magazine (USA) valitsi Manminin keskuskirkon yhdeksi "maailman 50:stä huippukirkosta", ja hän vastaanotti kunniatohtorin arvonimen jumaluusopissa Christian Faith Collegesta Floridassa ja vuonna 1996 teologian tohtorin arvonimen Kingsway Theological Seminarysta Iowassa.

Vuodesta 1993 lähtien Dr. Lee on johtanut maailmanlaajuista missiota useiden kansainvälisten ristiretkien kautta, jotka ovat suuntautuneet Tansaniaan, Argentiinaan, Los Angelesiin, Baltimore Cityyn, Havaijille ja New Yorkiin Yhdysvalloissa, Ugandaan, Japaniin, Pakistaniin, Keniaan, Filippiineille, Hondurasiin, Intiaan, Venäjälle, Saksaan, Peruun, Kongon demokraattiseen tasavaltaan, Israeliin ja Viroon.

Vuonna 2002 Korean kristilliset sanomalehdet kutsuivat häntä "kansainväliseksi pastoriksi" hänen lukuisten ulkomaisten ristiretkien aikana tekemänsä työn johdosta. Varsinkin hänen maailmankuulussa

Madison Square Gardenissa järjestetty "New Yorkin Ristiretki 2006" lähetettiin yli 220 maahan. Jerusalemin kansainvälisessä kokouskeskuksessa järjestetyn vuoden 2009 "Israel United Ristiretken" aikana hän saarnasi rohkeasti siitä, kuinka Jeesus Kristus on Messias ja Pelastaja.

Hänen saarnojaan on lähetetty yli 176 maahan satelliittien välityksellä sekä GCN TV:n kautta. Vuosina 2009 ja 2010 suosittu venäläinen kristillinen lehti *In Victory* ja uutistoimisto *Christian Telegraphy* valitsi hänet yhdeksi maailman 10 vaikutusvaltaisimmasta kristillisestä johtajasta hänen voimallisten Tv-lähetystensä ja ulkomaille suuntautuneen työnsä tähden.

Huhtikuussa 2016 Manminin keskuskirkko on seurakunta, joka muodostuu yli 120 000 jäsenestä sekä 10000 koti- ja ulkomaisesta jäsenkirkosta kautta maailman, mukaanlukien 56 kotimaista haarakirkkoa. Se on lähettänyt yli 102 lähetyssaarnaajaa 23 maahan, mukaan lukien Yhdysvaltoihin, Venäjälle, Saksaan, Kanadaan, Japaniin, Kiinaan, Ranskaan, Intiaan, Keniaan sekä useaan muuhun maahan.

Tähän päivään mennessä Dr. Lee on kirjoittanut 104 kirjaa, mukaan lukien bestsellerit *Ikuisen Elämän Maistaminen Ennen Kuolemaa, Elämäni, Uskoni I & II, Ristin Sanoma, Uskon Mitta, Taivas I & II, Helvetti* sekä *Jumalan Voima*. Hänen teoksiaan on käännetty yli 76 kielelle.

Hän on kirjoittanut kristillisiä kolumneja useisiin sanomalehtiin, mukaanlukien *The Hankook Ilbo, The JoongAng Daily, The Chosun Ilbo, The Dong-A Ilbo, The Seoul Shinmun, The Kyunghyang Shinmun, The Hankyoreh Shinmun, The Korea Economic Daily, The Korea Herald, The Shisa News* ja *The Christian Press.*

Dr. Lee on tällä hetkellä monen lähetysjärjestön ja -seuran johdossa, mukaan lukien The United Holiness Church of Jesus Christ (presidentti), The World Christianity Revival Mission Association (pysyvä puheenjohtaja), Global Christian Network (GCN) (perustaja ja johtokunnan jäsen), The Worlds Christian Doctors Network (WCDN) (Perustaja ja puheenjohtaja), sekä Manmin International Seminary (MIS) (perustaja sekä johtokunnan jäsen.)

Muita saman tekijän voimakkaita kirjoja

Taivas I & II

Yksityiskohtainen kuvaus siitä ihmeellisestä elinympäristöstä josta taivaalliset kansalaiset saavat nauttia sekä taivaallisen kuningaskunnan eri tasoista.

Ristin Sanoma

Voimallinen herätysviesti kaikille niille jotka ovat hengellisesti nukuksissa. Tästä kirjasta sinä löydät Jumalan todellisen rakkauden ja syyn siihen että Jeesus on Pelastaja.

Helvetti

Vilpitön viesti koko ihmiskunnalle Jumalalta, joka ei tahdo yhdenkään sielun joutuvan helvetin syvyyksiin! Sinä löydät koskaan aikaisemmin paljastamattoman kuvauksen Helvetin julmasta todellisuudesta.

Minun Elämäni, Minun Uskoni I & II

Dr. Jaerock Leen omaelämäkerta, joka välittää lukijoilleen kauniin hengellisen aromin. Leen elämän on perustunut Jumalan rakkauteen hänen kerran koettua pimeyden tummat aaallot, sen kylmän ikeen ja syvimmän epätoivon.

Uskon Mitta

Minkälainen asuinsija sinulle on valmistettu taivaaseen ja minkälaiset palkkiot odottavat sinua siellä? Tämä kirja antaa sinulle viisautta ja ohjeistusta jotta sinä voisit mitata uskosi määrän ja kasvattaa uskostasi syvemmän ja kypsemmän.

www.urimbooks.com

www.ingramcontent.com/pod-product-compliance
Lightning Source LLC
LaVergne TN
LVHW011945060526
838201LV00061B/4216